Petra Müller-Jani und Joachim Skibbe

Backen nach Ayurveda

Kuchen, Torten & Gebäck

Gedruckt auf
100% Recyclingpapier

Petra Müller-Jani und Joachim Skibbe

Backen nach Ayurveda

Kuchen, Torten & Gebäck

eifrei & vollwertig

pala verlag

Backen nach Ayurveda erhebt nicht den Anspruch eines Heilbuches, das konkrete Diätvorschläge zum Ausgleich bestimmter Beschwerden und Krankheiten anbietet. Die Informationen dieses Buches können die Diagnose und Hilfe eines Arztes oder Heilpraktikers nicht ersetzen.

Inhaltsverzeichnis

Backen nach Ayurveda ... 6
Die Prinzipien des Ayurveda ... 7
Backen ohne Ei – einfach und gesund ... 18
Vollkorn – die geniale Idee der Natur ... 21
Die süßeste Versuchung ... 24
Die Milch macht´s ... 28
Die Kunst des Backens – die Küche als Ort der Kraft ... 33
Tipps zum Einkaufen ... 37
Das sollten Sie noch wissen ... 40

Rezepte ... 44
Mürbteig ... 45
Rührteig ... 63
Hefeteig ... 81
Biskuittorten ... 95
Joghurtquark-Teige ... 115
Strudelteig ... 123
Blätterteig ... 127
Kleingebäck und andere (Sch)leckereien ... 135
Plätzchen ... 153
Glasuren für Kuchen und Gebäck ... 172

Anhang: Kleine Warenkunde ... 176
Literatur ... 186
Bezugsquellen ... 187
Die Autorin ... 188
Der Autor ... 189
Rezeptindex alphabetisch ... 190
Rezepte nach Kategorien ... 193

Backen nach Ayurveda

Unsere Ernährung ist längst nicht mehr allein unsere Privatsache. In einer Welt mit zunehmender Umweltzerstörung, Gentechnologie und Fabriknahrung ist die ethische Küche, die den Menschen als Teil der kosmischen Ordnung sieht und versucht, in Harmonie mit Natur, Mensch und Tier zu leben, ein erster wichtiger Schritt.

Backen nach Ayurveda möchte vertraut machen mit den Prinzipien des altindischen Ayurveda, der ältesten ganzheitlichen Heil- und Lebenskunde der Erde. Backen nach den Prinzipien des Ayurveda heißt vollwertig, vegetarisch und eifrei backen. Ebenso selbstverständlich für die Küche nach Ayurveda-Prinzipien sind phosphatfreie Triebmittel und Vollrohrzucker oder Jaggery und Gur als gesunde Süßungsmittel. Selbst die Warnung, dass Honig nicht erhitzt werden sollte, stammt aus dem etwa 5.000 Jahre alten Ayurveda.

Harmonie beginnt in der Küche. Denn Backen nach Ayurveda-Prinzipien ist eine Kunst und gleichzeitig eine Wissenschaft. Es ist eine Kunst, wenn die Köchin oder der Koch inspiriert und mit großer Hingabe ein neues Gericht ersinnt und voller Kreativität einen neuen Geschmack, eine neue Kombination findet. Und Backen wird zur Wissenschaft, wenn die Köchin oder der Koch um die Wirkung und Eigenart der einzelnen Zutaten und ihre Verwendung in der Küche weiß. Ayurveda-Ernährung heißt Ernährung im Einklang mit den Naturgesetzen. Die Kenntnis von Vollwertigkeit, Nährwert und Nahrungsgleichgewicht, Gewaltfreiheit und Liebe beruht auf Wissen. Wer nach diesem Wissen auch in der Küche handelt, erfreut nicht nur den Gaumen, sondern auch seine physische und psychische Gesundheit und die seiner ganzen Familie.

Möge dieses Buch den Leserinnen und Lesern nicht nur ein reines Backbuch sein, sondern auch ein Lesebuch und vielleicht sogar ein Lebensbuch, aus dem sie Denkanstöße ziehen und in ihr Leben einbauen können. Dann betrachten wir unsere Gedanken, Bemühungen und Zeit, die wir hierin investiert haben, als erfolgreich.

Danke!

Wir möchten uns bei all denen bedanken, die uns durch Rezepte, Tipps und Ermutigungen bei der Arbeit an diesem Buch unterstützt haben. Ein ganz besonderer Dank geht an unsere verschiedenen Lehrer, ohne die dieses Buch nicht entstanden wäre.

Die Prinzipien des Ayurveda

Ayurveda, wörtlich »die Wissenschaft des Lebens«, ist die älteste der Menschheit bekannte Medizin und Heilkunst. Ursprünglich mündlich überliefert, wurde diese Heilkunde vor etwa 5.000 Jahren im *Atharva-Veda,* einer der vier Überlieferungen der uralten indischen Hochkultur, schriftlich festgehalten.
Der Ayurveda ist eine ganzheitliche Heilkunde, er sieht und behandelt den Menschen als Einheit von Körper, Geist und Seele, eingebunden in eine höhere Ordnung. Seine Therapieformen beinhalten unter anderem Diätetik, Kräuterheilkunde, Edelsteintherapie, Yoga und Hygienik und werden in acht Bereichen angewandt: Innere Medizin, Chirurgie, Hals-Nasen-Ohren-Augen-Heilkunde, Kinder- und Frauenheilkunde, Psychiatrie, Toxikologie, Vajikarana (Wissenschaft der Aphrodisiaka) und Rasayana (Wissenschaft der Verjüngung). Die noch heute erhaltenen bedeutendsten Ayurveda-Kommentare sind die *Caraka Samhita* und die *Susruta Samhita.*

Essen als Medizin

Ebenfalls bis heute erhalten geblieben sind die Empfehlungen für richtige, individuelle Ernährung und gute Verdauung – nach dem Ayurveda die Eckpfeiler der Gesundheit. Eine gesunde Ernährung setzt sich aus vielen verschiedenen Faktoren zusammen, wie der richtigen Kombination, Menge und Zubereitung der Nahrungsmittel und dem richtigen Rhythmus der Nahrungsaufnahme. Der Ayurveda ist ein ganzheitliches Heilsystem. Aus diesem Grund achtet man auch auf die rechte Zeit, den geeigneten Ort für die Mahlzeit und die richtige Stimmung der Person, die das Essen zubereitet. Außerdem sollte die Nahrung der Jahreszeit, dem Klima, dem Alter, der Konstitution, dem Gesundheits- oder Krankheitszustand angepasst sein und geistiger sowie körperlicher Arbeit Rechnung tragen.
Nahrung, die vegetarisch, vollwertig, frisch, saftig, fetthaltig, schmackhaft und bekömmlich ist, wird als sattvisch (rein) bezeichnet und verleiht Kraft, Gesundheit und erfreut das Herz. Jede Mahlzeit sollte idealerweise alle sechs Geschmacksrichtungen (Süß, Sauer, Salzig, Scharf, Bitter, Zusammenziehend) enthalten.

Die drei Doshas (Bioenergien)

Das ganzheitliche Heilsystem des Ayurveda basiert auf einem universalen Naturgesetz: der Aufrechterhaltung des harmonischen Gleichgewichts der fünf Elemente Äther, Luft, Feuer, Wasser und Erde, aus denen der gesamte Kosmos und alles darin Existierende zusammengesetzt ist.
Der menschliche Körper ist das mikrokosmische Abbild des Makrokosmos »Universum«. Sind alle fünf Elemente im Gleichgewicht, so ist der menschliche Körper gesund. Geraten aber eines oder mehrere dieser fünf Elemente aufgrund ungeeigneter Ernährungsweise, schlechter Verdauung oder falschen Lebenswandels aus der Balance, so entstehen verschiedene Störungen und

Krankheiten, die sich auf der psychischen oder körperlichen Ebene manifestieren. Nach dem Ayurveda werden die fünf Elemente des Körpers durch drei feinstoffliche Bioenergien, die Doshas, intakt gehalten. Die drei Doshas heißen **Vata, Pitta** und **Kapha.**

Vata herrscht über das Gleichgewicht der Äther- und Luftelemente, **Pitta** entspricht dem Feuer- und Wasserelement und **Kapha** ist für die Wasser- und Erdelemente verantwortlich. Befinden sich diese drei Doshas im harmonischen Gleichgewicht (zum Beispiel durch typgerechte Ernährung), so führt dies zu psychischer und physischer Gesundheit. In jedem individuellen Organismus nehmen die drei Doshas unterschiedliche Anteile ein, was zu der charakteristischen Vielfalt der unterschiedlichen körperlichen Erscheinungen führt.

Vata-(Luft-) Typen beklagen sich häufig über Beschwerden wie Trockenheit, Schmerzen, Steifheit, Mangelerscheinungen, Nervosität, geistige Unausgeglichenheit und Ängste. Sie sollten auf eine nahrhafte, beruhigende und »erdende« Diät achten. Ihre Speisen sollten warm, schwer, flüssig, stärkend und von salzigem, saurem und süßem Geschmack sein.

Wer einen großen **Pitta-(Feuer-)**Anteil in seinem Körper besitzt und zu viel scharfe, saure oder salzige Nahrungsmittel zu sich nimmt, verstärkt die Hitze seines Organismus dadurch noch mehr. Über kurz oder lang wird er sein Feuerelement stören. Fleisch, Fisch, Eier, Geflügel, Alkohol und Zigaretten beispielsweise sind für alle Typen gesundheitsschädlich, speziell aber für Pitta-Typen, da diese Dinge außerordentlich

Die drei Doshas

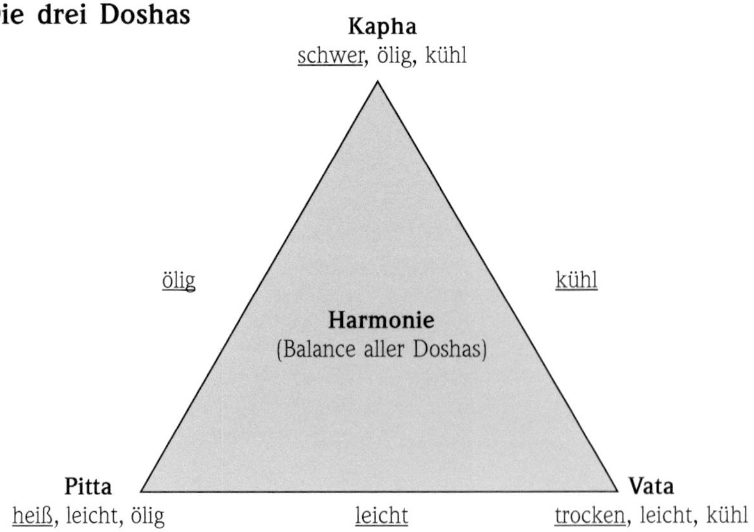

erhitzende Eigenschaften haben. Auf der psychischen Ebene können sie negative Pitta-Eigenschaften wie Egoismus und Aggression aktivieren. Auf der körperlichen Ebene kann es unter anderem zu Fieber, Sodbrennen, Hautkrankheiten, Leberproblemen, vorzeitigem Ergrauen der Haare kommen. Nimmt ein Pitta-Typ süße, bittere und zusammenziehende Nahrungsmittel zu sich, die eine kühlende Wirkung auf den Körper ausüben, so wird das Feuerelement auf seine normale Funktion reduziert.

Kapha-(Erd-) Typen schließlich neigen zu Husten, Erkältungen, Bronchitis und fühlen sich oft müde, schlapp und unzureichend durchblutet. Sie sollten eine Kapha reduzierende Diät einhalten mit Speisen, die warm, leicht, trocken und von scharfem, bitterem und zusammenziehendem Geschmack sind. Ideale Essenszeiten für Kapha-Typen liegen zwischen 10 Uhr morgens und 18 Uhr abends. Außerdem empfiehlt der Ayurveda ihnen einen Fastentag pro Woche. Das fördert die Verdauungskapazität und verbrennt überschüssiges Fett.

Die Übersicht auf den folgenden Seiten vermittelt Ihnen ein allgemeines Bild von den drei Konstitutionen.

Die drei Doshas (Konstitutionstypen)

Haupt-element	**Vata Luft/Äther**	**Pitta Feuer/(Wasser)**	**Kapha Wasser/Erde**
Funktion im Körper	Bewegung, Atmung, Ausscheidung, Freude/Schmerz	Körperwärme, Verdauung, Stoffwechsel, Farbe, Auffassungsgabe	Stabilität, Schutz, Schmierfähigkeit/Öligkeit, Widerstandskraft
Eigen-schaften	trocken, leicht, kühl, beweglich, rau, hart	ölig, fettig, leicht, heiß, beweglich, flüssig, weich	ölig, fettig, schwer, kühl, statisch, klebrig, weich
Körperbau	schlank bis unterentwickelt, sehr groß oder klein, Hände und Füße meist kalt, Knochen und Venen treten hervor	schlank bis athletisch, schwitzt viel	gut entwickelt bis Übergewicht, rundes Gesicht, Venen nicht sichtbar, kräftig, ausdauernd, allgemein gutes Immunsystem
Haut	trocken, rau, kühl, rissig, dunkel	ölig, weich, warm, hell, rot, gelblich	ölig, fest, kühl, blass, weiß
Haare	lockig, schwarz, alle Zwischentöne (z. B. aschblond), trocken	fein, weich, rotblond, kupferrot, früh grau und Geheimratsecken	fettig, kräftig, gewellt, hell oder dunkel
Augen	klein, stumpf, trocken, grau/graublau	durchdringend, kupferbraun, grün, gelber Rand der Iris	anziehend, groß, blau, dunkelbraun, »Rehaugen«
Nase	gebogen, dünn	ausgeprägt, gerade	fleischig, groß
Zähne	vorstehend, krumm, klein, oft bräunlich, Zahnfleischschwund	durchschnittliche Größe, rosa Zahnfleisch	stark, weiß, groß, weißliches Zahnfleisch
Appetit / Durst	eher wenig bis veränderlich, unregelmäßig, vergisst zu trinken	gut bis übermäßig, isst und trinkt oft	gleichmäßig, wenig Durst

Haupt-element	Vata Luft/Äther	Pitta Feuer/(Wasser)	Kapha Wasser/Erde
Essen bevorzugt	süß, sauer, salzig	süß, bitter, zusammenziehend	scharf, bitter, zusammenziehend
Ausscheidung	trocken, hart, Verstopfungsneigung	weich, ölig, locker, viel	zäh, ölig, schwer
Energie	überaktiv	aktiv, gezielt energetisch	reguliert, langsam, beständig
Aufnahmefähigkeit	schnell, schlechtes Kurzzeitgedächtnis, schlechtes Langzeitgedächtnis	selektiv, gutes Kurzzeitgedächtnis, selektives Langzeitgedächtnis	langsam, extrem gutes Kurzzeitgedächtnis, gutes Langzeitgedächtnis
Sprache	schnell, abschweifend	guter Redner, provokant, sarkastisch	langsam, überlegt
Gemüt / Wesen	kreativ, musisch, aktiv, gesprächig, flexibel, offen	intelligent, analytisch, ehrgeizig, ordentlich, erfinderisch	tolerant, ruhig, geduldig, fürsorglich, sanftmütig
Überzeugung	liberal bis veränderlich	fixiert bis fanatisch	stetig bis konservativ
Schlaf	weniger als 6 Stunden, unterbrochen	6 – 8 Stunden, tief, träumt viel	mehr als 8 Stunden, schwer
Finanzen	verdient schnell, gibt Geld schnell aus	durchschnittlich, Ausgaben für Luxus	spart, vermögend, Ausgaben für Essen
Krankheitsneigung	psychische Beschwerden, Ängste, Trockenheit, Schmerz, Steifheit, Schlaflosigkeit, Kopfschmerzen, Verstopfung, Blähungen, Nervosität, Erschöpfung	entzündliche Erkrankungen, wie Gastritis, Hepatitis, Magenbrennen, Brennen im Körper, übler Körpergeruch, Hautkrankheiten, Bluthochdruck, Reizbarkeit, Eifersucht, Jähzorn	Übergewicht, Ansammlung von Giftstoffen und Schlackenstoffen, Diabetes, Husten, Bronchitis, Erkältung, Müdigkeit, Ödeme, Depression, Lethargie, Gier
positiver ausgewogener Zustand (Sattva)	enthusiastisch, innovativ, kommunikativ, Sinn für Einheit aller Menschen, gute Heiler, Musiker, Künstler	intelligent, klar erfassend, selbstständig, mutig, gute Manager und Leiter	ruhig, stabil, konsequent, loyal, vergebend, zufrieden, unterstützend, liebevoll, Berufe in Verwaltung, Medizin, Erziehung

Die sechs Geschmacksrichtungen (Rasas)

Wie alles im Kosmos bestehen auch unsere Nahrungsmittel aus den fünf Elementen. Sie setzen sich aus sechs Geschmacksrichtungen (oder Rasas) zusammen:

Rasa	Elemente
1. süß (madhura)	Erde + Wasser
2. sauer (amla)	Erde + Feuer
3. salzig (lavana)	Wasser + Feuer
4. scharf (katu)	Luft + Feuer
5. bitter (tikta)	Luft + Äther
6. zusammenziehend, herb (kashaya)	Luft + Erde

Wer sich über seinen Ayurveda-Konstitutionstyp im Klaren ist (im Zweifelsfall einen Ayurveda-Therapeuten fragen), kann sich anhand der unten stehenden Tabellen informieren, welche Nahrungsmittel seine Gesundheit fördern oder welche Nahrungsmittel er im Falle einer Krankheit oder eines Dosha-Ungleichgewichtes meiden sollte.

Die folgenden Tabellen zeigen die vorherrschende Hauptwirkung der einzelnen Nahrungsmittel.

Vata-Typ

Empfohlen: süß, sauer, salzig, mäßig scharf (nicht zu scharf), d. h. Nahrungsmittel, die Kapha und Pitta vermehren
Reduzieren: bitter, zusammenziehend (da Vata vermehrend)

Pitta-Typ

Empfohlen: süß, bitter, zusammenziehend, d. h. Nahrungsmittel, die Kapha und Vata vermehren
Reduzieren: sauer, scharf, salzig (da Pitta vermehrend)

Kapha-Typ

Empfohlen: scharf, bitter, zusammenziehend, d. h. Nahrungsmittel, die Pitta und Vata vermehren
Reduzieren: süß, sauer, salzig (da Kapha vermehrend)

Kapha vermehrend *(* = sanft vermehrend)*

Milchprodukte	Früchte	Gemüse/ Hülsenfrüchte	Getreide	Nüsse/ Ölsamen	Gewürze/ Süßungsmittel
Milch [1]	Bananen (reif)	Zucchini	Weizen	Pinienkerne	Meersalz
Süßrahmbutter	Pflaumen	Kürbis*	Dinkel*	Cashewnüsse*	Vanille*
Quark	Trauben (süß)	Gurken	Hafer*	Walnüsse	Carob
Sahne	Melonen	Tomaten	Vollkornflocken	Haselnüsse	Vollrohrzucker
Käse	Orangen (süß)	Avocados	(Vollkorn-) Nudeln	Pistazien	Jaggery/Gur
Ghee	Pfirsiche*	Auberginen	(Vollkorn-) Reis	Sesam	Honig (vor weniger als 6 Monaten abgefüllt)
Panir	Ananas (süß)	(Süß-)Kartoffeln	Wildreis*	Mohn	Ahornsirup
Tofu	Feigen (frisch)	Spinat*		Erdnüsse	
Sojadrink	Datteln (frisch)	Urad Dal			
Reisdrink	Kokos (frisch)				
	Papayas				
	Mangos*				
	Rhabarber				

[1] kalte Milch: Kapha vermehrend; leicht gekocht: Pitta vermehrend; umgerührt: Vata vermehrend

Pitta vermehrend (= sanft vermehrend)*

Milch-produkte	Früchte	Gemüse/ Hülsenfrüchte	Getreide	Nüsse/ Ölsamen	Gewürze/ Süßungsmittel
Sauerrahm-	alle sauren	Karotten (roh)	Hirse	Pistazien	Chili
butter	Früchte, Beeren	Tomaten	Buchweizen	Sesam	Ingwerpulver
Quark*	Aprikosen (sauer)	Radieschen	Mais	Erdnüsse*	Salinensalz
Joghurtquark*	Kirschen (sauer)	Rettich	Roggen	Walnüsse*	schwarzer Pfeffer
Joghurt*	Orangen (sauer)	Rote Bete (roh)	Amarant*	Haselnüsse*	Muskat
saure Sahne	Pflaumen (sauer)	Auberginen*	Quinoa*		Senfkörner
	Papayas (reif)	Paprika	Wildreis*		Asafoetida, Anis
	Johannisbeeren	Meerrettich	Hafer*		Gewürznelken
	(zu viel Johannis-	Rucola*			Kümmel*
	beeren vermehren				Zimt*, Rosmarin*
	Vata)				Thymian*
	Erdbeeren*				Kresse*
	Himbeeren*				Bockshornklee*
	Rhabarber				Kardamom*
					Vanille*

Vata vermehrend (= sanft vermehrend)*

Milch-produkte	Früchte	Gemüse/ Hülsenfrüchte	Getreide	Nüsse/ Ölsamen	Gewürze/ Süßungsmittel
	Äpfel (herb)	Blattsalat	alle industriell	Kokosraspel*	Bockshornklee*
	Bananen (unreif)	Kohl	verarbeiteten	Cashewnüsse	herbe Kräuter:
	Trockenfrüchte	Brokkoli	Getreide (z. B.	(ungeröstet)	Borretsch
	Ananas (fest)	Blumenkohl	Haferflocken)	Mandeln*	Petersilie*
		Erbsen*	Gerste*	(ungehäutet)	Löwenzahn
		Kichererbsen	geschälter	Erdnüsse	Giersch
		Bohnen	weißer Reis*		Brennnessel
		Linsen	Buchweizen		Sprossen
		Kartoffeln*	Mais		
		Spinat*	Roggen*		
		grüne Bohnen*	Auszugsmehle		

*Förderlich für alle Dosha-Typen (** = in Maßen)*

Milch-produkte	Früchte	Gemüse/ Hülsenfrüchte	Getreide	Gewürze	Süßungsmittel	Öle/ Ölsamen
Butter-	Zitronen**	Spargel	Basmatireis	Kardamom	Birnendicksaft	Olivenöl*
milch**	Kirschen (süß)	Rote Bete		Kurkuma	Apeldicksaft	Sonnen-
	Aprikosen (süß)	(gekocht)		Dill	Honig (vor	blumenöl
	Birnen (süß)	Okra		Steinsalz	mehr als	Sonnen-
	Rosinen	Mungsprossen		Rosenwasser	6 Monaten	blumenkerne
	(eingeweicht)	Artischocken		Kreuzkümmel	abgefüllt)	Mandeln
	Granatäpfel	Mung Dal		frischer Ingwer		(eingeweicht
	(süß)			Koriander		+ enthäutet)
	Äpfel (gekocht)			Fenchel, Safran		Kürbiskerne
				frische		Mandelmilch
				Korianderblätter		Leinsamen

Ernährung im Wechsel der Jahreszeiten

Der Wechsel der Jahreszeiten beeinflusst nicht nur die Natur, sondern auch unseren Organismus und unsere Verdauung. Entsprechend den vier Jahreszeiten empfehlen Ayurveda-Therapeuten unterschiedliche Nahrungsmittel:

Frühling – Kapha vorherrschend

Empfehlenswert:
Kapha reduzierende Speisen

Der Frühling ist die Jahreszeit der Reinigung. Jetzt will sich der Körper von den angesammelten Gift- und Schlackenstoffen des Winters befreien. Durch das Wetter (Feuchtigkeit und Frühjahrsregen) wird Kapha verstärkt, zugleich wird das Verdauungsfeuer (Agni) im Magen schwächer.

Jetzt helfen kurze Fastentage und eine Ernährung, die Agni energetisiert und somit den Körper reinigt.

Diese Vorgänge werden durch Nahrungsmittel wie Dinkel, Buchweizen, Äpfel, Birnen, Asafoetida, Bockshornklee (gut für Haut und Haare), Karotten, Ingwer, Kreuzkümmel, Senfkörner, alle Linsensorten (Dal) und auch kleine Mengen Ghee unterstützt. Kalt geschleuderter Honig, der älter als sechs Monate ist, ist ebenfalls sehr zu empfehlen, da er Kapha vermindert und Körper und Geist Energie verleiht.

Einen Bogen sollten Sie um schwere und ölige Speisen machen. Auch Salz sollten Sie nur in kleinen Mengen zu sich nehmen.

Sommer – Pitta vorherrschend

Empfehlenswert:
Pitta reduzierende Speisen

Die Wärme des Sommers beeinflusst vor allem Agni. Das Verdauungsfeuer im Magen und Körperinneren vermindert sich, unter der Haut verstärkt es sich aber (Schweißbildung). Schwer verdauliche Speisen kann der Körper nur mit viel Energieaufwand verarbeiten.

Gut ist es jetzt, mehr zu trinken und Leichtverdauliches zu essen. Eisgekühlte Getränke empfiehlt der Ayurveda allerdings niemals. Sie mögen vielleicht im ersten Augenblick angenehm erscheinen, reduzieren aber das ohnehin schwache Verdauungsfeuer im Magen noch mehr, das die Getränke erst erwärmen muss.

Im Sommer sind zimmertemperierte oder warme Getränke die Flüssignahrung der Wahl. Zu ihrer Aromatisierung greift man gerne auf die kühlenden Eigenschaften von Rosenwasser zurück.

Auch Joghurt-Zubereitungen, wie Lassi (Getränk aus Joghurt und Wasser) oder Raita (Salat auf Joghurtbasis), sind ideale Sommerköstlichkeiten. Joghurt regt nicht nur das Verdauungsfeuer im Magen an, sondern übt in seiner sekundären Wirkung einen kühlenden Effekt auf den gesamten Körper aus.

Einen günstigen Einfluss haben jetzt auch alle Beerenfrüchte, gelagerter Reis und Weizen, alle wässrigen und weichen Gemüsesorten und Blattgemüse sowie Gewürze, die Agni im Magen anregen.

Die kühlenden Eigenschaften der Minze werden gerade im Sommer zum Verzieren und Würzen von Fruchtsalaten, Salaten, Torten (s. a. Erdbeer-Sahne-Rolle S. 111), Pfefferminz-Chutney und Ähnlichem genutzt.

Dagegen sollten im Sommer saure, beißend scharfe und zu salzige Geschmacksrichtungen weitestgehend vermieden werden.

Herbst – Vata und Kapha vorherrschend

Empfehlenswert:
Vata und Kapha reduzierende Speisen
Im Herbst werden Vorbereitungen für den Winter nicht nur in Haus und Garten getroffen, sondern auch im eigenen Körper. Zu dieser Zeit beginnt der Organismus Hitze anzusammeln, um sich gegen die bevorstehende Kälte zu schützen. Die kalten Winde und Herbstregen lassen Vata und Kapha vorherrschen. Kurze Fasten- und Reinigungskuren in dieser Zeit fördern diese Umstellung.
Im Herbst helfen scharfe, süße und salzige Nahrungsmittel, Vata und Kapha zu beruhigen. Der mäßige Gebrauch von Milch und Milchprodukten hält gesund und verleiht Energie. Sehr zu empfehlen sind auch Dinkel, Weizen, Mais, Reis und Gerste sowie Trockenfrüchte (wie Datteln, Feigen), Nussmilch, Bananen, Waldbeeren und Gewürze wie schwarzer Pfeffer, Ingwer, Asafoetida, Muskat und Koriander.
Einen Bogen sollte man allerdings um herbe oder bittere und saure Nahrungsmittel machen.

Winter – Vata vorherrschend

Empfehlenswert:
Vata reduzierende Speisen
Die Wintermonate sind kalt und trocken. Die Härte und Kälte dieser Jahreszeit erhöhen das Luft-(Vata-)Element. Im Körper herrscht jetzt ebenfalls Trockenheit vor – Agni im Körperinneren hat sich verstärkt. Jetzt ist ölhaltige Nahrung das Mittel der Wahl. Selbst schwere Gerichte können im Winter leicht verdaut werden – das ist die ideale Zeit für Nüsse, Ölsamen, Früchtebrote und mit Gewürzen vermischte Trockenfrüchte.
Empfehlenswert sind außerdem Weizen (neue Ernte), Dinkel, Buchweizen, Hirse, Mungbohnen, Kartoffeln, Rote Bete, weiße Rüben, Spinat und Weichgemüsesorten. Außerdem warten heiße Milch, Panir (selbst gemachter Frischkäse), Butter, Ghee, Buttermilch, Bananen, Äpfel und Wintergewürze wie Zimt, Gewürznelken, Kardamom, Muskat, Asafoetida, Kurkuma und Ingwer auf ihren Wintereinsatz.
Ebenfalls positiv wirken süße, saure und leicht gesalzene Speisen, da sie Vata verringern. Ölmassagen verschaffen dem Körper im Winter ebenfalls Erleichterung.

Allgemeine Ayurveda-Tipps

Gesundheit ist nach dem Ayurveda nichts Selbstverständliches, sondern muss durch aktive, vorbeugende Maßnahmen erhalten werden. Von den vielen wertvollen Ratschlägen in Bezug auf Ernährung haben wir die wichtigsten herausgegriffen. Wer sie in seinem Leben anwendet, wird die positiven Folgen schon rasch spüren.
Die Speisen sollten nicht nur dem Individuum, sondern auch der Jahreszeit angepasst sein. Und auf **bestimmte Kombinationen** von Nahrungsmitteln verzichten Sie lieber ganz: In ein und derselben Mahlzeit kombiniert der Ayurveda kein rohes Obst mit rohem oder gekochtem Gemüse. Ebenso wenig ver-

trägt sich Milch mit Salzigem oder Saurem, wie Joghurt oder rohen sauren Früchten.

Seien Sie wählerisch in Bezug auf Ihren **Essplatz.** Essen Sie nur in einer ruhigen und entspannten Atmosphäre. Hektische Umgebung, Essen an überfüllten Orten mit vielen unbekannten Menschen oder sogar auf der Straße, im Stehen, sind höchst ungesund. Streit oder Aggressionen können einem im wahrsten Sinne des Wortes auf den Magen schlagen. Die Auseinandersetzung lässt ihn schlecht arbeiten, schnürt ihn zu und »vergiftet« ihn regelrecht. Die Speisen werden nur ungenügend verdaut und belasten so über einen längeren Zeitraum den Körper.

Außerdem wird eine Mahlzeit, die **hastig** heruntergeschlungen, ungenügend gekaut, durch andere Tätigkeiten unterbrochen (z. B. durch Fernsehen, Zeitunglesen) oder unaufmerksam gegessen wird, nur ungenügend verdaut. Dies führt zu vermehrten Toxinablagerungen (Ama) im Körper, die auf Dauer die Ursache von vielen Krankheiten werden.

Vermeiden Sie es, direkt vor dem Essen (mindestens eine halbe Stunde vorher) und mindestens eine Stunde nach der Mahlzeit Wasser oder andere **Getränke** zu trinken. Denn dies verdünnt die Verdauungsenzyme und löscht Agni, das Verdauungsfeuer. Die Folge: Krankheiten und Trägheit (während des Essens jedoch ist Buttermilch in kleinen Mengen empfehlenswert).

Ein wahres Wundermittel bei Magenproblemen ist **Ingwer.** Probieren Sie vor dem Essen, ein Stück frischen Ingwer zu kauen oder eine Scheibe Zitrone mit Salz zu lutschen. Dies regt den Appetit an und fördert die Verdauung.

Eine alte ayurvedische Empfehlung besagt, dass der Magen beim Essen zu einem Drittel mit Speisen, einem Drittel mit Flüssigkeit und einem Drittel mit Luft gefüllt sein soll. Auf diese Weise hat er genügend Platz für seine Bewegungen bei der Verdauungsarbeit.

Achten Sie einmal darauf, wann Sie beim Essen das erste Mal aufstoßen müssen. Dies ist eigentlich der Zeitpunkt, zu dem der **Magen genug hat** (nur meist wollen die Zunge und die Augen noch nicht aufhören).

Ein **Mittagsschlaf** nach dem Essen ist keine gute Angewohnheit, denn er vermehrt Kapha und führt zu Gewichtszunahme. Fünfminütiges Liegen auf der linken Seite regt aber die Verdauung an.

Wussten Sie, dass man nach einer Mahlzeit vier, besser noch sechs Stunden bis zur **nächsten Nahrungsaufnahme** warten sollte? (Nach einem kleinen und leichten Essen ohne Getreide – z. B. nach Früchten – sollten Sie mindestens zwei Stunden warten.) In westlichen Ernährungslehren ist man sich über diese Zusammenhänge kaum bewusst.

Nimmt man Speisen zu sich, bevor die vorhergehende Mahlzeit vollständig verdaut worden ist, so verwandeln sich die unverdauten Speisereste im Magen und im Darmtrakt in Ama. **Ama** ist die Gesamtheit gesundheitsschädlicher Stoffwechselprodukte, die über den Blutkreislauf im ganzen Körper verbreitet werden und zu Krankheiten aller Art führen. Symptome wie dicker Zungenbelag, Mundgeruch, Körpergeruch, übler Geruch von Urin und Stuhl, Verstopfung und Reizbarkeit sind Anzeichen, dass sich im Körper Ama angesammelt hat. Ama ist die Wurzel der meisten chronischen Erkrankungen, wie chro-

nische Erkältungskrankheiten, Fieber, Asthma, Arthritis, und eines schwachen Immunsystems, was Allergien, Heuschnupfen und Zellschäden nach sich ziehen kann.
Durch gezielte Therapie und Reinigungskuren (z. B. Pancha-Karma-Kur unter Aufsicht eines ayurvedischen Therapeuten) kann Ama reduziert und ausgeschieden werden. Besser jedoch ist es, es gar nicht erst zu produzieren. Es lohnt sich also, schlechte Ess- und »Zwischendurch-Nasch«-Gewohnheiten zu ändern. Unsere Gesundheit wird es uns danken.

Backen ohne Ei – einfach und gesund

Die ayurvedische Küche legt Wert auf sattvische (reine) Lebensmittel, die vegetarisch, vollwertig, frisch, saftig, fetthaltig, schmackhaft und bekömmlich sind. Nur durch eine derartige Ernährung können alle drei Doshas ausgeglichen werden. Tamasische Nahrungsmittel, wie beispielsweise Eier, Fleisch und Fisch, stehen energetisch am tiefsten, da sie nicht nur Fäulnisprozessen ausgesetzt sind, sondern auch mit Gewalt erworben wurden.
Daher ist auch das Backen ohne Eier viel gesünder als das Backen mit Eiern. Und dabei außerdem kinderleicht. Geschmacklich werden Sie keinen Unterschied zwischen Gebäck mit oder ohne Ei wahrnehmen, doch für Sie und Ihre Familie wird sich eine eifreie und pflanzliche Kost auf vielen Ebenen positiv auswirken. Denn pflanzliche Nahrung enthält eine Fülle von Vitalstoffen, die uns gesund erhalten. Die gesundheitlichen Vorteile pflanzlicher Nahrung wurden unter anderem in einer groß angelegten Langzeitstudie des Deutschen Krebsforschungszentrums in Heidelberg zum Krebsrisiko von Vegetariern und Fleischessern bestätigt. Und Gründe, auf Eier in der Ernährung zu verzichten, gibt es wirklich mehr als genug: neben gesundheitlichen auch tierrechtliche, ökologische und ethische.

Salmonellen, Antibiotika & Co.

Obwohl der Mensch für seine Ernährung nicht auf Eier angewiesen ist, hat sich der jährliche Verbrauch an Eiern seit 1950 fast verdoppelt: Durchschnittlich 249 Eier pro Kopf sind es in Deutschland zur Zeit. Eier kommen auch in verarbeiteter Form auf den Tisch, z. B. in Nudeln, Süßwaren, Speiseeis, Suppen, Mayonnaisen, Fertiggerichten, Würsten, Säften (zum Klären) – und in Gebäck. Nach den Erkenntnissen des Ayurveda sind Eier schwer verdaulich und belasten über ihre Fäulnisprozesse den ganzen Körper. In der Folge entstehen gesundheitsschädliche Stoffwechselprodukte (Ama), die über den ganzen Körper verbreitet werden.
Die Zersetzung beginnt, nachdem das Ei gelegt ist. Ein Gramm eines »sauberen« Eis kann bereits zehn- bis fünfzehnmal so viele Fäulnisbakterien enthalten wie ein Gramm Kalbsmist. Selbst Kochen und Erhitzen können diese Stoffe im Körper kaum inaktivieren. Im Dünndarm können durch diese faulige Zersetzung Gase entstehen, die zu Stuhlverstopfung, Darmlähmung und Zellschäden führen können. Über Blut und Lymphe können die Giftstoffe zu verschiedenen Organen gelangen und dort ebenfalls gesundheitsschädigend wirken. Eier haben es wirklich in sich. Der menschliche Körper scheint auf sie nicht eingestellt zu sein.

Fäulnisbakterien pro Gramm	
Ei	bis 220 000 000
Fischfleisch	bis 120 000 000
Schweineleber	bis 95 000 000
Hamburgerbeef	bis 75 000 000
Ziegenmist	bis 69 000 000
Pferdemist	bis 25 000 000
Kalbsmist	bis 15 000 000

(Quelle: Gregor Wilz; Die vegetarische Rohkost; S. 81)

Damit noch nicht genug: Rund 25.000 Menschen erkranken in Deutschland jährlich an Salmonellose, mehr als 40 Fälle davon enden tödlich, insbesondere bei älteren Menschen. Die Hauptursache für diese gefährliche Krankheit ist schnell gefunden: der Verzehr von Eiern, Masthähnchen und Speiseeis. Salmonellen und andere Bakterien und Mikroorganismen befinden sich von Anfang an am oder sogar im Ei. Sogenannte »Bio-Eier« aus Freilandhaltung mit artgerechter Fütterung der Tiere bilden hier keine Ausnahme. Auch sie enthalten von Anfang an Fäulnisbakterien, Schimmelpilze und Salmonellen, die sich vom zweiten Tag an sprunghaft vermehren. Und »frisch« sind sie mit Sicherheit nicht.
Im Handel (auch im Biohandel) sind Eier oft sieben Tage alt oder sogar älter. Eine Vielzahl anderer gesundheitsschädlicher Stoffe kommt noch dazu: Da sich Krankheiten durch die enge Massentierhaltung unter den Hühnern zwangsläufig schnell ausbreiten, werden vorbeugend Medikamente verabreicht. Die Palette, die der Konsument mit dem Ei mitgeliefert bekommt, ist lang: Antibiotika sollen Krankheiten vermeiden, das Wachstum stimulieren und die Legeleistung fördern. Gegen Parasiten und Pilze werden Coccidiostatika und Antihelmintika eingesetzt. Und Nitrofurane, arsenhaltige Arzneimittel, Antioxidantien, Psychopharmaka und Östrogene (in Deutschland offiziell verboten) runden das traurige Ei-Bild ab.
Pestizide, Schwermetalle und weitere Schadstoffe aus Futtermitteln, »Stallhygiene« und Umwelt gelangen ebenfalls ins Ei und werden im Eiklar gespeichert. Damit das Ei aus der unnatürlichen Hühnerhaltung nicht ganz so unappetitlich blass aussieht, werden den Hennen Farbstoffe (Carotinoide) gefüttert.
Ein Ei, ob befruchtet oder nicht, ist für etwas ganz anderes bestimmt als für den menschlichen Speisezettel: Aus dem Ei soll einmal ein Küken schlüpfen. Selbst wenn es sich beim Ei legenden Huhn um ein »glückliches, frei laufendes« Huhn handelt, ändert sich daran nichts.
Besser, wir lassen den Hühnern ihre Eier und uns unsere Gesundheit.

Die Leiden des jungen Huhns

Nicht nur gesundheitliche, sondern auch ethische und tierrechtliche Gründe sprechen gegen den Eiverzehr.
Massentierhaltung, neue Züchtungen, Arzneimittel und Mastfutter treiben die Hochleistungshühner zu immer neuen Rekorden. Im Jahr 1950 legte eine Legehenne im Schnitt 120 Eier pro Jahr, heute sind es 290 bis 300. Die Zahl der Legehennen hat im gleichen Zeitraum um fast die Hälfte abgenommen.
Die Haltung von Hennen in Legebatterien (Käfighaltung) ist inzwischen in der ganzen EU untersagt. Das Nachfolgemodell, der ausgestaltete Käfig (auch Kleingruppenhaltung genannt), bietet

den Legehennen jedoch nur geringe Verbesserungen. In Gruppen von 40 bis 60 Hennen steht jedem Tier eine Fläche kaum größer als ein DIN-A4-Blatt zur Verfügung. Und in der Volierenhaltung, einer Art der Bodenhaltung mit mehreren Ebenen übereinander, dürfen 18 Hennen pro Quadratmeter gehalten werden. So kommt es, dass in Deutschland immer noch Millionen von Hühnern in Hallen ohne jegliches Tageslicht vegetieren. Sie werden unter qualvollen Bedingungen gemästet oder müssen im Akkord Eier legen. Nach zwölf bis sechzehn Monaten Leiden mit Durchfall, Stress, Knochenbrüchen, Lähmungen und Infektionen hat die Qual der Hennen ein Ende. Wenn sie ihre Sollleistungen nicht mehr erfüllen können, werden sie »entfernt« und landen als Suppenhuhn auf dem Mittagstisch. Ein schöner Dank.

Bodenhaltung: reine Augenwischer-Ei

Ein Großteil der Verbraucher will diese Tierquälerei nicht mehr unterstützen. Diese Verbraucher wählen Eier aus Bodenhaltung. Die Lebensbedingungen dieser Hühner sind nicht viel besser als die der Hühner aus Kleingruppenhaltung. Die Bodenhaltung – typisch für die Hähnchenmast – steht der Kleingruppenhaltung in puncto Grausamkeit kaum nach. Bodenhaltung ist noch lange keine Freilandhaltung. Statt in Käfigen, leben die Hühner in Hallen zu Tausenden zusammengepfercht und müssen dadurch zusätzlich eine Hackordnung auskämpfen. Bis zu neun Hühner müssen sich einen Quadratmeter teilen.

In einem Stall dürfen sich bis zu 6.000 Tiere befinden. Auslauf gibt es meist keinen. Solche Bedingungen sind alles andere als artgerecht. Hühner brauchen viel Auslauf, um ihrem Picktrieb und Scharrtrieb nachzugehen, sie schlafen auf Sitzbäumen und legen ihre Eier in Nester. Weder in der Boden- noch in der Volieren- oder Kleingruppenhaltung haben sie dazu meist die Gelegenheit.

Nach vier Monaten(!) – so die Empfehlung – soll der Stall gereinigt werden, damit die Eier nicht auch die monatealten Arzneirückstände aus dem Kot enthalten. Diese sind durch die kleinen Eiporen jedoch meist längst in das Innere des Eis gelangt. Wer sich eifrei ernährt, tritt nicht nur für seine eigene Gesundheit ein, sondern zeigt auch Respekt vor der leidenden Kreatur und der Natur.

In einer gesundheitsbewussten und ethischen Küche sind Eier überflüssig.

Vollkorn – die geniale Idee der Natur

Das ganze Getreidekorn ist eines der wertvollsten und in sich vollkommensten Lebensmittel, das die Natur hervorbringt. Mit 55 – 75 % Kohlenhydraten, 0,5 – 7 % Fett und 7 – 15 % Eiweiß liefert es dem Körper nicht nur fast alle lebenswichtigen Nährstoffe, sondern auch einen großen Schatz an Vitalstoffen. Dazu gehören Vitamine, Mineralstoffe, Spurenelemente, Enzyme oder Fermente, ungesättigte Fettsäuren, Aromastoffe, Ballast- oder Faserstoffe, die vor Arteriosklerose und Dickdarmkrebs schützen können und für eine gute Verdauung sorgen. In ihren wertvollen Inhaltsstoffen unterscheiden sich die einzelnen Getreidesorten und -arten nur unwesentlich. Das ausgewogenste Nährstoffverhältnis aller Getreidearten bieten jedoch Weizen und ganz besonders der Dinkel.

Es ist offensichtlich: Damit dem Körper diese gesunderhaltenden Inhaltsstoffe wirklich zugute kommen können, sollten auch wirklich alle Bestandteile des Korns verwendet werden.

Weißmehl: Das Beste bleibt auf der Strecke

Lange Zeit war unbekannt, dass gerade die Randschichten und der Keimling des Korns die meisten und für die Gesundheit wichtigsten Inhaltsstoffe enthalten. Weißbrot und -brötchen galten als fortschrittlich und waren ein Zeichen von Wohlstand. Heute weiß man, dass gerade die Vitalstoffe der Randschichten nicht nur gut für Herz, Gehirn und Nerven sind, sondern auch benötigt werden, um den stärkehaltigen Mehlkörper und das glutenhaltige Klebereiweiß verdauen zu können.

Bei weißem Auszugsmehl ist das Beste verloren gegangen. So findet sich dort z. B. jeweils nur noch die Hälfte des ursprünglich enthaltenen Calciums und Magnesiums wieder. Sowohl Vitamin E als auch Provitamin A haben sich sogar vollständig verflüchtigt.

Nährstoffverluste bei weißem Weizenmehl

Mineralstoffe/ Spurenelemente	**Verluste in %**
Eisen	84
Kupfer	75
Magnesium	52
Mangan	71
Kalium	76
Calcium	50
Vitamine	
Vitamin B_1	86
Vitamin B_2	69
Vitamin B_6	50
Niacin	86
Panthothensäure	54
Provitamin A	100
Vitamin E	100

(Quelle: Ilse Gutjahr; Die vitalstoffreiche Vollwertkost nach Dr. M. O. Bruker; S. 71)

Der Gesundheits-Flop

Denaturierte, weiße Auszugsmehle waren dem Ayurveda gänzlich unbekannt. Auch andere »Errungenschaften« der modernen Ernährung, wie weißer Zucker, Fast Food, phosphathaltiges Backpulver, Dosen- und Tiefkühlkost haben wenig mit einer Ernährung im Sinne des Ayurveda zu tun, in der Kriterien wie Frische, Vielfalt und Vollwertigkeit zählen.

Sicherlich stirbt der Mensch nicht an Weißmehlprodukten und anderer denaturierter Nahrung allein. Schließlich ernährt er sich zur gleichen Zeit auch von anderen Dingen. Dennoch entstehen fast alle der sich immer weiter verbreitenden Allergien und Wohlstandskrankheiten mit durch falsche Ernährung. Das zeigen Arbeiten von Prof. Dr. Kollath, Dr. Bircher-Benner, Dr. Schnitzer, Dr. Bruker, Dr. Evers und vielen anderen Medizinern.

Besorgniserregend ist auch, dass immer mehr Neugeborene und Kleinkinder schon von ernsthaften Krankheiten betroffen sind, seien es nun Neurodermitis, Allergien aller Art, Pseudokrupp oder Asthma. Eine auf Vollkorn basierende Ernährung stärkt die Abwehrkräfte und hilft, solchen Erkrankungen vorzubeugen.

Design-Getreide: Der Mensch denkt, er lenkt

Geschmack, Vitalstoffe und Bioenergien scheinen für die Agrarindustrie zur Bedeutungslosigkeit verkommen zu sein. Multinationale Lebensmittelkonzerne und Handelsketten bestimmen, was angebaut und zu welchem Preis verkauft wird. Nicht ökologisches Gleichgewicht und langfristige Überlebensfähigkeit von Pflanze, Tier und Mensch sind die Zuchtziele, sondern Ertragssteigerung. Doch der Boden verkraftet diese Ausbeutung nicht länger: Trotz steigenden Einsatzes von mineralischem Dünger sinken die Erträge. Immer mehr Schädlinge werden gegen die eingesetzten Spritzmittel resistent. Den natürlichen Feinden dieser Schädlinge hat der Mensch schon lange ihre natürlichen Lebensgrundlagen entzogen. Nicht nur Pflanzen, Tiere, Menschen und das ganze Ökogefüge der Erde leiden unter einer derart profitzentrierten Politik – auch der Beruf des Bauern stirbt allmählich aus. Die vermeintlich höheren Erträge des Hybridgetreides sind schnell von gestiegenen Unkosten und Zinsen für die teuren Landmaschinen aufgezehrt. Viele können da nicht mehr mithalten. Allein in Deutschland gehen knapp 20 Bauernhöfe täglich bankrott!

Brot für das Vieh – Hunger für die Welt?

Obwohl weltweit mindestens 10 % mehr Nahrungsmittel produziert werden, als zur Versorgung der gesamten Menschheit notwendig wären, müssen rund eine Milliarde Menschen auf der Welt hungern. Die Nahrungsmittel, die an Masttiere verfüttert werden, könnten diesen Menschen zur Verfügung stehen. Allein in Deutschland sind es über 60 % des angebauten Getreides. Welch eine Verschwendung, wenn wir uns vorstellen, dass man bis zu 16 Kilogramm Getreide verfüttern muss, um 1 Kilogramm Fleisch zu »produzieren«. Die Nachfrage scheint diese Nahrungs»veredelung« durch die Fleischindustrie zu rechtfertigen. Die andere Seite dieser »Veredelung« ist (vorerst) nicht auf dem Tisch des Konsumenten zu finden: Der Regenwald wird gerodet, um neue Weiden für Schlachtvieh zu schaffen. Die Überweidung macht aus Wiesen Wüsten. Exkremente der Massentierhaltung verstärken den sauren Regen und den Treibhauseffekt. Weideland auf Kosten von Ackerland vergrößert Armut und Hunger in den Entwicklungsländern. »Solange es Schlachthöfe gibt, wird es auch immer Schlachtfelder geben«, warnt der russische Schriftsteller Leo Tolstoi. Die Schar derer, die einen Zusammenhang zwischen der Gewalt an Tieren, der Missachtung von Naturgesetzen einerseits und individuellen wie kollektiven Auswirkungen für die menschliche Gesellschaft andererseits sehen, wächst mit jedem Tag. Alles, was wir tun, übt nicht nur auf andere einen Einfluss aus, sondern auch auf uns selbst.

Die Revolution am Küchentisch

Auch wenn mit unserem täglichen Brot so viel Schindluder getrieben wird, sind wir diesem Treiben keineswegs machtlos ausgeliefert. Jede und jeder Einzelne von uns besitzt mehr Einfluss, als sie oder er oft denkt. Es gibt genug ökologisch angebautes Getreide, das ein gesundheits- und umweltbewusster Mensch mit gutem Gewissen kaufen und essen kann. Selbst gemachtes Backpulver, wie es in diesem Buch vorgestellt wird, ist ein weiterer Baustein für die gesunde Ernährung (s. S. 40). Vielleicht müssen wir unser Konsumverhalten etwas umstellen, doch Gewohnheiten lassen sich schnell ändern. Gerade bei Getreide gelingt dies vergleichsweise einfach. Jeder kann in seinem Umfeld mit seinem Beispiel Impulse setzen, Alternativen aufzeigen und durch sein kritisches und waches Kauf- oder Boykottverhalten Einfluss ausüben. Auch unsere Gesellschaft ist nur die Summe vieler Einzelner.

Die süßeste Versuchung

Im Ayurveda ist Süß eine von sechs Geschmacksrichtungen. Betrachtet man den Zuckerverbrauch bei uns heute, so könnte allerdings der Eindruck entstehen, es gäbe kaum mehr als ein oder zwei Geschmacksrichtungen. Denn Zucker verbrauchen die Deutschen in rauen Mengen: Am Tag durchschnittlich so viel wie 33 Stückchen Würfelzucker, was einem Jahresverbrauch von 34 bis 36 Kilogramm entspricht. Kinder bringen es fast auf das Doppelte. Doch das war nicht immer so. Gegen Ende des 18. Jahrhunderts lag die verbrauchte Menge pro Kopf und Jahr bei durchschnittlich einem Kilogramm Zucker – auch damals war das schon die fünfzigfache Menge des Zuckerkonsums im 15. Jahrhundert.

Die gestylte Rübe

Nicht nur der Verbrauch, sondern auch die Zuckergewinnung hat sich geändert. In den Industrienationen hat die Zuckerrübe schon lange das tropische Zuckerrohr weitgehend als Rohstofflieferant für Zucker ersetzt. Bei der Verarbeitung kommen aufwendige industrielle Verfahren zum Einsatz, um die Rübe für den Menschen genießbar zu machen. Zucker oder Saccharose heißt das denaturierte Endprodukt.

Was Schleckermäulern häufig unbekannt sein dürfte: Zuckerrüben gehören zu den am intensivsten mit Kunstdünger produzierten Feldfrüchten. Pestizide und Mittel gegen Pilz- und Ungezieferbefall kommen gleich mit dem Saatgut in die Erde und werden auch später in großzügigen Mengen über die Felder gesprüht. Neben den Agrargiften sorgen die Monokulturen dafür, dass der Boden ausgelaugt und langfristig zerstört wird. Der konventionelle Zuckerrübenanbau zerstört die Natur.

Zucker-krank

Frisches Obst, Gemüse und Vollkornprodukte liefern die für den Stoffwechsel nötigen Enzyme, Vitamine und Mineralstoffe mit den Kohlenhydraten gleich mit. Industriezucker dagegen ist ein leerer Energieträger. Das aber ist noch nicht alles. Beim Verzehr größerer Mengen an Industriezucker kommt es darüber hinaus zu einem sofortigen und steilen Anstieg des Blutzuckerspiegels. Das versetzt die Bauchspeicheldrüse in Alarm, die daraufhin überreagiert: Der Blutzuckerspiegel sinkt zu stark und es kommt zur Unterzuckerung. Das führt zu einem Leistungsknick, begleitet von Heißhunger und Lust auf Zuckernachschub.

Wohlklingenden Werbeversprechen zum Trotz geben immer mehr Ärzte, Ernährungswissenschaftler und Verbraucherverbände weißem Zucker die Mitschuld an zahllosen ernährungsbedingten Krankheiten. Sie bezeichnen ihn als Zahnkiller, Krankmacher und sogar als Droge.

In der Tat leiden viele Menschen an einer Vielzahl von Zivilisationskrankheiten, wie Bluthochdruck, Immunschwäche, psychischen Beeinträchtigungen, Verstopfung, Pilzinfektionen, Übergewicht, Verdauungsstörungen,

Diabetes, Karies, Parodontose, Rheuma, Arthritis oder Arthrose, die sich unter anderem auf eine einseitige Ernährung zurückführen lassen.
Wer wirklich gesund leben will, sollte raffinierten Fabrikzucker auf seiner Speisekarte drastisch reduzieren oder – noch besser – ganz streichen.

Versteckter Zucker

Nur ein Viertel unseres Zuckerkonsums nehmen wir in direkter Form zu uns. Raffinierter Fabrikzucker wird mittlerweile nahezu allen vorbereiteten und abgepackten Nahrungsmitteln zugesetzt. Rund 75 % des Zuckers, den wir zu uns nehmen, liefern uns Produkte der Lebensmittelindustrie. Diese bietet uns nicht nur süße Riegel, Bonbons, Cola, Schokolade, Nougatcremes, Fruchtjoghurts und andere süße Überflüssigkeiten. Weißer Fabrikzucker wird unter anderem auch Senf, Tomatenketchup, Fischkonserven, Fertigsalatsaucen und Tütensuppen zugesetzt. Dabei handelt es sich nicht etwa um kleine Mengen. Tomatenketchup beispielsweise kann bis zu 50 % aus Zucker bestehen, Instant-Kakaogetränke gar bis zu 97 % und Kindertee-Granulat bis zu 96 %!
Auch wenn es nicht auf dem Etikett angegeben ist, essen wir auf diese Weise häufig Zucker. Neben Saccharose sind in verarbeiteten Lebensmitteln häufig andere und weitere industriell gewonnene Zuckersorten, wie Glukose (Traubenzucker), Glukosesirup, Maltose (Malzzucker) und Fruktose (Fruchtzucker), enthalten. Achten Sie auf Wörter mit der Endung »ose«, hinter ihnen verstecken sich Industriezucker. Es lohnt sich, das Kleingedruckte jeder zum Kauf anstehenden Packung zu lesen. Und es lohnt sich, zu entscheiden, ob man sein Essen nicht doch lieber selbst mit frischem Obst und Gemüse zubereiten will – als mit Zucker aufgepeppten Fertiggerichten.

Brauner Zucker ist nicht besser

Brauner Zucker ist nichts anderes als mit Melasseresten braun gefärbter Fabrikzucker. Er ist keinesfalls eine »gesunde« Alternative zum weißen Fabrikzucker. Bis auf einen verschwindend geringen Rest an Spurenelementen in den Melasserückständen ist sein Gehalt an Vitalstoffen wie beim Fabrikzucker gleich null.
In die gleiche Kategorie fallen »Rohrzucker« (Weißzucker aus Zuckerrohr), »Traubenzucker« (Glukose oder Dextrose, meist aus Mais- oder Weizenstärke und nicht aus Trauben) und »Fruchtzucker«. Da Fruchtzucker vom Körper anders aufgenommen wird als Glukose, wird er immer noch in vielen Diätprodukten eingesetzt. Dabei ist isolierter Fruchtzucker nicht nur ein leerer Kalorienträger, sondern macht sogar noch schneller dick, da ihn die Leber bevorzugt in Fett umwandelt.
Anders steht es mit dem in Früchten vorkommenden Fruchtzucker. Denn im Obst befindet sich Fruchtzucker im natürlichen Verbund und ausgewogenen Verhältnis mit Vitaminen, Mineralien und anderen Inhaltsstoffen. Alle Stoffe, die wir für die gesunde Verdauung und Aufnahme des Fruchtzuckers brauchen, liefert die Natur bereits mit – selbst solche Substanzen, die wir noch gar nicht kennen.

Süße Alternativen

Niemand soll auf Süßes verzichten. Doch hat der immense Zuckerkonsum die Geschmacksnerven von vielen von uns häufig so abgestumpft, dass wir nicht einmal mehr eine frische Birne oder Banane als süß empfinden. Am besten ist daher die Taktik der kleinen Schritte. Essen Sie zunächst einfach weniger gesüßte Produkte, diese aber bewusst. Tee beispielsweise kann man ungesüßt oder in der Übergangszeit mit nur wenig Honig gesüßt trinken. Später können Sie völlig auf gesunde Süßungsmittel umsteigen (s. Anhang: »Kleine Warenkunde« S.181). Bald werden Sie spüren, dass Sie nicht mehr so viel wie früher süßen müssen, um wirklich süß zu empfinden.

Der nächste Geheimtipp sind Trockenfrüchte aller Art. Ein leckeres Konfekt aus Trockenfrüchten und Nüssen beispielsweise ist schnell selbst gemacht und kann unser Bedürfnis nach Süßem auf natürliche und gesunde Weise zufriedenstellen.

Zum Backen von Kuchen und Keksen kann man auf die vielen alternativen Süßungsmittel zurückgreifen, die jeder nach eigener Vorliebe und Art des Gebäcks wählen kann. Trotzdem sollten diese Süßungsmittel kein Freibrief für ungezügeltes Konsumieren sein. Viel hilfreicher ist es, wenn Sie versuchen, Ihren Wunsch nach Süßem auf ein gesundes Maß zu bringen. So kann die liebevolle und aufmerksame Beschäftigung mit den Kindern oder auch der Partnerin oder dem Partner eher ein Vakuum füllen, als wenn wir uns mit Süßigkeiten (auch gesunden) vor den Fernseher setzen.

Der Ayurveda-Tipp: Vollrohrzucker, Jaggery oder Gur

Zum Kochen und Backen sind Vollrohrzucker (kristallisierter Zuckerrohrsaft), Jaggery (eingekochter Zuckerrohrsaft) und Gur (eingekochter Palmensaft) die Süßungsmittel der Wahl. Honig sollte nach dem Ayurveda nicht erhitzt werden. Jaggery und Gur sind weder raffiniert noch mit chemischen Lösungsmitteln bearbeitet. Da sie noch alle natürlichen Bestandteile enthalten (insbesondere Eiweiß, Kohlenhydrate, Calcium, Kalium, Schwefel, Eisen, Phosphor, Vitamin A und B-Vitamine), gelten sie von allen Süßungsmitteln als am gesündesten und vollwertigsten.

Der Ayurveda verwendet Jaggery und Gur sogar direkt als Heilmittel. Sie vermehren Kapha und etwas Pitta. Ayurveda-Therapeuten geben sie gerne als Stärkung für Herz, Leber und den Körper allgemein. Zudem regen Jaggery und Gur den Stoffwechsel sowie die Verdauung an und werden zum Beispiel bei Furunkeln, Husten, Anämie, Blasen- und Nierenerkrankungen, Hämorrhoiden, Gelbsucht und Appetitlosigkeit eingesetzt. Ein Stückchen Jaggery oder Gur nach einer üppigen Mahlzeit bringt auch die Verdauung in Schwung.

Vollrohrzucker wird ähnlich wie Jaggery hergestellt, nur noch weiter getrocknet und gesiebt.

Honig als Heilmittel

Honig ist nicht einfach nur ein Süßungsmittel, sondern ein Heilmittel, vorausgesetzt, er wurde sachgemäß kalt geschleudert und abgefüllt. Nach dem Ayurveda sollte Honig unter keinen Umständen erhitzt oder zum Backen verwendet werden, da dabei nicht nur sein natürliches, lösliches Wachs, sondern auch zahllose Vitalstoffe zerstört oder verändert werden. Wird Honig über 40 °C erwärmt, gehen die enthaltenen Enzyme Diastase und Invertase teilweise verloren. Beim Erhitzen verliert Honig nicht nur seine medizinischen Eigenschaften, sondern reagiert – über die veränderten Wachssubstanzen – auch leicht toxisch. Erhitzter Honig kann Arteriosklerose fördern, er fermentiert im Magen und verursacht Blähungen. Will man gekochte Speisen mit Honig süßen, sollte man ihn erst nach dem Kochprozess in die handwarmen Speisen geben. Ideal eignet sich Honig allerdings zum Süßen von Konfekt, welches nicht erhitzt wird (s. Honigmarzipan S. 49, Kokos-Sahne-Trüffel S. 149, Energiebällchen S. 151). Bevorzugen Sie bei Backwaren also lieber andere gesunde Süßungsmittel wie Vollrohrzucker oder Jaggery.

Von Zucker aus Zuckerrüben und erst recht von weißem Fabrikzucker in der menschlichen Ernährung rät die Ayurveda-Heilkunde ab, da diese, genau wie weiße Auszugsmehle, im Körper zu einer Vata-Störung mit all ihren Nebenerscheinungen führt. Greifen wir besser auf die Süßungsmittel zurück, die uns die Natur ursprünglich zur Verfügung gestellt hat. (Genauere Informationen finden Sie im Anhang ab S. 181.)

Die Milch macht's

Die größten Wunder der Natur nehmen wir heute als selbstverständlich hin. Milch mit ihren mehreren hundert Inhaltsstoffen ist eines dieser Wunder – vorausgesetzt, der Mensch hat nicht zu sehr an ihr herumgepfuscht. Wie Schadstoffbelastung, Massentierhaltung und Milchbearbeitung zeigen, hat die moderne Nahrungsmittelindustrie vor der Milch nicht Halt gemacht.
Der Ayurveda empfiehlt einzig Rohmilch und nur-pasteurisierte Milch für die Ernährung. Nur bei diesen sind wirklich alle wertvollen Bestandteile erhalten geblieben. Ein halber Liter Milch kann beispielsweise den Tagesbedarf an nahezu allen essenziellen Aminosäuren decken. Auch das Fett der Milch ist für eine Überraschung gut. Im Gegensatz zu anderen tierischen Fetten enthält es nur wenig Cholesterin und ist leicht verdaulich. Aus diesem Grund sind Milch und Butter bei etlichen Magen- und Darmerkrankungen, Nieren-, Gallen- und Fettverdauungsstörungen sogar empfehlenswert.
Milchzucker (Laktose) hilft bei bestimmten Verdauungsbeschwerden oder bei der Calciumaufnahme und beim Aufbau bestimmter Gehirnsubstanzen. Calcium, Phosphor, Eisen, Zinn, Zink und viele andere Spurenelemente sowie ungesättigte Fettsäuren und fast alle Vitamine, vor allem die Vitamine A, B_1, B_2, B_6, B_{12}, C und D, runden das Milch-Bild ab.

Milchsorten

(geordnet nach ihrem Gesundheitswert)

Gute Wahl

Rohmilch: Allgemeiner Begriff für unbehandelte Milch.
Milch ab Hof: rohe, unbehandelte Milch direkt vom Bauernhof. Die Erlaubnis zur Ab-Hof-Abgabe ist aus hygienischen Gründen und um die Konkurrenz zu den Molkereien gering zu halten, mit strengen Auflagen verbunden. Am besten kaufen Sie Rohmilch nur vom Biohof. Rohmilch ist nur kurz haltbar (1 – 2 Tage).
Vorzugsmilch: verpackte, unbehandelte Rohmilch aus dem Naturkostladen oder Reformhaus, unterliegt strengen hygienischen Auflagen.

Pasteurisierte Milch (traditionell hergestellt): Kurzzeiterhitzung (71 – 74 °C, 40 Sekunden) oder Hocherhitzung (85 – 90 °C, 10 – 15 Sekunden). Das Milcheiweiß wird dabei nur wenig verändert (Denaturierung bis 10 %), die Vitamine bleiben weitgehend erhalten. Die Haltbarkeit verlängert sich ungeöffnet auf 5 – 10 Tage bei kühler Lagerung.

Lieber nicht

Homogenisierte Milch: Die Milch wird mit Druck von 150 – 300 bar auf eine Stahlplatte gespritzt, damit die Fettkügelchen zerplatzen und die Milch nicht mehr aufrahmen kann – ein energieaufwendiges Verfahren. Es gibt Vermutungen, dass mit den zerschlagenen Fettteilchen ein Enzym ins Blut gelangen kann, das die Fettablagerung an Blutgefäßen und Herzmuskeln begünstigt. Folgen: Arterienverkalkung, Herzinfarkt und eine erhöhte Empfindlichkeit gegenüber Allergien.

Länger haltbare Milch: ESL-Milch (extended shelf life) verspricht eine längere Haltbarkeit im Regal. Durch Mikrofiltration wird die Milch entkeimt und anschließend bis zu 3 Sekunden auf bis zu 127 °C erhitzt. Die Mikrofiltration kann auch entfallen. Durch die höhere Erhitzung kommt es zu einer stärkeren Milcheiweiß-Denaturierung, einem höheren Vitaminverlust und einem Geschmacksverlust im Vergleich zur pasteurisierten Milch. Ungeöffnet 2 – 3 Wochen haltbar. Einmal geöffnet, ist länger haltbare Milch jedoch auch nur so lange haltbar wie traditionell hergestellte pasteurisierte Milch.

H-Milch: Ultrahocherhitzte Milch. Wird 2 – 8 Sekunden bei 135 – 150 °C oder 2 – 4 Sekunden bei 150 °C erhitzt. Weitere Behandlung: Homogenisierung und Verpackung in wasserstoffperoxidsterilisierten Kartons, ungeöffnet mindestens 3 Monate haltbar. In H-Milch sind viele wertvolle Inhaltsstoffe und der Geschmack verloren gegangen.

Sterilmilch: Wird vorerhitzt (110 – 140 °C, 10 – 20 Minuten), homogenisiert, in Flaschen abgefüllt und sterilisiert, Vollkonserve.

Kondensmilch: Im Unterdruck bei 55 – 65 °C eingedickt, anschließend in der Dose bei 110 – 120 °C etwa 20 Minuten sterilisiert, Vollkonserve.

Milchpulver: Ultrahocherhitzte und homogenisierte Milch wird zunächst zu einem Konzentrat eingedampft. Dieses Konzentrat wird entweder auf heißen Walzen getrocknet und anschließend vermahlen oder sprühgetrocknet (Zerstäubung in 180 °C heißer Luft), energieaufwendiges Verfahren, Vollkonserve.

Der Fettgehalt der Milch

Gute Wahl

Vollmilch: Auf mindestens 3,5 % Fettgehalt eingestellte Milch. Bei Deklaration »mit natürlichem Fettgehalt« ist ein Fettgehalt bis 4 % möglich. Vollmilch ist in jedem Fall fettarmer Milch oder Magermilch vorzuziehen. Achten Sie allerdings auf die weitere Behandlung der Milch.

Lieber nicht

Fettarme Milch: Teilentrahmt, enthält 1,5 – 1,8 % Fett. In der Regel pasteurisiert und homogenisiert.

Magermilch: Entrahmt, weniger als 0,3 % Fett. Pasteurisiert und homogenisiert. Durch die Verminderung des Fettgehalts ist der Gehalt an fettlöslichen Vitaminen und anderen Stoffen deutlich verringert.

Heilen mit richtiger Milch

Rohmilch und nur-pasteurisierte Milch verwendet der Ayurveda nicht nur als Lebens-, sondern auch als Heilmittel. Ein bis zwei Gläser heiße Milch am Tag sind mit ihren aufbauenden Eigenschaften ideal für Jung und Alt, für viele Kranke und Gesunde, für Denker und

körperlich Arbeitende und garantieren Gesundheit und ein langes Leben. Noch heute gibt es in Indien Weise, die nur von einigen Gläsern Milch am Tag leben. Ayurveda-Therapeuten setzen Milch erfolgreich bei zahlreichen Krankheiten und Beschwerden ein, die durch gestörtes Vata oder Pitta verursacht sind, wie Sodbrennen, übersäuerter Magen, Verstopfung, Gicht, Nieren- und Blasenkrankheiten, Tuberkulose, Frauenbeschwerden, Kindererkrankungen, Blutarmut, Lähmungen, Altersschwäche, Magersucht, Hauterkrankungen, Haarausfall, Kopfschmerzen, Schlaflosigkeit, Lebererkrankungen (einschließlich Gelbsucht), Drüsenstörungen (z. B. Diabetes), Vergiftungen und bei allgemeiner Schwäche.
Selbst bei psychischen Beschwerden, Angstzuständen und Nervosität kann Milch hilfreich sein. Inzwischen weiß man auch warum. Neben ihren zahlreichen Nähr- und Vitalstoffen enthält Milch auch sogenannte Exorphine. Sie sind es, die nicht nur unseren Stoffwechsel und unser Wachstum regulieren, sondern auch unsere Stimmung heben und unser soziales Verhalten positiv beeinflussen.

Goldene Tipps zur Milch

Frisch gemolkene, euterwarme Milch ist für den Menschen am besten. Bereits drei Stunden nach dem Melken kann ungekochte Milch nicht mehr so gut verdaut werden, verursacht Blähungen und vermehrt Kapha. Wer nun keine frisch gemolkene Milch bekommen kann (und das wird wohl bei den meisten von uns der Fall sein), braucht nicht den Kopf hängen zu lassen. Man muss nur einige Dinge beachten: Der Ayurveda akzeptiert nur Rohmilch oder nur-pasteurisierte Milch. Homogenisieren verändert das Fett, macht Milch schwer verdaulich und führt zu Ama. Um kalte, Kapha vermehrende Rohmilch wieder besser verträglich zu machen, werden ihr die Elemente Feuer (aufkochen lassen) und Luft (mehrere Male umgießen oder mit dem Schneebesen umrühren) hinzugefügt. Auch erwärmende Gewürze wie Zimt, Kardamom, Ingwer, Safran oder Kurkuma machen Milch leichter verdaulich. Serviert werden sollte Milch so heiß, dass man sie nur schlückchenweise zu sich nehmen kann. Und vergessen Sie nicht: alles in Maßen. Wird Milch nämlich – wie es heute oft üblich ist – kalt, in homogenisierter Form oder im Übermaß getrunken, so kann sie neben Blähungen, Durchfall, Herz- und Kreislaufbeschwerden auch Laktoseunverträglichkeit verursachen. In Indien nehmen die Menschen viel weniger Milchprodukte zu sich als wir. Auch uns sollte Qualität wichtiger sein als Quantität. Milchprodukte schmecken selbst gemacht immer noch am besten – und es ist einfacher, als Sie vielleicht denken. (Die genauen Anleitungen finden Sie im Anhang: »Kleine Warenkunde«, S. 176 unter Frischkäse, Joghurtquark, Quark.)
Unser Geheimtipp: Probieren Sie einmal heiße Kardamom-, Ingwer- oder Safranmilch. Auch heiße Milch mit einer reifen Banane verzehrt, ist sehr gut bekömmlich – und wer möchte, kann nach dem Kochen noch mit etwas Vollrohrzucker oder Honig süßen.

Mutter Erde, Mutter Kuh

In der altindischen Hochkultur gehörte die Kuh wie alle Haustiere zur Familie. Auch im heutigen Indien ist das nicht viel anders. Die Ochsen dienen den rund 60 Millionen Kleinbauern, deren Land etwa 80 % der indischen Bevölkerung ernährt, als Zugtiere. Anders als die schweren Traktoren, die den Boden verdichten, Mikroorganismen zerstören und damit Hauptursache der Bodenerosion sind, kommen mit Ochsen bewirtschaftete Felder auch ohne Kunstdünger und Pestizide aus. Die Kuh ernährt mit ihrer Milch nicht nur ihr Kalb, sondern auch ihre menschlichen Familienmitglieder. Der Dung der Kühe wird zur Hälfte für die Bodendüngung eingesetzt, der Rest dient getrocknet als Brennstoff für die Kochstellen (und spart so allein in Indien 68 Millionen Tonnen Holz im Jahr). Massentierhaltung und Überzüchtung sind in Asien vielerorts noch Fremdworte. Das erklärt, weshalb die Kühe dort fast ausschließlich von Nahrungsbestandteilen leben, die für den Menschen kaum genießbar sind, wie Küchenabfälle, Spreu, Halme, Blätter, Baumwollsamen und Kokosnussrückstände. Mehr als ein Achtel der Weltbevölkerung lebt für das Rind und mit dem Rind. Die meisten Hindus sind sich über die größeren kosmischen Zusammenhänge und Gesetzmäßigkeiten bewusst und streben ein harmonisches Leben von Mensch, Tier, Natur und Schöpfer an. Kein Wunder, dass noch heute der Ochse als Vater und die Kuh als Mutter respektiert werden. Der von Albert Schweitzer geprägte Begriff der »Ehrfurcht vor dem Leben« ist für Hindus seit jeher selbstverständlich. In der altindischen Kultur ist der Schutz der Kuh eine zentrale Aufgabe für den Menschen, weil von ihr so viel Wohlstand, Glück, Frieden und Gesundheit ausgehen. Bis heute ist es für Hindus unverständlich, wie Menschen ein Lebewesen essen können, dem sie so viel zu verdanken haben.

In der westlichen Hemisphäre wird die Kuh vielfach als »bloßer Fleisch- und Milchproduzent« ausgebeutet. In den modernen Tierfabriken der Massentierhaltung zählen nur Steigerung der Milchleistung und schnelle Mast um jeden Preis. Man schreckte sogar nicht davor zurück, Rindern, die von Natur aus Vegetarier sind, ihre zu Tiermehl verarbeiteten Artgenossen, Kadaverfett, Blutmehl und andere Tiere als »Futter« vorzusetzen. Das natürliche Gleichgewicht von Mutter Erde ist nachhaltig gestört.

Kuhschutz und die subtileren Naturgesetze

Erst wenn das gesamte Ausmaß unseres Eingreifens in die kosmischen Gesetzmäßigkeiten vor unseren Augen liegt, werden wohl auch wir ein wenig mehr verstehen, dass die Kuh nicht von uns ausgebeutet, sondern beschützt werden sollte. Und tatsächlich ist es ein Phänomen: Kühe spüren es, wenn man wirklich respektvoll mit ihnen umgeht. Sie geben dann sogar mehr Milch, als ihr Kalb trinken kann. Wir selbst konnten bei befreundeten Bauern in der Schweiz eine fünfzehnjährige Kuh sehen, die vor zehn Jahren das letzte Mal gekalbt hatte, einige Jahre trocken war und danach wieder begonnen hat, Milch zu geben (sechzehn Liter jeden Tag). Kuhschutz ist praktisch.

Respekt und Schutz der Kühe helfen uns Menschen, im Einklang mit den höheren Gesetzen der Natur zu leben. Und dadurch bekommen wir alles, was wir zum Leben brauchen. Frieden, Wohlstand, Gesundheit und Glück sind eben nicht allein durch ich- und menschbezogene Produktivität und Gewinnsteigerungen erzielbar. Ein Kleinbauer, der sich am heutigen Agrarmarkt beteiligt, befindet sich ohnehin auf einer Gratwanderung zwischen hoher Verschuldung und Bankrott. Ganz abgesehen davon würde uns der Ochse als Zug- und Lasttier helfen, von der Abhängigkeit teurer und energieverzehrender Traktoren frei zu werden – wenn wir nur bereit wären, zu einem einfachen, aber erhabenen Lebensstil umzukehren. Diese Gedanken mögen vielleicht etwas revolutionär erscheinen, aber in Anbetracht unserer Lage im Hinblick auf die Knappheit der Energieressourcen oder die Umweltzerstörung durch Agrargifte sind sie so abwegig nicht: Fangen wir doch einmal an, die Kuh und den Ochsen als aktive Teile unserer »Familie Erde« zu behandeln, anstatt sie zu schlachten.

Alternative: Biomilch oder vegane Ernährung

Auch im Zeitalter tierverachtender Massenhaltung und Mastmethoden bleibt jedem einzelnen Verbraucher die Freiheit, dieses System nicht weiter durch den Kauf von Milchprodukten aus Massentierhaltung zu unterstützen. Es ist keine große Umstellung, auf Milch und Milchprodukte von Biohöfen mit artgerechter Haltung umzusteigen. Und noch besser ist es, Sie finden jemanden, der seine Kühe überhaupt nicht schlachtet. Vielleicht lohnt es sich, wenn wir alle aktiver in diese Richtung hinarbeiten.

Die gehaltvollere Biomilch hat noch einen positiven Nebeneffekt: Man kommt mit weniger aus und hat mindestens genauso viele Nährstoffe aufgenommen wie aus größeren Mengen behandelter Milch. Das gleicht auch die höheren Preise von Biomilch aus. (Dass kleine Biobetriebe nicht mit den Billigpreisen von staatlich subventionierten Milchprodukten aus Massentierhaltung mithalten können, versteht sich von selbst.)

Auch Menschen, die sich völlig ohne tierisches Eiweiß ernähren, können sich über dieses Backbuch freuen: Wenn nicht ohnehin schon angegeben, können sie die Milchprodukte bei den betreffenden Rezepten einfach durch Sojadrink, Mandelmilch, Dinkeldrink, Haferdrink, Reisdrink, Tofu oder Süßlupinenquark ersetzen.

Die Kunst des Backens – die Küche als Ort der Kraft

Nahrungsindustrie und Esskultur

Stolz können wir schon sein auf unsere moderne Gesellschaft mit all den technischen Errungenschaften der letzten 150 bis 200 Jahre, erleichtern uns doch heute Computer, Hochtechnologie und Maschinen unsere Arbeit oder haben sie ganz übernommen. Doch viele Versprechungen einer glücklichen Zukunft, die uns Naturwissenschaft und Technik gemacht haben, scheinen nicht eingelöst worden zu sein. Wir sind heute von einer zerstörten Umwelt umgeben, deren heikle Lage wir immer noch zu verdrängen versuchen. Designer-Food, Kunstnahrung aus der Fabrik, Gentechnik und Lebensmittelbestrahlung könnten Trends der Zukunft werden. Eine hoch technisierte, chemisch aufgerüstete Landwirtschaft ist zu einem Rohstofflieferanten für Nahrungsmittelkonzerne geworden. Wir haben uns entfremdet von der Natur, den Tieren, unseren Mitmenschen und uns selbst.

Die Werbung der Nahrungsmittelindustrie, die uns Halbfertigprodukte, Fertigmahlzeiten aus der Dose oder Kühltruhe, Backmischungen und Ähnliches verkaufen will, hat uns eingeimpft, dass es Zeitverschwendung sei, länger als 10 bis 15 Minuten in der Küche zu stehen. Der Fortschritt hat uns schließlich mit Fast Food und Mikrowelle gesegnet, damit wir wieder »mehr Zeit für unsere Kinder« haben (auch dafür wird auf bunten Plakaten geworben).

Liebe geht durch den Magen

So traurig diese Entwicklungen sein mögen, sie müssen nicht so weitergehen. Wir sind keine Marionetten, sondern beseelte Lebewesen und können jederzeit auf dieser Einbahnstraße der Technokratie umkehren. Wir können uns jeden Tag mit der göttlichen Kraft und Energie verbinden, durch die alles Leben entstanden ist. Auch ganz praktisch: durch unser Essen. Unsere häusliche Küche kann dabei wieder eine ganz zentrale Rolle einnehmen. Die Küche kann wieder zu einem Ort der Kraft und Inspiration werden, für uns und unsere ganze Familie. Nicht umsonst war der wichtigste Ort im Haus früher die (Wohn-) Küche mit einer großen Sitzecke (und nicht vor dem Fernseher). Ein Platz, an dem alles Leben, alle Kommunikation und aller Austausch innerhalb der Familie und mit Freunden stattfand.

Das Sprichwort »Liebe geht durch den Magen« deutet darauf hin, dass mit der Nahrung nicht nur Nährstoffe für den Körper, sondern auch »für die Seele« übertragen werden. Die positiven Einflüsse der Köchin und des Kochs, die mit menschlicher Wärme und Zuneigung kochen, haben einen Einfluss auf Sättigung und Zufriedenheit, die man nach einem solchen Essen erfährt. Forscher haben entdeckt, dass diese Faktoren nicht nur einen positiven Einfluss auf Verdauung und Stoffwechsel haben, sondern auch unser Immunsystem stärken.

Auf unseren Studienreisen durch Indien und bei der eingehenderen Beschäftigung mit dem Ayurveda und anderen Teilen der alten vedischen Texte, wie der berühmten *Bhagavad-Gita,* stießen wir auf genau die gleiche Schlussfolgerung. Im Haus einer befreundeten Priesterfamilie erlebten wir hautnah, wie dieses Wissen um die hohe Kunst und Tradition des Kochens und Backens bis heute lebendig geblieben ist. Als hätte man noch nie etwas von Fast Food, Konservendosen und Mikrowelle gehört, ist Kochen dort sowohl Meditation als auch Gottesdienst. Hier vereint die Köchin oder der Koch mehrere Personen in sich: Koch, Priester und Arzt. Mit seinen lebendig gebliebenen Kenntnissen des Ayurveda stimmt der Koch die Mahlzeiten auf die individuellen Bedürfnisse oder Krankheiten der Familienmitglieder ab. Entsprechend den Jahreszeiten und vielen anderen Faktoren kocht sie oder er eine wahrhaft göttliche Speise. Diese Begegnungen und Erfahrungen haben tiefe Eindrücke bei uns hinterlassen, was sich auch auf unsere Koch- und Essgewohnheiten zu Hause ausgewirkt hat.

Du bist, was du isst

Die altindischen Veden gehen sehr genau darauf ein, wie uns unsere Nahrung beeinflusst: Du bist, was du isst. Deshalb verwendet die vedische Küche in erster Linie sattvische (reine) Lebensmittel, die energetisch am hochwertigsten sind. »Solche Speisen sind saftig, fetthaltig, bekömmlich und erfreuen das Herz« *(Bhagavad-Gita).* Dazu zählen: frisches Obst und Gemüse, Getreide, Hülsenfrüchte, Ölsamen, Vollrohrzucker, Honig, Quellwasser, Milch und Milchprodukte. Sie schmecken nicht nur gut, sondern geben auch Kraft, Gesundheit und Zufriedenheit. Und: Sie reinigen den Menschen energetisch und verlängern sein Leben.

Nicht verwendet werden hingegen energetisch negativ wirkende Nahrungsmittel, die den Menschen auf Dauer physisch wie psychisch krank machen. Darunter fällt Nahrung, die »zu bitter, zu sauer, zu salzig, zu scharf oder beißend, zu trocken und brennend« ist, z. B. zu scharf gewürzte Gerichte. Sie werden als rajasisch (leiden-schaft-lich = schafft Leiden) bezeichnet und können körperliche, aber auch psychische Beschwerden und Krankheiten nach sich ziehen. Energetisch am tiefsten stehen im Ayurveda Nahrungsmittel, die »ohne Geschmack, abgestanden, gegoren oder faul« sind, sowie Fisch, Fleisch, Eier (Nahrung, die mit Gewalt erworben wurde), Alkohol, Drogen, Stimulanzien (Kaffee, schwarzer Tee, Cola, Tabak und Ähnliches), Dosennahrung oder Tiefkühlkost. Sie zählen zu den tamasischen Nahrungsmitteln mit den negativsten Auswirkungen auf Körper, Geist und Seele. Tamasische Nahrungsmittel können negative und destruktive Lebenseinstellungen, wie Pessimismus, Bequemlichkeit, Antriebslosigkeit, Faulheit, Aggressionen und kriminelle Tendenzen, verstärken.

Eigentlich ist es kein Wunder, dass in einer Gesellschaft, deren Hauptnahrungsmittel Fast Food, Fleisch, Light Food oder Design Food sind, destruktive Tendenzen zunehmen. Wer bewusst, ausgeglichen und energetisch leben will, sollte lieber zu Sattva-Speisen greifen.

Kochen und Backen als Meditation

Doch bevor es in der Küche losgeht: Haben Sie es nicht auch schon erlebt, wie eine kurze Dusche entspannt, erfrischt und Energie bündelt? Die heilenden Eigenschaften des Wassers waren nicht nur Pfarrer Kneipp bekannt, sondern auch dem Ayurveda, der uns vor dem Kochen eine kurze Dusche empfiehlt. Das reinigt nicht nur äußerlich (Körper), sondern bereitet uns auch innerlich (Bewusstsein) auf das Kochen vor. Probieren Sie es einmal selbst aus. Wenn Sie dann die Gaben von Mutter Natur dankbar zu einer bekömmlichen Mahlzeit zubereiten, kann Kochen zu einem wahren Geschenk und immer wieder aufs Neue zu einem schönen Erlebnis werden. Die Düfte, die aus solchen Töpfen, Schüsseln und Backformen aufsteigen, sind ein wahrer Lichtblick im grauen Alltag! In der indischen Küche ist es noch heute üblich, während des Kochens nicht zu kosten oder abzuschmecken. Das ist nicht nur hygienischer, sondern für die Köchin oder den Koch selbst gesünder – die Verdauung sollte nämlich erst mit der Mahlzeit einsetzen und nicht schon beim Vorkosten. In der Tat kann Vorkosten die Verdauung so durcheinanderbringen, dass gesundheitsschädliche Stoffwechselprodukte (Ama, s. S. 16) entstehen. Mit etwas Übung und Erfahrung können Sie beim Kochen und Backen schon bald buchstäblich sehen und riechen, ob noch etwas von einer Zutat fehlt. Lassen Sie sich ruhig einmal auf ein Experiment ein, Sie werden erstaunt sein, wie schnell Sie Ihr Talent für das »Kochen nach Gefühl« entwickeln werden.

Und schließlich: Vor jedem Essen können sich alle ein Weilchen sammeln und wie in allen Traditionen, Glaubensgemeinschaften und Völkern ein Tischgebet sprechen oder eine kleine gemeinsame Meditation machen. Denn der nachdenkliche Mensch ist sich darüber bewusst, dass nur durch Gottes Energie diese Lebensmittel gewachsen sind und die Elemente Sonne, Wasser, Erde, Luft und Raum ihnen dabei hilfreich zur Seite gestanden haben. Nur mit seiner und ihrer Hilfe konnten wir all dies ernten, zubereiten und dankbar annehmen.
Unsere indische Gastfamile weiht die Speisen vor ihrem kleinen Hausaltar auf einem extra dafür reservierten Teller zusammen mit einem kleinen Glas Wasser. Genau wie in den Jahrtausende alten Tempeln der *Vaishnavas* (Verehrer *Vishnus* oder *Krishnas)* spricht sie Gebete (Mantren) zu Gott, den die Veden als *Krishna* (der All-Anziehende) bezeichnen. Nach einigen bewussten Minuten der Besinnung verteilt sie diese Portion auf die Essteller, spült Krishnas Teller ab, und anschließend nehmen alle gemeinsam ihre Mahlzeit ein.
Diese Speisen, die mit spiritueller Energie aufgeladen sind, nennt man im Sanskrit (der Sprache der Veden) Prasadam, spiritualisierte Nahrung. Ein befreundeter Physiker hat nach der Reaktorkatastrophe von Tschernobyl bei Untersuchungen nachweislich weniger radioaktive Belastung in solch geweihter Nahrung festgestellt. Kochen als Meditation macht die Küche wahrlich zu einem positiven Kraftort.

Zeit für gemeinsames Essen

Abschließend noch ein Wort zur gemeinsamen Familienmahlzeit: Auch wenn Sie aus beruflichen Gründen tagsüber nicht gemeinsam essen können, sollten Sie doch auf ein gemeinsames Abendbrot Wert legen. Und wenn auch dies nicht möglich ist, dann essen Sie wenigstens am Wochenende gemeinsam mit Ihrer Familie. Tun Sie es sich selbst und Ihrer Familie zuliebe.
Denn diese Mahlzeiten sind (ohne laufenden Fernseher, dem Kommunikationskiller Nr. 1) der Ort, an dem Informationen, Ideen und Visionen ausgetauscht, Beziehungen gepflegt und vertieft werden. Hier findet ein gegenseitiges Geben und Nehmen statt. Ihre Kinder werden es Ihnen irgendwann mit Sicherheit danken. Unsere moderne »Ess(un)kultur« von Fast Food, Drive-ins, Snackbars und Würstchenbuden, bei der Menschen im Stehen, Gehen, in Hast und Eile und während des Autofahrens essen, nein schlingen, ist kein wirkliches Vorbild für eine fortschrittliche Gesellschaft.
Zeit zum Essen (und zum Kochen und Backen) sollte kein Luxus sein, sondern Bestandteil eines psychisch und physisch gesunden und harmonischen Lebens. (Sattvische) vegetarische Nahrung kann uns nur dann mit höheren spirituellen Energien versorgen, wenn wir sie in der richtigen Haltung und in Ruhe zu uns nehmen.

Tipps zum Einkaufen

Gesunde Ernährung beginnt schon mit dem Einkauf gesunder Lebensmittel.

Getreide

Getreide, die Grundlage für Ihr Vollkornbrot und -gebäck, kaufen Sie am besten aus kontrolliert ökologischem Anbau. Denn nur gesunde Pflanzen, die auf gesunden Böden ohne Agrargifte gewachsen sind, können uns wirkliche Vitalität, Gesundheit und alle wertvollen Nährstoffe liefern.
Kaufen Sie Ihr Getreide entweder im Naturkostladen oder Reformhaus von einem der anerkannten Bio-Anbauverbände – denn auch auf dem Biomarkt kann geschwindelt werden – oder gleich in größeren Mengen direkt vom Biobauern aus der Umgebung (dies ist viel billiger und spart sogar noch Zeit und Energie, wenn man einen Großeinkauf für Freunde, Bekannte oder Nachbarn gemeinsam tätigt).
Adressen und weitere Tipps bekommen Sie bei Ihrer Verbraucherzentrale, im Alternativen Branchenbuch oder im Internet.

Obst und Gemüse

Der Mensch lebt nicht vom Brot allein. Frisches Obst und Gemüse sind ebenfalls für eine gesunde Ernährung wichtig. Am besten ist auch hier Obst und Gemüse aus dem eigenen Garten, direkt vom Erzeuger aus kontrolliert ökologischem Anbau und aus dem Bioladen.
Und wer die Augen aufmacht, findet so manchen Kleingärtner, Gartenbesitzer oder Bauern, der sein Obst nicht allein essen kann. Von ihm können Sie oft günstig Obst kaufen oder es durch Mithilfe beim Ernten vielleicht kostenlos bekommen. Jeder Apfelbaumbesitzer freut sich natürlich sehr über ein Stückchen selbst gebackenen Apfelkuchen als Dankeschön.

Grundsätzliche Kriterien

Kaufen Sie Ihre Ware nicht nach dem äußeren Schein, sondern nach »inneren Werten« – denn Apfel ist längst nicht gleich Apfel. Zwischen einem Chemie-Apfel aus dem Supermarkt und einem aus kontrolliert ökologischem Anbau liegen Welten.
Die Qualitätskriterien sollten Naturbelassenheit, Vollwertigkeit, Frische und möglichst geringe Belastung (Agrargifte, Schwermetalle) sein. Handelsklassen beurteilen nur äußere Gesichtspunkte. Schon lange besteht ein Großteil des Angebotes aus industriell erzeugter Fließbandware. Apfelbäume in konventionellen Obstplantagen werden z. B. während der Reifeperiode bis zu zwanzigmal chemisch gespritzt.
Kaufen Sie möglichst natürlich gereiftes Obst und Gemüse. Richten Sie sich nach der Saison und bevorzugen Sie Freilandprodukte. Treibhausware ist unökonomisch und überflüssig – z. B. werden für ein Kilogramm Gurken fünf Liter Heizöl verschwendet. Freilandware ist nicht nur weniger mit Nitrat belastet, sondern auch preisgünstiger. Die Umwelt und Ihre Gesundheit werden es Ihnen danken. Bevorzugen Sie einheimische Produkte. Sie helfen damit Energie und

Kosten sparen. Es ist nicht notwendig, Äpfel aus Chile, Argentinien oder Neuseeland zu kaufen. Es gibt genug einheimische Apfelbäume.
Vermeiden Sie Produkte, bei denen besonders viele Agrargifte zum Einsatz kommen (z. B. Pflanzen, die statt in der Erde in Nährlösungen wachsen).
Kaufen Sie kein bestrahltes Obst und Gemüse (leider werden auch viele Gewürze bestrahlt). Radioaktive Bestrahlung macht Obst und Gemüse zwar fast unbegrenzt haltbar, dafür besitzt es weniger Nährwert, und die Gesundheitsfolgen sind nicht abzusehen.
Erdbeeren aus Selbstpflückplantagen sind zwar frisch und reif, aber oft mit Rückständen von Pestiziden belastet.
Kaufen Sie nicht von Verkaufsständen an belebten Straßen (die Belastungen durch Staub, Blei und andere Umweltgifte sind dort besonders hoch).
Selbst gezogene Sprossen und Keimlinge können auch in der kleinsten Küche wachsen und gerade im Winter die mangelnde Zufuhr an frischen Vitalstoffen auf schmackhafte Weise ausgleichen.

Milch und Milchprodukte

Für Milch und Milchprodukte gilt das Gleiche wie für Getreide, Obst und Gemüse. Sie sollten möglichst frisch sein und von biologisch wirtschaftenden Höfen (ohne Massentierhaltung) kommen. Diese Milch können Sie entweder direkt ab Hof oder als Vorzugsmilch im Naturkostladen oder Reformhaus erhalten.
Kaufen Sie auf keinen Fall H-Milch oder Kondensmilch. Zu sehr behandelte und erhitzte Milch mag länger haltbar sein und höhere Profite für die Handelsketten versprechen. Doch die wenigen Cent, die Sie als Verbraucher sparen, wirken sich auf längere Zeit negativ auf Ihre Gesundheit aus.
Wer sich bereits laktovegetarisch ernährt, wird festgestellt haben, dass es manchmal nicht so einfach ist, die versteckten tierischen Produkte ausfindig zu machen. Wer denkt schon daran, wenn er nichtsahnend zum Joghurt in der Kühltheke eines Supermarktes greift, dass darin Bindemittel enthalten sein können, wie Gelatine. Glücklicherweise muss Gelatine auf der Packung angegeben sein.
Noch schwieriger ist es bei Quark und Käse, auf denen nicht deklariert sein muss, welches Lab sie enthalten. Meistens jedoch ist es tierisches Lab (ein Enzym aus dem Magengewebe geschlachteter Kälber).
Käse und Quark aus dem Bioladen oder Reformhaus stammen von ökologisch arbeitenden Höfen und sind weitaus besser deklariert. So können Sie genau erfahren, ob pflanzliches, mikrobielles oder tierisches Lab verwendet wurde. Im Zweifelsfall können Sie Frischkäse auch selbst machen (s. Anhang: »Kleine Warenkunde« S. 176).

Wer soll das bezahlen ...

Vielleicht kennen Sie die Situation: Sie würden sich selbst und Ihre ganze Familie gerne mit ökologischen Produkten, am besten aus dem Naturkostladen, versorgen, aber ist dies nicht alles viel zu teuer? Diesem Argument stimmen wir zum Teil zu – jedoch haben wir dazu einige Gedanken, die wir mit Ihnen teilen möchten.

Durch eine gesunde vegetarische Vollwerternährung sparen Sie unter dem Strich doch – denn die hohen Kosten für Fleisch, Wurst, Ei, Fisch, Süßwaren und Alkohol entfallen oder reduzieren sich. Dafür können Sie sich dann auch qualitativ hochwertigere Lebensmittel leisten. (Die anfallenden Mehrkosten für Arzneimittel und Behandlungen, die bei einseitiger Ernährung entstehen, sind in dieser Kalkulation noch gar nicht mitgerechnet.)

Vollkorngebäck und -brot sättigen mehr als weiße »Pappdeckel«-Brötchen. Das bedeutet, dass Sie von Vollkornprodukten auch weniger essen. Qualität spart Quantität. Somit gleicht sich eine Mehrausgabe auch hier wieder aus.

Qualität verdient ihren Preis. Und doch muss eine gesunde Vollwerternährung nicht teurer sein als die konventionelle Industriekost. Natürlich kann Vorzugsmilch nicht mit den Preisen staatlich subventionierter H-Milch mithalten oder echtes Vollkornbrot mit plastikverschweißtem Fabrikbrot. Wer einmal darüber reflektiert, dem wird einleuchten, dass Erzeugnisse, die nicht in Monokulturen angebaut werden und die ohne Agrargifte wachsen, viel mehr Pflege brauchen.

Ist es nicht so, dass viele von uns für all jene Dinge, die ihnen wichtig sind, immer genügend Geld haben? Wie viel geben wir für Auto, Urlaub, Bekleidung, Unterhaltung (Kino, Theater), Sport und Freizeit, Restaurantbesuche und »Genuss«mittel wie Kaffee, Alkohol, oder Zigaretten aus? Unsere Gesundheit dagegen nehmen wir oft als etwas Selbstverständliches hin – ist sie aber einmal angeschlagen, sind wir meist sehr betrübt darüber. Wie viele Menschen sind durch eine ernste Krankheit zu einer gesünderen, bewussten (vegetarischen) Lebensform gekommen? Können wir nur durch Fehler lernen?

Liegt Ihnen Ihre Gesundheit und die Ihrer Kinder am Herzen, dann versuchen Sie, so gut Sie können, die Grundsätze in diesem Buch umzusetzen.

Versuchen Sie, Ihren Weg in eine neue, bewusstere, gesündere Ernährung und Lebensführung Schritt für Schritt zu gehen. Sie werden spüren, wie Sie nach und nach Dinge wie Kaffee, Zigaretten, Alkohol und Fleisch nicht mehr »brauchen« und sich psychisch und physisch wohler und befreiter fühlen.

Und eine bessere Gesundheit und ein gesteigertes Lebensgefühl lohnen allemal eine kleine Umstellung unserer Gewohnheiten.

Das sollten Sie noch wissen

Backen macht Freude, wenn Sie einige Dinge beachten, die das Gelingen garantieren.

Mehlmengen und Flüssigkeitsmengen

Die angegebenen Mehl- und Flüssigkeitsmengen in den Rezepten werden nicht immer genau stimmen. Sie können es auch nicht, weil der Feinheitsgrad bei selbst gemahlenem Vollkornmehl sehrunterschiedlich sein kann. Das hängt vom Mühlentyp ab und von der genauen Gradeinstellung. Sehr fein gemahlenes Mehl braucht weniger Flüssigkeit als gröber gemahlenes oder gar geschrotetes. Es empfiehlt sich daher, von der angegebenen Mehl- und Flüssigkeitsmenge jeweils einen kleinen Teil zurückzubehalten (50 – 100 g), um beim letzten Knetvorgang ausgleichen zu können. Dies gilt hauptsächlich für Hefeteige.

Selbst gemachtes Backpulver

Wer seiner Gesundheit wirklich einen Gefallen tun will, dem empfehlen wir, Backpulver selbst zu machen. Statt der gesundheitsbedenklichen anorganischen Phosphate enthält dieses Backpulver als Säuerungsmittel reines Vitamin-C-Pulver (Ascorbinsäure). Vitamin C erfüllt dabei den Zweck, den Laugengeschmack von Natron zu neutralisieren, seine Vitaminwirkung selbst geht bei den hohen Backtemperaturen verloren. Außerdem benötigen Sie als Triebmittel Natriumhydrogencarbonat, auch unter dem Begriff Natron bekannt, und Wildpfeilwurzmehl oder Maisstärke als Trennmittel. Die Zutaten bekommen Sie im Naturkostladen, Supermarkt oder in der Apotheke. Die Rezepte in diesem Buch haben wir mit selbst gemachtem Backpulver gebacken. Nähere Informationen zu Triebmitteln finden Sie im Anhang: »Kleine Warenkunde« (S. 183). Der folgenden Tabelle können Sie entnehmen, in welchem Mengenverhältnis die Zutaten gemischt werden müssen. **Grundsätzlich beträgt das Mischungsverhältnis immer ein Teil Natron auf zwei Teile Wildpfeilwurzmehl oder Maisstärke und zwei Teile Vitamin-C-Pulver.** Wichtig ist, dass Sie das Backpulver immer erst dann mischen, wenn Sie es benötigen. Bevorraten lässt es sich leider nicht. Es bildet mit der Zeit Klumpen.

selbst gemachtes Backpulver	Natriumhydrogencarbonat (Natron)	Wildpfeilwurzmehl/ Maisstärke	Vitamin C (Ascorbinsäure)		entspricht Backpulver aus Päckchen
5 TL (= 20 g)	1 TL	2 TL	2 TL	=	1 Päckchen
2½ TL (= 10 g)	½ TL	1 TL	1 TL	=	½ Päckchen
1¼ TL	¼ TL	½ TL	½ TL	=	2 TL
5 Msp	1 Msp	2 Msp	2 Msp	=	1 TL
2½ Msp	2 Prisen	1 Msp	1 Msp	=	½ TL

Die Waage – unverzichtbares Utensil

Für das genaue Abmessen der richtigen Teigzutaten ist eine Waage auf Dauer unumgänglich. Ein Messbecher eignet sich für Flüssigkeiten, jedoch stimmen die Angaben bei Vollkornmehl und Vollrohrzucker nicht immer mit der Gewichtsangabe auf dem Messbecher überein. Besser ist es daher, wenn Sie das Mehl auf einer Waage abwiegen. Sonst ist Ihr Backerfolg nicht sicher.
Achten Sie bei Ihrem Messbecher darauf, dass er auch kleine Flüssigkeitsmengen angibt. Wir haben für diesen Zweck einen kleinen Messbecher (von 20 – 250 ml).

Mengenangaben der benutzten Messlöffel

1 gestrichener EL	=	15 ml
1 gestrichener TL	=	5 ml
½ TL	=	2 ml
¼ TL	=	1 ml

Messlöffel mit diesen Abmessungen und auch kleine, gläserne Messbecher bekommen Sie in Geschäften für Naturkosmetikbedarf zum Selbermachen.

Backzeiten und Backtemperaturen

Die Backtemperaturen in diesem Buch sind für Heißluftbacköfen (H) und für Elektrobacköfen mit Ober- und Unterhitze (E) angegeben. Die angegebenen Backzeiten beziehen sich allerdings nur auf Heißluftbacköfen. Backen mit Ober- und Unterhitze benötigt längere Vorheiz- und Backzeiten sowie höhere Temperaturen als Backen mit Heißluft. Bei gleicher Temperatureinstellung ist die Hitze beim Backen mit Ober- und Unterhitze also um 5 – 25 °C geringer als beim Backen mit Umluft (Beispiel: Stellt man bei Ober- und Unterhitze eine Temperatur von 220 °C ein, so kommt ein Heißluftherd für das gleiche Ergebnis mit 200 °C aus). Die Backzeiten bei Ober- und Unterhitze können sich gegenüber denen des Heißluftherdes somit um 5 – 10 Minuten verlängern.

Deshalb unser Tipp: Verlassen Sie sich nicht blind auf die Backtemperatur und Backzeit im Rezept, da sie von vielen Faktoren abhängen (Art und Typ des Ofens, Alter des Backofens, gut verschließbare Ofentür, Außentemperatur beim Herstellen des Teiges). Prüfen Sie gegen Ende der vorgesehenen Backzeit erst mit Ihren Augen und dann je nach Gebäckart z. B. mit einem Holzstäbchen, ob der Kuchen durchgebacken ist.

Bei Gasherden sind Stufen statt Temperaturen angegeben

Bitte studieren Sie die jeweilige Betriebsanleitung für Ihren eigenen Gasherd genau, damit die Stufen mit den in diesem Buch angegebenen Temperaturen übereinstimmen.

Vorheizen – oder nicht?

Heizen Sie bei Backzeiten von weniger als 45 Minuten den Backofen vor. Bei Heißluftherden jedoch können Sie sich lange Vorheizzeiten sparen. Es genügt, wenn Sie den Backofen erst wenige Minuten vor dem Backen anstellen (bei Hefeteigen z. B. erst anstellen, wenn der Teig im Ofen steht, dadurch kann er noch etwas gehen).

Welche Einschubleiste?

Bei Heißluftherden stellt sich diese Frage nicht, da die heiße Luft gleichmäßig im Ofen zirkuliert. Sie können bis zu drei Bleche gleichzeitig backen, vorausgesetzt, das Backgut hat während des Backens genügend Platz zum Entfalten. Diese gute Auslastung macht den Heißluftherd ökonomisch und spart Energie.
Bei Ober- und Unterhitze gilt folgendes einfaches Prinzip: Das Gebäck sollte sich immer in der Mitte des Backofens befinden. Das heißt, einen hohen Napfkuchen schiebt man dazu in die unterste (oder je nach Höhe des Backofens zweitunterste) Schiene, flache Plätzchen oder flache Kuchen (auf dem Blech) in die mittlere Schiene.
Kuchen in Backformen sollten Sie niemals auf Backblechen in den Ofen schieben, sondern die dafür vorgesehenen Roste verwenden. Durch das Blech könnten sie zu starke Unterhitze bekommen und würden auf der Auflagefläche verbrennen.
Schieben Sie die Kuchenbleche immer so weit ein, dass sie an der Rückwand anstoßen. Sonst passiert es, dass das Gebäck ungleichmäßig bräunt.

Zur richtigen **Teigbearbeitung** beachten Sie bitte die jeweiligen Tipps in den Grundrezepten.
Dunkle und schwarze **Backformen** verwendet man bei Elektroherden, helle Backformen bei Gasherden.
Bei sehr **feuchtem Backgut,** z. B. Obstblechkuchen, entsteht viel Wasserdampf im Backofen. Öffnen Sie die Ofentür kurz und vorsichtig, sodass die heißen Schwaden abziehen können. Das spart Energie und vermindert die Kondensation an der Backofentür.
Legen Sie den Backofen **nicht mit Alufolie** aus, sonst entsteht ein Wärmestau, der das Backergebnis verfälscht und das Email beschädigt.
Die **Zutaten der Rezepte** haben wir jeweils in der Reihenfolge aufgeführt, in der Sie sie beim Verarbeiten benötigen.

Backgeräte und Zubehör

Um richtig backen zu können, brauchen Sie – genau wie beim Kochen – das richtige Handwerkszeug. Dabei gibt es Geräte, die unbedingt erforderlich sind, und andere, die im Laufe der Zeit angeschafft werden können. Nach diesen Kriterien haben wir die folgende Auflistung gegliedert. Wer sich auf Dauer vollwertig ernähren möchte, sollte sich die Anschaffung einer Getreidemühle überlegen. Es lohnt sich.

1. Küchenwaage und Messbecher
2. Rührschüsseln und Backformen
3. Rührlöffel (mit und ohne Loch)
4. Schneebesen und Teigschaber
5. feines Sieb
6. Teigrolle (oder Flasche)
7. elektrisches Handrührgerät
8. Nussmühle, Mixer oder elektrischer Zerkleinerer mit Stahlmesser
9. Muskatreibe und Zitronenreibe
10. Teigrädchen
11. Backpinsel
12. langes Tortenmesser, Tortenheber
13. Kuchengitter
14. Holzspießchen
15. Ausstechförmchen
16. Spritzbeutel und Dekobeutel
17. Kekspresse

Na, dann kann es ja losgehen!
Viel Spaß und guten Appetit!

Erklärung der Symbole im Rezeptteil

(schnell): kurze Vor- und Zuberereitungszeiten

(vegan): Die verwendeten Zutaten sind vegan, d. h., das Rezept enthält keine Zutaten tierischen Ursprungs. Nicht vegane Zutaten können durch in Klammern angegebene vegane Zutaten ersetzt werden.

Rezepte

Mürbteig

Backanfänger dürfen sich freuen! Mürbteig geht leicht und einfach von der Hand. Feine Obst- und Käsekuchen, kleine Torteletts, Tortenböden und Kekse können Sie aus ihm zaubern.
Für die Herstellung von Mürbteig bieten sich zweierlei Methoden an:
Von Hand: Beim Verarbeiten von Hand sollten alle Zutaten, vor allem die Butter, gut gekühlt sein! Denn das mit der Butter emulgierte Wasser darf sich erst durch die Backhitze verflüchtigen – das lockert den Teig.
Maschinell: Wenn Sie sich für die Variante mit dem Handrührgerät oder der Küchenmaschine entscheiden, sollten dagegen alle Zutaten Zimmertemperatur haben. Doch auch hier muss der Teig mindestens 30 Minuten kalt gestellt werden.

Grundrezept für Mürbteig

250 g fein gemahlener und gesiebter Dinkel oder Weizen (Vollkornmehl)
eventuell 1 Msp Natron
75 g fein gemahlener Vollrohrzucker
125 g kalte Butter
1 – 2 EL kaltes Wasser oder Joghurt
eventuell 1 TL gemahlene Bourbon-Vanille, Zimt oder abgeriebene Zitronenschale

Die Zutaten werden nach einer festen Reihenfolge beigegeben: Zuerst alle trockenen Zutaten mischen (Vollkornmehl, Vollrohrzucker, Vanille, andere Gewürze oder fein gemahlene Nüsse). Anschließend die in Flöckchen zerhackte kalte Butter und Wasser oder Joghurt unterkneten. Weitere Hinweise und Tipps finden Sie auf der folgenden Seite.

Allgemeine Tipps

Mürbteig oder Knetteig sollten Sie rasch und nur mit kalten Händen kneten (dazu Hände unter kaltem, fließendem Wasser abkühlen und abtrocknen). Um die Knetzeit zu verkürzen, nehmen Sie ein Messer und hacken die in der Schüssel befindlichen Zutaten gut durch. Dadurch entstehen grobe Brösel, die sich schon durch kurzes Durchwalken zu einem festen, glatten Teig verbinden. Die Teigkugel in eine Frischhaltefolie wickeln oder in einer abgedeckten Schüssel mindestens 30 (– 60) Minuten **kalt stellen.** Diese Ruhe braucht der Teig, damit er schön fest wird und das Mehl Zeit hat, seinen Kleber zu entfalten. (Eilige können Mürbteig aber auch schon am Vorabend zusammenkneten und am nächsten Tag backen. Dann müssen Sie ihn lediglich einige Zeit vor dem Verarbeiten aus dem Kühlschrank holen, damit er nicht zu hart zum Ausrollen ist.)

Folie zum Ausrollen: Wenn Sie sich fragen, wie Sie die harte Teigkugel zu einem dünnen Teig ausrollen sollen – hier ein Tipp: Rollen Sie die Teigkugel zwischen zwei Lagen Silikonbackfolie oder Frischhaltefolie aus. Mit den Folien lässt sich der Teig auch leicht von der Arbeitsplatte abheben und in die Form (z. B. Springform) geben.

Damit beim Backen von dünnen Tortenböden oder Obstkuchenböden keine Blasen oder Unebenheiten entstehen, den **Teigboden vor dem Backen** mit einer Gabel oder einem Holzstäbchen mehrmals **einstechen.**

Blindbacken

Blindbacken von ungefüllten Mürbteigböden verhindert, dass der Teigrand während des Backens herunterrutscht. Dem kann folgendermaßen vorgebeugt werden: Der Teigboden wird in die Form gegeben, darauf ein Papier (Pergamentpapier) gelegt und die Form bis zum Rand mit Hülsenfrüchten gefüllt. Nach dem Backen (etwa 15 Minuten) werden die Hülsenfrüchte herausgeschüttet und der Boden wird mit der gewünschten Füllung fertig gebacken. (Die Hülsenfrüchte lassen sich anderweitig in der Küche verwenden.)

Apfelkuchen mit Sonnenblumenkernen

Eigentlich ist es ein Skandal. Die EU-Normen schreiben vor, dass jeder Apfel, der weniger als 55 mm Durchmesser hat, in den EU-Ländern nicht verkauft werden darf, sondern ans Vieh verfüttert oder gar vernichtet werden muss.
Ob im hoch gezüchteten und zwanzigmal gespritzten Einheits-Riesenapfel aus dem Supermarkt noch viele Nährstoffe (und nicht etwa nur Agrarschadstoffe) sind, steht auf einem anderen Blatt. Deshalb: Fragen Sie Bauern oder Bio-Kleingärtner, ob Sie bei der Apfelernte behilflich sein dürfen, und freuen Sie sich über jeden Apfel, in dem ein Wurm sitzt – er ist garantiert ungespritzt und voller gesunder Inhaltsstoffe.

Für eine Springform (Ø 26 – 28 cm)

Für den Mürbteig:

250 g fein gemahlener Dinkel
1 Msp Natron (kann entfallen)
75 g gesiebter Vollrohrzucker
125 g kalte Butter (reine Pflanzenmargarine)
1 – 2 EL Apfelsaft oder Wasser

Fett für die Springform

Für den Belag:

600 g Äpfel
20 g (1 EL) Butter (reine Pflanzenmargarine)
40 g (4 EL) Sonnenblumenkerne
1 EL Ahornsirup oder Jaggery
1 EL Vollrohrzucker
1 EL Sahne (Sojasahne)
½ TL Zimt oder gemahlene Bourbon-Vanille

So wird's gemacht:

1) Alle Zutaten für den Mürbteig rasch zu einem geschmeidigen Teig kneten und mindestens 30 Minuten kalt stellen.
2) Äpfel waschen, schälen, entkernen und in Achtel schneiden.
3) Teigboden zwischen zwei Silikonbackfolien oder Frischhaltefolien ausrollen, die gefettete Springform damit auskleiden und einen 3 cm hohen Rand bilden. Teigboden mit einer Gabel mehrmals einstechen. Äpfel in Rosettenform auf den Teigboden legen.
4) Butter (Pflanzenmargarine) in der Pfanne schmelzen, Sonnenblumenkerne darin anrösten, dann Ahornsirup oder Jaggery, Vollrohrzucker, Sahne (Sojasahne) und Gewürz dazugeben. Leicht abgekühlt über den Äpfeln verteilen.
5) Im vorgeheizten Ofen bei 190 °C (E)/ 175 °C (H) 35 – 40 Minuten backen.

Tipp: Zur Abwechslung können Sie statt Sonnenblumenkerne auch Mandelstifte oder gehackte Walnüsse verwenden.

Erdbeerkuchen mit Honigmarzipan

Erdbeeren regen nicht nur den Appetit und die Verdauung an, sondern fördern auch die Wundheilung. Ayurveda-Therapeuten geben zur Kräftigung des Zahnfleischs und Verhütung von Karies den Tipp, die Zähne mit Erdbeeren einzureiben und dann gut mit Wasser nachzuspülen. Und Honigmarzipan ist ein optimales »Futter fürs Gehirn«. So gut kann Gesundheit schmecken.

Für eine Obstkuchenform
oder Springform (Ø 26 – 28 cm)

Für den Mürbteig:
150 g fein gemahlener Dinkel oder Weizen
100 g fein gemahlene Mandeln
1 Msp Natron
75 g gesiebter Vollrohrzucker
125 g kalte Butter
1 EL Wasser

Fett für die Backform

Für den Belag:
500 g Erdbeeren (oder Himbeeren)
100 g Honigmarzipan (s. nächste Seite)

Für den Guss:
Saft von 1 Orange (60 ml)
1 TL Johannisbrotkernmehl oder ½ TL Agar-Agar-Pulver
4 EL Birnendicksaft
½ TL gemahlene Bourbon-Vanille

So wird's gemacht:

1) Alle Zutaten für den Mürbteig rasch zu einem geschmeidigen Teig kneten und mindestens 30 Minuten kalt stellen.
2) Erdbeeren waschen, abtropfen lassen und mit Küchenkrepp trockentupfen. Honigmarzipan herstellen (s. nächste Seite) und zwischen zwei Silikonbackfolien oder Frischhaltefolien auf den Durchmesser der Obstkuchen- oder Springform ausrollen.
3) Mürbteig ebenfalls zwischen zwei Folien ausrollen und die gefettete Form damit auskleiden. Den Teig mit der Gabel mehrmals einstechen und bei 190 °C (E)/175 °C (H) 20 – 25 Minuten goldbraun backen.
4) Den abgekühlten Teigboden auf eine Tortenplatte (mit Tortenring) setzen. Marzipanplatte auf den Teig legen und mit den Beeren verzieren.
5) Alle Zutaten für den Guss in einen kleinen Topf geben – gut rühren, damit sich keine Klümpchen bilden. Bei kleiner Hitze unter ständigem Rühren mit dem Schneebesen einmal aufköcheln lassen. Sofort von der Flamme nehmen und die Erdbeeren damit bepinseln. Vorsicht! Zu viel Guss könnte den Kuchen zu schnell aufweichen!

Honigmarzipan

Honigmarzipan ist sehr beliebt – vor allem, wenn es selbst gemacht wird! Wer es bereits im Voraus hergestellt hat, kann daraus im Handumdrehen köstliche Marzipan-Süßigkeiten zaubern oder es für schnelle Torten und Kuchen verwenden.

200 g Mandeln
100 g kalt geschleuderter, fester Honig (am besten Lavendelhonig)
eventuell 5 Tropfen Rosenwasser

So wird's gemacht:

1) Mandeln in kochend heißes Wasser geben. Den Topf von der Flamme nehmen und 1 – 2 Minuten ziehen lassen. Testen Sie an einer Mandel, ob sich die Haut leicht abziehen lässt (Vorsicht: heiß!). Dann die Mandeln mit kaltem Wasser abschrecken, häuten und mit einem sauberen Tuch trockentupfen. Anschließend möglichst die Mandeln völlig trocknen lassen (am besten über Nacht).
In eiligen Fällen können Sie die Mandeln bei 50 °C im Ofen trocknen, jedoch nicht rösten. Vor dem Mahlen abkühlen lassen, da sonst das Öl austritt.
2) Mandeln mit einer Küchenmaschine mit elektrischem Hackmesser fein mahlen (je feiner sie gemahlen sind, desto feiner wird auch das Marzipan). Eine Nussmühle ist für diesen Zweck meist zu grob.
3) Honig und Mandeln vermengen und eventuell mit Rosenwasser verfeinern. Je nach Beschaffenheit des Honigs bekommt das Marzipan eine andere Konsistenz und einen anderen Geschmack. Ist es zu klebrig, fügen Sie noch einige gemahlene Mandeln hinzu.

Zwetschgenkuchen mit Streuseln

Unter dem Namen Zwetschge kennt man in Süddeutschland Pflaumen. Zwetschgen läuten den Herbst ein und mit ihm die Zeit der saftigen Obstkuchen. Viel Vitamin B_1, B_2 und C enthalten sie, außerdem viel Eisen und eine ideale knochenstärkende Kombination von Calcium und Phosphor. Zwetschgen schützen die Gefäße, regen die Magensaft- und Speichelproduktion an und werden, unter anderem wegen ihres niedrigen Salzgehalts, vor allem Nieren-, Rheuma- und Gichtkranken empfohlen.

Für eine Springform (Ø 26 – 28 cm)

Für den Mürbteig und die Streusel:

300 g fein gemahlener Dinkel oder Weizen
1 Msp Natron
100 g gesiebter Vollrohrzucker
150 g kalte Butter (reine Pflanzenmargarine)
3 EL kaltes Wasser oder Fruchtsaft
½ – 1 TL Zimt

Fett für die Springform

Für den Belag:

750 g Zwetschgen (Pflaumen)

So wird's gemacht:

1) Alle Zutaten für den Mürbteig rasch zu einem geschmeidigen Teig kneten und mindestens 30 Minuten kalt stellen.
2) Zwetschgen waschen, einschneiden und entsteinen. Die zusammenhängenden Hälften noch einmal jeweils der Länge nach einschneiden.
3) Ein Viertel des Teiges für die Streusel zurückbehalten und kalt stellen. Den restlichen Teig zwischen zwei Silikonbackfolien oder Frischhaltefolien ausrollen, eine gefettete Springform damit auskleiden und einen 3 cm hohen Rand bilden.
4) Zwetschgen dachziegelartig darauf verteilen. Streusel darüberkrümeln und bei 190 °C (E)/175 °C (H) 40 – 45 Minuten und eventuell 5 Minuten Nachhitze backen.

Tipp: Statt der Zwetschgen können Sie auch andere Früchte der Jahreszeit wie Aprikosen, Kirschen oder Äpfel verwenden.

Joghurt-Käse-Kuchen mit Himbeeren

Frische Himbeeren besitzen nicht nur ein herrliches Aroma. Sie geben dem Menschen vor allem Mineralien wie Kalium, Eisen, Magnesium und Phosphor, die für Knochenbildung, Stoffwechsel und reibungslose Muskel-, Nerven- und Gehirnfunktionen wichtig sind. Andere Inhaltsstoffe wie Säuren, Pektin und Gerbstoffe helfen der Leber bei ihrer Entgiftungsarbeit, wirken fiebersenkend und feuern die Verdauung an.

Für eine Springform (Ø 28 cm)

Für den Mürbteig:

200 g fein gemahlener Dinkel oder Weizen
1 Msp Natron
100 g kalte Butter
60 g gesiebter Vollrohrzucker
1 EL kaltes Wasser oder Joghurt

Fett für die Springform

Für den Belag:

800 g Joghurtquark (aus 1,6 – 2 kg Joghurt)
200 ml Sahne
200 g Vollrohrzucker
2 Päckchen Vanillepuddingpulver
Saft und Schale einer unbehandelten Zitrone
250 g Himbeeren (notfalls tiefgefroren)

Für die Dekoration:

12 Himbeeren
30 – 40 g gehackte Pistazien

So wird's gemacht:

1) Für den Joghurtquark den Joghurt 5 – 6 Stunden in einem Baumwollseihtuch an den Ecken zusammenknoten und abhängen lassen, bis 800 g Joghurt übrig ist. Die abtropfende Molke in einer Schüssel auffangen. Wenn nach dem Abwiegen der Joghurtmasse etwas an Gewicht fehlen sollte (z. B. nach zu langem Abhängen), die entsprechende Menge mit Molke auffüllen (genaue Anleitung s. S. 178).
2) Alle Zutaten für den Mürbteig rasch verkneten und mindestens 30 Minuten zugedeckt kalt stellen.
3) Sahne steif schlagen. Den Joghurtquark und die restlichen Zutaten für den Belag (außer den Himbeeren) in einer Schüssel mit dem Handrührgerät zu einer cremigen Masse rühren. Sahne unterheben. Himbeeren für den Belag und die Dekoration vorsichtig waschen und trockentupfen.
4) Den Mürbteig zwischen zwei Silikonbackfolien oder Frischhaltefolien ausrollen und die gefettete Springform damit auskleiden. Einen 3 cm hohen Rand formen. Den Teigboden mit einer Gabel mehrmals einstechen. Teigboden bei 200 °C (E)/175 °C (H) 15 Minuten blindbacken (s. S. 46).
5) Himbeeren auf dem vorgebackenen Boden verteilen. Joghurtquarkmasse einfüllen und 45 weitere Minuten bei 200 °C (E)/175 °C (H) fertig backen.
6) Den abgekühlten Kuchen mit Himbeeren und Pistazienkernen dekorieren.

Käsekuchen mit Kirschen

Wer liebt ihn nicht auch – den Käsekuchen? Für dieses Rezept verwenden wir selbst gemachten Frischkäse (Panir), den Sie schon am Vorabend herstellen können. (Mehr Informationen über die Herstellung von Frischkäse entnehmen Sie dem Anhang: »Kleine Warenkunde« S. 176.) Mehr als tausend verschiedene Kirschsorten gibt es heute, von gelb über rosa bis schwarz. Die dunkleren Sorten enthalten mehr Vitamine und Mineralien als ihre helleren Schwestern.

Für eine Springform (Ø 26 – 28 cm)
oder zwei Springformen (Ø 22 cm)

Für den Mürbteig:

200 g fein gemahlener Dinkel oder Weizen
1 Msp Natron
60 g gesiebter Vollrohrzucker
100 g kalte Butter
1 – 2 EL kaltes Wasser oder Zitronensaft
½ TL abgeriebene Schale einer unbehandelten Zitrone

Fett für die Springform

Für die Käsemasse:

1100 g selbst gemachter Frischkäse (aus 3 l Milch, s. S. 176)
400 g Kirschen
200 ml Sahne
2 Päckchen Vanillepuddingpulver
500 g Joghurt
Saft und abgeriebene Schale einer unbehandelten Zitrone
200 g Vollrohrzucker

So wird's gemacht:

1) Einen sehr weichen Frischkäse herstellen (d. h. nur kurz abhängen lassen, bis die Masse 1100 g wiegt).
2) Alle Zutaten für den Mürbteig zu einem geschmeidigen Teig kneten und mindestens 30 Minuten kalt stellen.
3) Kirschen waschen und entsteinen. Sahne steif schlagen und Vanillepuddingpulver unterheben.
4) Den Mürbteig zwischen zwei Silikonbackfolien oder Frischhaltefolien zu einer runden Platte ausrollen und die gefettete Springform damit auskleiden. Dabei einen 3 cm hohen Rand bilden. Den Teig mit einer Gabel mehrmals einstechen und im Ofen bei 190 °C (E)/175 °C (H) 10 – 12 Minuten blindbacken (s. S. 46).
5) Den Frischkäse in eine Rührschüssel geben (falls der Frischkäse etwas weniger Gewicht hat, den fehlenden Rest mit Molke auffüllen). Mit dem Handrührgerät cremig rühren. Die Sahne mit Puddingpulver, Joghurt, Zitronenschale, Vollrohrzucker und Zitronensaft unter die cremige Käsemasse rühren.
6) Den vorgebackenen Teigboden mit den Kirschen belegen, die Käsemasse einfüllen und 50 – 55 weitere Minuten bei 190 °C (E)/175 °C (H) backen. Der Kuchen ist fertig, wenn er schon im Ofen eine etwas feste Konsistenz hat. Er wird noch fester nach dem Abkühlen (in der Form). Kuchen erst nach dem vollständigen Abkühlen aus der Form herauslösen.

Puddingkuchen

Nicht nur den Kleinen, sondern auch den Großen schmeckt dieser Puddingkuchen. Der Vollrohrzucker verleiht ihm einen karamellartigen Geschmack. Und gesund ist er auch noch, da der Vollrohrzucker – im Gegensatz zum weißen Fabrikzucker – nicht raffiniert ist und dadurch noch die meisten Mineralstoffe und Vitamine enthält.
Da Puddingkuchen Kapha im Körper vermehrt, ist er ideal für Menschen, die an einem Übermaß an Vata und Pitta leiden. Noch eine Kugel Eiscreme oder etwas Schlagsahne dazu und die (Nach-)Tischrunde wird zum köstlichen Erlebnis.

Für eine Springform (Ø 26 – 28 cm)

Für den Mürbteig:

150 g fein gemahlener Dinkel oder Weizen
1 Msp Natron
100 g geröstete, fein gemahlene Haselnüsse
125 g kalte Butter
75 g gesiebter Vollrohrzucker
1 – 2 EL Wasser

Fett für die Springform

Für die Füllung:

1,5 l Milch
2,5 – 3 Päckchen Vanillepuddingpulver
10 EL Vollrohrzucker

Für die Glasur:

Carobglasur (s. S. 172)

Für die Verzierung:

ganze, geröstete Haselnüsse

So wird's gemacht:

1) Alle Zutaten für den Mürbteig rasch zu einem geschmeidigen Teig verarbeiten und mindestens 30 Minuten kalt stellen.
2) Eine Tasse Milch mit dem Puddingpulver verrühren. Die restliche Milch in einem mit kaltem Wasser ausgespülten Topf erhitzen. Kurz bevor die Milch kocht, die Puddingpulvermasse mit dem Schneebesen hineinrühren. Gut umrühren, damit keine Klümpchen entstehen. Wenn der Pudding aufgekocht ist, vom Herd nehmen. Den Vollrohrzucker hineinrühren. Während der Pudding abkühlt, mehrmals umrühren, um eine Hautbildung zu vermeiden.
3) Den Teig zwischen zwei Silikonbackfolien oder Frischhaltefolien ausrollen, die gefettete Springform damit auskleiden und einen 3 cm hohen Rand bilden. Den Boden mehrmals mit einer Gabel einstechen.
4) Teigboden bei 190 °C (E)/175 °C (H) 20 – 25 Minuten blindbacken (s. S. 46). Dann den noch warmen Pudding einfüllen und mit einem Teigschaber glatt streichen. Kuchen abkühlen lassen.
5) Carobglasur auf den erkalteten Kuchen pinseln und mit ganzen Haselnüssen verzieren. Vor dem Servieren kurz kalt stellen, damit die Glasur fest werden kann.

Birnen-Nuss-Kuchen

Birnbäume, die bis zu 20 m hoch und bis zu 200 Jahre alt werden können, gehörten früher zu den wichtigsten Schutzbäumen der Bauernhäuser. Ihre reifen Früchte sind leicht verdaulich und unterstützen mit ihrer wassertreibenden und zusammenziehenden Wirkung Herz- und Kreislaufsystem, Nieren und Magen-Darm-Trakt.
Dieser Sandteigkuchen ist ein naher Verwandter des Mürbteiges. Die größere Menge an Butter macht ihn fein und zart. Bitte beachten Sie die lange Ruhezeit (ein Tag)!

Für eine Tarteform oder Springform (Ø 26 – 28 cm)

Für den Sandteig:

350 g fein gemahlener Dinkel oder Weizen
1 Msp Natron
250 g kalte Butter (reine Pflanzenmargarine)
90 g gesiebter Vollrohrzucker
1 TL gemahlene Bourbon-Vanille
2 EL Joghurt oder Wasser

Fett für die Backform

Für den Belag:

2 – 3 Birnen
10 g Butter (reine Pflanzenmargarine)
100 g gemahlene Haselnüsse
4 – 5 EL Birnendicksaft
2 – 3 Tropfen Bittermandelöl

So wird's gemacht:

1) Alle Zutaten für den Teig auf der Arbeitsplatte mischen und rasch zu einem glatten Teig kneten. (Wichtig: Auf keinen Fall zu lange kneten!) Den Teig zu einer Kugel formen und in Folie eingewickelt einen Tag oder über Nacht im Kühlschrank ruhen lassen.
2) Die flache Teigkugel zwischen zwei Silikonbackfolie oder Frischhaltefolien zu einer runden Teigplatte ausrollen und in die gefettete Tarteform legen. Einen Rand andrücken und erneut kalt stellen.
3) Birnen waschen, schälen, vom Kerngehäuse befreien und in feine Streifen schneiden. Birnenstreifen dachziegelartig auf dem Teigboden drapieren.
4) Im vorgeheizten Ofen bei 200 °C (E)/ 180 °C (H) 30 Minuten backen.
5) In der Zwischenzeit für den Belag die Butter (Pflanzenmargarine) in einer Pfanne schmelzen, die gemahlenen Nüsse leicht darin anrösten, die restlichen Zutaten hinzufügen und von der Flamme nehmen.
6) Den Kuchen nach 30 Minuten Backzeit aus dem Ofen nehmen, die Nussfüllung darauf verteilen und in 5 – 10 weiteren Minuten fertig backen.

Göttertraum-Kuchen

Nicht nur ein Traum für Götter, sondern auch für Veganerinnen und Veganer ist dieser Kuchen. Bei diesem Rezept ersetzt cremiger Seidentofu den Quark des klassischen Käsekuchens. Tofu hat fast den gleichen Nährwert wie seine Mutter, die Sojabohne: viel Eiweiß, Vitamine der B-Gruppe, Vitamin E sowie einen hohen Anteil an Calcium. Darüber hinaus besitzt er nur 4 % Fett und so gut wie keine Kohlenhydrate.

Für eine Springform (Ø 26 cm)

Für den Mürbteig:

90 g gemahlene Walnüsse
160 g fein gemahlener Dinkel
1 Msp Natron
125 g reine Pflanzenmargarine
75 g gesiebter Vollrohrzucker
eventuell 1 EL kaltes Wasser

Fett für die Springform

Für den Belag:

1100 g Seidentofu
1 Päckchen Vanillepuddingpulver
3 EL Maisstärke
Erdbeeren oder Himbeeren

Für die Carob-Tofu-Schicht:

150 g Vollrohrzucker
½ TL gemahlene Bourbon-Vanille
4 EL Carobpulver (etwa 50 g)

Für die Erdbeer-Tofu-Schicht:

50 g Vollrohrzucker
5 – 6 EL Erdbeerkonfitüre

Außerdem:

2 EL Aprikosenkonfitüre

Tipp: Falls Sie keinen Seidentofu bekommen, verwenden Sie 750 g festen Tofu und 350 ml Vanille-Sojadrink, die Sie cremig pürieren.

So wird's gemacht:

1) Alle Zutaten für den Mürbteig rasch zu einem Teig kneten und zugedeckt 30 Minuten kühl stellen.
2) Für den Belag Seidentofu mit Vanillepuddingpulver und Maisstärke pürieren. Die Masse in zwei gleich große Portionen teilen und in zwei Schüsseln füllen. Mit den übrigen Zutaten der jeweiligen Schicht verrühren.
3) Teig zwischen zwei Silikonbackfolien oder Frischhaltefolien ausrollen, die gefettete Form damit auskleiden und einen 3 cm hohen Rand bilden. Mit einer Gabel mehrmals einstechen.
4) Den Teigboden bei 190 – 200 °C (E)/ 180 – 175 °C (H) 15 Minuten blindbacken (s. S. 46).
5) Die Beeren auf den vorgebackenen Teigboden legen. Darüber die Erdbeer-Tofu-Masse füllen und glatt streichen. Dann die Carob-Tofu-Masse einfüllen und ebenfalls glatt streichen.
6) Den Kuchen 45 – 55 weitere Minuten bei 190 °C (E)/175 °C (H) fertig backen. Dann mit der heißen Aprikosenkonfitüre bestreichen und 3 – 5 weitere Minuten backen. Anschließend in der Form auf einem Kuchengitter vollständig auskühlen lassen.

Knusper-Nuss-Kuchen

Hänsel und Gretel hätten ihre Freude an diesem knusprigen Nusskuchen gehabt. Denn Nüsse sind für Körper und Geist wahre Energiespender. Sie enthalten nicht nur viel Eiweiß (15 – 20 %) und Fett (50 – 60 %), sondern auch zahlreiche Mineralstoffe (etwa 2,5 %), wie Phosphor, Schwefel (wichtig für den Stoffwechsel) und Kalium (gut für das Herz). Und dies ist erst ein kleiner Ausschnitt all ihrer »guten Eigenschaften«. Doch auch Gutes sollte man nicht übertreiben: Mehr als eine Handvoll Nüsse pro Portion vermehren das Vata-Element im Körper.

Für eine Springform (Ø 28 cm)

Für den Mandelmürbteig:

150 g fein gemahlener Dinkel
100 g fein gemahlene Mandeln
1 Msp Natron
75 g gesiebter Vollrohrzucker
125 g kalte Butter
(reine Pflanzenmargarine)
1 – 2 EL Sahne oder (Rosen-)Wasser
½ TL Zimt

Fett für die Springform

Für den Belag:

100 g Haselnüsse
100 g Cashewnüsse
50 g Walnüsse
30 g Pinienkerne
50 g Mandeln
50 g Butter
(reine Pflanzenmargarine)
100 g Vollrohrzucker oder Jaggery
50 ml Sahne (Sojasahne)
1 TL gemahlene Bourbon-Vanille
2 EL Kastanienkonfitüre

Für die Glasur:

Carobglasur (s. S. 172)

So wird's gemacht:

1) Alle Zutaten für den Mürbteig zu einem geschmeidigen Teig kneten und mindestens 30 Minuten kalt stellen.
2) Alle Nüsse und Mandeln fein mahlen. Die Haselnüsse in einer Pfanne leicht anrösten, die übrigen Zutaten für den Belag (außer der Kastanienkonfitüre) dazugeben und wenige Minuten köcheln. Dann den Belag abkühlen lassen.
3) Den Mürbteig zwischen zwei Silikonbackfolien oder Frischhaltefolien ausrollen. Die gefettete Springform damit auskleiden und einen 3 cm hohen Rand formen. Mit der Gabel mehrmals einstechen und bei 190 °C (E)/ 170 °C (H) 10 – 12 Minuten blindbacken (s. S. 46).
4) Kastanienkonfitüre auf die Teigkruste streichen, Füllung darüber verteilen und 15 – 20 weitere Minuten fertig backen. Den Kuchen aus der Form nehmen und auf einem Kuchengitter auskühlen lassen.
5) Abschließend den Kuchen eventuell mit einer Carobglasur bepinseln.

Obstkuchen mit Rahmteig

Der Rahmteig ist zwar kein klassischer Mürbteig, dennoch wollten wir Ihnen diesen leckeren Kuchen nicht vorenthalten.
Für diesen saftigen Obstkuchen vom Blech können Sie Obst nach Wahl nehmen, wir haben uns hier für Aprikosen und Äpfel entschieden. Denn Aprikosen enthalten unter anderem viel Betacarotin, das für Haut und Schleimhäute, Augen und Leber eine wichtige Rolle spielt. Ihr hoher Kaliumgehalt macht sie zu Helfern bei der »Entwässerung« von Ödemen und entlastet so Herz und Kreislauf. Und die Kieselsäure, die in ihnen enthalten ist, stärkt Gehirn, Haare, Haut und Nägel.
Das i-Tüpfelchen dieses Kuchens ist allerdings sein Kokos-Sahne-Guss.

Für ein Backblech

Für den Rahmteig:

350 g fein gemahlener Dinkel
150 g Vollrohrzucker
¼ TL Natron
250 g kalte Butter
150 g saure Sahne

Fett für das Backblech

Für den Belag:

600 g Aprikosen
600 g Äpfel
3 EL Haferflocken

Für den Kokos-Sahne-Guss:

6 EL Kokosflocken
1 EL Wildpfeilwurzmehl
3 EL Sahne
4 EL Birnendicksaft oder Ahornsirup

So wird's gemacht:

1) Mehl, Vollrohrzucker und Natron in einer Schüssel mischen. Butter in kleine Stückchen hacken. Saure Sahne dazugeben. Mit dem Knethaken des Handrührgerätes alle Zutaten für den Teig verkneten.
2) Den Teig mindestens 1 Stunde kalt stellen. (Sie können ihn auch schon am Vorabend kneten und kalt stellen.)
3) Aprikosen und Äpfel waschen, entsteinen beziehungsweise schälen und in dünne Scheiben schneiden.
4) Teig mit einem Teigschaber auf ein gefettetes Blech streichen, dabei ein wenig für die Streusel zurückbehalten. Die Haferflocken auf den Teigboden streuen und Aprikosen und Äpfel abwechselnd in Reihen nebeneinander auf den Teig legen.
5) Backofen auf 200 °C (E)/180 °C (H) vorheizen.
6) Alle Zutaten für den Guss miteinander verrühren und auf die Apfelreihen streichen. Den restlichen Rahmteig als Streusel über die Aprikosenreihen bröseln.
7) Den Kuchen 40 – 45 Minuten bei 200 °C (E)/180 °C (H) backen.

Kastanien-Creme-Kuchen

Sie sind eine Spezialität im Herbst und Winter: Maronen oder Esskastanien – hoch gelobt von der heiligen Hildegard von Bingen. Und das zu Recht, denn sie enthalten einen wahren Schatz an Wirkstoffen. Nach dem Ayurveda vermehren sie das Kapha-Element im Körper. Mit ihrer Kombination von Calcium und Phosphor wirken sich Esskastanien nicht nur günstig auf Knochen und Zähne aus, sondern helfen auch einem übersäuerten Magen, wieder ins Lot zu kommen.
Für alle körperlich und geistig Erschöpften sind Maronen reiner Balsam – vor allem, wenn sie zu so feinem Püree verarbeitet werden wie für diesen Kuchen. Der cremig zarte Geschmack dieses Kuchens belohnt für die etwas zeitintensive Herstellung mehr als genug. Das Püree können Sie auch schon am Vorabend zubereiten.

Für eine Springform (Ø 26 – 28 cm)

Für den Mürbteig:

200 g fein gemahlener Dinkel
1 Msp Natron
½ TL Zimt
100 g kalte Butter (reine Pflanzenmargarine)
75 g gesiebter Vollrohrzucker
1 EL kaltes Wasser

Für den Belag:

750 g Maronen (Esskastanien)
etwa 200 ml Wasser oder Milch
2 EL Sojamehl und 4 EL Milch oder Wasser
150 g weiche Butter
150 g Vollrohrzucker
2 TL gemahlene Bourbon-Vanille
1 TL Zimt
2 EL Carobpulver

Zum Servieren:

125 ml Sahne (Sojasahne)
gesiebten Vollrohrzucker zum Süßen der Sahne nach Belieben

So wird's gemacht:

1) Alle Zutaten für den Teig rasch zu einem geschmeidigen Mürbteig verarbeiten und zugedeckt mindestens 30 Minuten kalt stellen.
2) Backofen auf 200 °C vorheizen. Maronen an den spitzen Enden kreuzweise einschneiden und im Backofen 10 Minuten rösten, bis die Schalen aufspringen. Die leicht abgekühlten Maronen von ihren Schalen und den darunter liegenden braunen Häuten befreien. Geschälte Maronen in einem Topf mit wenig Wasser 15 – 20 Minuten weich kochen und leicht abgekühlt im Mixer mit dem Wasser oder der Milch zu einer feinen, weichen Paste pürieren.
3) Mürbteig zwischen zwei Silikonbackfolien oder Frischhaltefolien zu einer runden Platte ausrollen und die gefettete Springform damit auskleiden. Dabei einen 3 cm hohen Rand formen. Dann den Teigboden mit einer Gabel mehrmals einstechen und im Ofen bei 190 °C (E)/175 °C (H) 12 Minuten blindbacken (s. S. 46).

4) Sojamehl mit Wasser oder Milch verrühren. Die weiche Butter (Pflanzenmargarine) mit gesiebtem Vollrohrzucker, Gewürzen und Carob in einer Rührschüssel schaumig rühren.
5) Maronenpüree und angerührtes Sojamehl esslöffelweise unter die Butter-Zucker-Mischung zu einer cremigen Masse verrühren. Maronenmasse auf die vorgebackene Teigkruste füllen und glatt streichen.
6) Kuchen bei 180 °C (E)/165 °C (H) 50 – 55 weitere Minuten backen. Mit leicht gesüßter Schlagsahne servieren.

Linzer Torte

Beerenobst ist in der traditionellen Medizin Indiens ein bekanntes Heil- und Nahrungsmittel – steigern die kleinen »Energiekugeln« doch das Pitta-Element im Organismus. Der Ayurveda verwendet Beeren, um die Abwehrkräfte zu stärken und die Nieren sowie den ganzen Stoffwechsel zu stimulieren. Mit ihrem Inhaltsstoff Salicylsäure helfen die Beeren sogar, Fieber zu senken.

Für eine Springform (Ø 26 – 28 cm)

Für den Mürbteig:

200 – 225 g fein gemahlener Dinkel oder Weizen
125 g gemahlene Haselnüsse oder Mandeln
125 g gesiebter Vollrohrzucker
150 g kalte Butter (reine Pflanzenmargarine)
2 EL Rosenwasser oder Sahne (Sojasahne)
½ TL gemahlene Bourbon-Vanille
1 TL Carobpulver
1 TL Zimt
1 Msp Gewürznelkenpulver
1 Prise Meersalz
½ TL Natron
eventuell 1 – 2 EL Maisstärke oder Weizenmehl Type 1050

Mehl für die Arbeitsfläche
Fett für die Springform

Für die Füllung:

150 g Trockenobst (z. B. Aprikosen, Pflaumen, Birnen, Feigen, Rosinen)
etwas heißes Wasser zum Einweichen
150 g Beeren wie Johannisbeeren, Himbeeren (eventuell tiefgekühlt)
1 – 2 EL Hagebuttenkonfitüre oder Himbeerkonfitüre

So wird's gemacht:

1) Das Trockenobst in heißem Wasser einweichen. (Tiefgekühlte Beeren aus dem Gefrierfach holen.)
2) Die Zutaten für den Mürbteig zu einem geschmeidigen Teig verkneten, zu einer Kugel formen und zugedeckt mindestens 30 Minuten kalt stellen. Falls der Teig zu klebrig ist, etwas Maisstärke oder Weizenmehl Type 1050 hinzufügen.
3) Für die Füllung die Trockenfrüchte und die frischen (leicht aufgetauten) Beeren im Mixer pürieren (oder durch den Früchtewolf drehen).
4) Zwei Drittel des Teiges auf einer bemehlten Arbeitsfläche zu einer runden Teigplatte ausrollen, die gefettete Springform damit auskleiden und einen 3 cm hohen Rand bilden. Den restlichen Teig kalt stellen. Konfitüre auf den Teigboden streichen. Die Füllung in die Form geben, glatt streichen und kalt stellen.
5) Den restlichen Teig erneut auf der leicht bemehlten Fläche zu einem Rechteck ausrollen und mit einem Teigrädchen Streifen ausradeln. Mit den Streifen die Oberfläche des Kuchens in Gittermusterform verzieren.
6) Im vorgeheizten Ofen bei 190 °C (E)/ 175 °C (H) 40 Minuten mit eventuell 5 Minuten Nachhitze backen. Erst aus der Form lösen, wenn der Kuchen völlig abgekühlt ist.

Kürbistörtchen

Kürbis, Großmutters Lieblingsgemüse, war einige Zeit in Vergessenheit geraten. Seit einiger Zeit erlebt der Verwandlungskünstler ein Comeback. Ob pikant oder süß wie diese Kürbistörtchen, jeden kann Kürbis in seinen Bann schlagen.
Kürbis vermehrt sanft das Kapha-Element im Körper. Zudem enthält er extrem viel Betacarotin sowie B-Vitamine und zahlreiche Mineralien. Sein ausgesprochen günstiges Natrium-Kalium-Verhältnis hilft bei Herz- und Nierenleiden. Selbst seine Kerne haben noch medizinische Wirkung. Sie sehen, es gibt Gründe genug, ihn zu einem festen Bestandteil des Speiseplans zu machen.

Für zehn bis zwölf Törtchen
oder eine Springform (Ø 26 – 28 cm)

Für den Mürbteig:

250 g fein gemahlener Weizen
1 Msp Natron
125 g kalte Butter
(reine Pflanzenmargarine)
75 g Vollrohrzucker
½ TL Zimt
1 EL Sahne oder Apfelsaft

Fett für die Backformen

Für den Belag:

750 g Kürbis
(Gewicht ohne Kerne und Schale)
250 g Vollrohrzucker
1 TL Zimt
1 – 2 EL Ahornsirup

Für die Dekoration:

200 ml Sahne (Sojasahne)
2 EL Vollrohrzucker
etwas Zimt zum Bestreuen

So wird's gemacht:

1) Alle Zutaten für den Mürbteig rasch miteinander verkneten, zu einer Kugel formen und zugedeckt mindestens 30 Minuten kalt stellen.
2) Kürbis schälen, von den Kernen befreien und in kleine Würfel schneiden. Die Kürbiswürfel in einem Topf mit sehr wenig Wasser weich dünsten.
3) Das Kürbiswasser abgießen (kann gut für Gemüsesuppen verwendet werden). Kürbis pürieren oder durch ein Sieb passieren und mit Vollrohrzucker und Zimt zu einer dicklichen, marmeladenartigen Masse einkochen. Zum Schluss etwas Ahornsirup dazugeben.
4) Den Mürbteig in kleine gefettete Förmchen verteilen oder eine große gefettete Springform damit auskleiden. Bei 190 °C (E)/175 °C (H) 10 Minuten vorbacken oder im Fall der Springform blindbacken (s. S. 46).
5) Kürbismasse in die Förmchen füllen (oder auf dem Teig verteilen) und 10 – 20 weitere Minuten (je nach Größe der Form) backen. Auf einem Kuchengitter auskühlen lassen.
6) Die Törtchen mit frisch geschlagener und gesüßter Sahne (Sojasahne) und jeweils 1 Prise Zimt verzieren.

Apple Crumble – englischer Apfelauflauf

Wenn es schnell gehen muss, aber doch köstlich schmecken soll, gehört dieser englische Apfelauflauf zu unseren Lieblingsrezepten. Doch erst mit Vanillesauce oder Schlagsahne ist er ein richtiger Apple Crumble.
Nach dem Ayurveda regen Äpfel den Appetit an, fördern die Verdauung und putzen so ganz nebenbei auch noch die Zähne. Organische Säuren, Gerbstoffe, ätherische Öle und Pektin helfen bei chronischen Durchfällen, und wegen ihres Eisengehaltes werden Äpfel auch gerne bei Anämie eingesetzt. In der Tat ist der Apfel eine Mini-Hausapotheke.

Für eine große Auflaufform

3 – 4 große Äpfel (750 g – 1 kg)
1 TL Wasser
2 EL Zitronensaft
1 TL Zimt
1 – 2 TL Vollrohrzucker
eventuell 50 g Rosinen
Fett für die Auflaufform
100 g Haferflocken
125 g fein gemahlener Weizen oder Dinkel
120 g Vollrohrzucker
60 g zerlassene Butter (reine Pflanzenmargarine)
2 EL Ahornsirup oder Birnendicksaft
eventuell 1 EL Wasser

So wird's gemacht:

1) Äpfel waschen, schälen und mit einem Messer die Kerngehäuse ausschneiden. Anschließend in Ringe schneiden und in einen Topf mit dem Wasser legen. Zitronensaft, Zimt, Vollrohrzucker und eventuell die gewaschenen Rosinen unter die Äpfel mischen und zugedeckt bei schwacher Hitze etwa 5 Minuten köcheln lassen.
2) Auflaufform einfetten. Backofen auf 180 °C (E)/ 165 °C (H) vorheizen.
3) Die restlichen Zutaten zu einer krümeligen Masse mischen. Äpfel in die Auflaufform legen, Haferflocken-Krümel-Masse darauf verteilen, etwas festdrücken und im Backofen 25 – 35 Minuten goldbraun backen.

Rührteig

Zu Großmutters Zeiten war Rührteig noch mit viel Arbeit verbunden. Er gelang nämlich nur dann, wenn er mindestens eine Stunde in eine Richtung gerührt wurde. Mit der Erfindung des Elektro-Handrührgerätes ist das heute nicht mehr nötig.
Aber damals wie heute sind nicht nur die Kinder begeistert, wenn Sie z. B. Marmorkuchen auf den Tisch bringen. Die früher üblichen sechs, acht oder mehr Eier können Sie getrost weglassen – dem verführerischen Geschmack tut dies keinen Abbruch, und die Gesundheit freut sich allemal.

Allgemeine Tipps

Alle Zutaten rechtzeitig (ein bis zwei Stunden vorher) aus dem Kühlschrank nehmen, sodass sie Zimmertemperatur annehmen. Die Butter sollte weich sein (aber nicht geschmolzen werden, da sie sonst während des Schaumigrührens nicht mehr genügend Luft aufnehmen und den Teig lockern kann). Statt Butter kann man reine Pflanzenmargarine verwenden.
Bevor Sie anfangen, **fetten Sie die gewünschte Backform** ein, streuen die Form mit etwas Vollkorngrieß, gemahlenen Haselnüssen oder ausgesiebter Kleie aus und schütteln den Rest wieder heraus. Stellen Sie dann die **Form in den Kühlschrank.** Auf diese Weise lässt sich Ihr Kunstwerk nach dem Backen leicht aus der Form lösen, ohne anzukleben.

Vollrohrzucker löst sich am besten auf, wenn er **sehr feinkörnig** ist. Mahlen Sie ihn deshalb vorher (z. B. in einer elektrischen Kaffeemühle) oder sieben Sie ihn durch ein feines Sieb.
Das **Vollkornmehl sollte immer fein gemahlen und gesiebt sein.** Grob gemahlenes Mehl lässt den Kuchen zusammenkleben und gibt ihm eine grobkörnige Konsistenz (eventuell Kleie aussieben und zum Brotbacken verwenden). Das **Triebmittel** erst unter das **letzte Drittel** des Mehles mischen, denn sobald es mit Flüssigkeit in Berührung kommt, beginnt es, seine Triebkraft zu entfalten. Deshalb zügig arbeiten!
Wer gerne Trockenobst mag, sollte dieses **»mehlieren«,** d. h. in einem Sieb mit etwas Mehl vermischen. Überschüssiges Mehl rieselt dabei hindurch. Diese Methode verhindert, dass die Früchte während des Backens nach unten absinken.
Der Teig sollte nicht zu flüssig und nicht zu fest sein. Zur Probe kann man etwas Teig mit dem Rührlöffel aus der Schüssel heben: Fällt er **»schwer reißend«** vom Löffel, ist der Teig genau richtig.
Flache Kuchenformen (Springform oder Kastenform) werden beim Backen mit Ober- und Unterhitze immer auf mittlerer Schiene eingeschoben, Gugelhupfformen auf der unteren Schiene.
Die **Stäbchenprobe** am Ende der angegebenen Backzeit verrät Ihnen, ob der Kuchen durchgebacken ist. Stechen Sie dazu mit einem Holzstäbchen in die dickste Stelle und prüfen Sie, ob sich noch Teigreste am Stäbchen befinden.

Ist das Stäbchen teigfrei, dann ist der Kuchen fertig gebacken, ansonsten braucht er noch ein paar Minuten. Meist genügen einige Minuten **Nachhitze** im abgeschalteten Backofen. Nach dem Backen sollten Sie dem Kuchen einige Minuten Ruhe gönnen, damit er »ausdampfen« kann. Beim Abkühlen sinkt er ein bisschen zusammen, und es entsteht ein winziger Luftraum zwischen Kuchen und Formrand, der das Herauslösen erleichtert. **Stürzen Sie nun den noch lauwarmen Kuchen auf ein Kuchengitter.**

Damit der Kuchen länger frisch bleibt und Ihre Glasur (vor allem Carobglasur) schön glänzt, **bepinseln Sie ihn vor dem Glasieren mit heißer Aprikosenkonfitüre.**

Hinweis: Die genauen Angaben zur Herstellung des selbst gemachten Backpulvers beziehungsweise die Umrechnung in herkömmliches Backpulver befinden sich auf Seite 40.

Marmorkuchen

Marmorkuchen mit einer großen Tasse Milch war schon für uns Kinder das Höchste der Gefühle. Und damals wie heute schmeckt er Groß und Klein.
Carob, aus den Früchten des Johannisbrotbaumes gewonnen, enthält viele Vitamine der B-Gruppe, Mineralien und Spurenelemente (Eisen, Mangan, Chrom, Kupfer, Nickel). Mit seinem hohen Pektingehalt ist es bei einigen Magen-Darm-Beschwerden hilfreich. Nach dem Ayurveda vermehrt Carob das Kapha-Element. Anders als Kakaoprodukte hat Carob einen hohen Anteil an fruchteigenem Zucker (46 %) – Süßspeisen mit Carob braucht man also gar nicht oder nur leicht zu süßen.

Für eine Gugelhupfform

Butter für die Gugelhupfform
Vollkorngrieß für die Gugelhupfform

Für den Rührteig:

200 ml Sahne
250 g weiche Butter
250 g fein gemahlener Vollrohrzucker (280 g Vollrohrzucker bei Verwendung von Wildpfeilwurzmehl zur Dekoration)
1 TL gemahlene Bourbon-Vanille
400 g fein gemahlener und ausgesiebter Dinkel
100 g Maisstärke
5 TL selbst gemachtes Backpulver (s. S. 40)
100 – 150 ml Milch

Für den dunklen Teig:

4 EL Carobpulver
2 EL Vollrohrzucker
50 ml Milch

Für die Glasur:

Aprikosenkonfitüre
Wildpfeilwurzmehl oder Carobglasur oder Glasur nach Wahl (s. S. 172)

So wird's gemacht:

1) Gugelhupfform mit Butter einfetten und mit etwas Vollkorngrieß ausstreuen.
2) Sahne steif schlagen und kalt stellen. Die weiche Butter in eine Rührschüssel geben und schaumig rühren. Gesiebten Vollrohrzucker und Vanille nach und nach hinzufügen.
3) Das fein gemahlene, ausgesiebte Dinkelvollkornmehl mit Maisstärke und Backpulver mischen und löffelweise im Wechsel mit der Milch unter den Teig rühren. Die Schlagsahne ebenfalls unter die helle Teigmasse heben.
4) Den Ofen auf 180 °C (E)/160 °C (H) vorheizen.
5) Carob, Vollrohrzucker und Milch in einer kleinen Schüssel mit einem Drittel des Teiges verrühren.
6) Eine Schicht hellen Teig in die Form füllen, darauf den dunklen und abschließend den restlichen hellen Teig einfüllen. Mit einer Gabel Muster ziehen.
7) 60 – 70 Minuten backen. Vor dem Herausnehmen die Stäbchenprobe machen und eventuell noch etwas in der Nachhitze stehen lassen.
8) Den Kuchen nach einigen Minuten auf ein Kuchengitter stürzen und auskühlen lassen. Heiße Aprikosenkonfitüre auf den Kuchen pinseln und nach dem Trocknen mit etwas Wildpfeilwurzmehl bestreuen oder mit (Carob-) Glasur bestreichen.

Sahne-Carob-Kuchen

Zu Kakao kennt man schon lange eine gesunde Alternative: Carob, die gemahlenen Schoten des Johannisbrotbaums. Zusammen mit den anderen Zutaten dieses Kuchens vermehrt Carob das Kapha-Element und ist somit ideal für nervöse und zerstreute Vata-Menschen, die mit einer Tasse warmer Gewürzmilch und Kuchen geerdet werden können. (Natürlich nur für zwischendurch und nicht als »Diät«.)

Für eine Gugelhupfform

Butter für die Gugelhupfform
Vollkorngrieß für die Gugelhupfform

Für den Rührteig:
250 g fein gemahlener Vollrohrzucker
200 ml Sahne
400 g fein gemahlener und ausgesiebter Dinkel
100 g Maisstärke
5 TL selbst gemachtes Backpulver (s. S. 40)
50 g Carobpulver
1 TL gemahlene Bourbon-Vanille
125 g weiche Butter
125 ml Milch
100 g geraspelte Carobschokolade

Für die Glasur:
Aprikosenkonfitüre
Carob-Wasser-Glasur oder andere Glasur nach Wahl (s. S. 172)

Tipp: Das Höchste der Gefühle für diesen Kuchen ist eine Carobglasur! Innen wie außen Carob. Das wird selbst den eingeschworensten Schokoladenfan schwach machen.

So wird's gemacht:

1) Backform einfetten und mit etwas Vollkorngrieß ausstreuen. Sahne steif schlagen und kalt stellen. Den Backofen auf 190 °C (E)/175 °C (H) vorheizen.
2) Gesiebten Vollrohrzucker, fein gemahlenes und ausgesiebtes Dinkelmehl, Maisstärke, Backpulver, Carob und Vanille in einer Schüssel mischen. Die weiche Butter in einer Rührschüssel mit einem Handrührgerät schaumig schlagen und die Mehlmischung löffelweise im Wechsel mit der Milch zu einem geschmeidigen Teig rühren. Nun Schlagsahne und Carobraspel unter die Masse heben.
3) Teigmasse in die Backform füllen und 55 – 65 Minuten backen. Vor dem Herausnehmen die Stäbchenprobe machen und eventuell noch ein wenig in der Nachhitze stehen lassen.
4) Den leicht abgekühlten Kuchen auf ein Kuchengitter stürzen und erkalten lassen. Abschließend mit heißer Aprikosenkonfitüre bestreichen und mit Carobglasur nach Wahl, z. B. Carob-Rum-Glasur, bepinseln.

Pflaumen-Gewürz-Kuchen

Ballaststoffe in den Trockenpflaumen sind es, die im Darm aufquellen und nicht nur die Verdauung fördern, sondern auch unerwünschte Abfallprodukte und Giftstoffe aus dem Darmtrakt binden. Da Trockenpflaumen heute meist mit Schwefeldioxid konserviert und mit Methylbromid begast werden, sollten Sie auf unbehandelte Produkte aus dem Bioladen zurückgreifen – denn Bio-Trockenpflaumen werden zur Konservierung lediglich schockgefroren.

Für eine Kastenbackform

Fett für die Kastenbackform

Für den Rührteig:

200 g entsteinte Trockenpflaumen
etwas heißes Wasser zum Einweichen
125 g Butter (reine Pflanzenmargarine)
275 g Vollrohrzucker
300 g fein gemahlener Dinkel oder Weizen
1 Msp selbst gemachtes Backpulver (s. S. 40)
½ TL Zimt
1 Msp Gewürznelkenpulver
1 Msp Mazis
1 TL gemahlene Bourbon-Vanille
1 Prise Meersalz
125 ml Buttermilch (Sojadrink)

Für die Glasur:

Carobglasur nach Wahl (s. S. 172)

So wird's gemacht:

1) Eine Kastenbackform einfetten. Die Trockenpflaumen waschen und in heißem Wasser einweichen. Den Backofen auf 190 °C (E)/175 °C (H) vorheizen.
2) Butter (Pflanzenmargarine) schaumig rühren und gemahlenen Vollrohrzucker nach und nach hineinstreuen. Das Mehl mit Backpulver, Gewürzen und Salz mischen und löffelweise im Wechsel mit der Buttermilch (Sojadrink) zu einem geschmeidigen Teig rühren.
3) Pflaumen abtropfen lassen, zu Mus pürieren, unter die Masse heben und die Teigmasse in die Kastenbackform füllen. Kuchen 50 – 60 Minuten backen. Vor dem Herausnehmen die Stäbchenprobe machen.
4) Den Kuchen auf ein Kuchengitter stürzen und abkühlen lassen.

Tipp: Eine Carob-Zimt-Glasur (s. S. 173), auf den abgekülten Kuchen gepinselt, verleiht diesem duftenden Gewürzkuchen den letzten Pfiff! Man kann ihn aber auch auf einem Backblech backen und dann dick mit Carobglasur bestreichen!

Bananenkuchen

»Frucht von den himmlischen Planeten«, so nannten die altindischen Veden die Banane. Zu Recht, denn Bananen weisen eine stolze Bilanz von zehn verschiedenen Vitaminen und 18 Mineralstoffen und Spurenelementen auf. Ayurveda-Ärzte empfehlen sie bei Arteriosklerose und nach einem Herzinfarkt. Die enthaltenen Vitamine Pantothensäure und Folsäure gelten als wertvoll fürs Gehirn und fördern die Blutbildung. Bananenkuchen ist der Favorit aller Kinder. Sie können ihn sogar selbst backen, denn er geht leicht und schnell von der Hand.

Für eine Kranzform
oder Kastenbackform

Fett für die Backform

Für den Rührteig:
100 g Rosinen
etwas heißes Wasser zum Einweichen
9 EL Sonnenblumenöl
225 g gesiebter Vollrohrzucker
300 – 325 ml Bananensaft oder Apfelsaft
300 g fein gemahlener Dinkel
2½ TL selbst gemachtes Backpulver (s. S. 40)
50 g Maisstärke
1 TL Zimt
3 reife Bananen

So wird's gemacht:

1) Eine Backform, z. B. eine Kranzform, einfetten. Die Rosinen waschen und in heißem Wasser einweichen. Den Backofen auf 190 °C (E)/175 °C (H) vorheizen.
2) Sonnenblumenöl mit Vollrohrzucker und Saft mischen. Mehl mit Backpulver, Speisestärke, Zimt und Ölmischung zu einem geschmeidigen Teig verrühren.
3) Bananen schälen und mit einer Gabel zerdrücken. Rosinen abtropfen lassen, trockentupfen und leicht »mehlieren« (s. S. 63). Bananen und Rosinen unter den Teig heben. Die Teigmasse in die Backform füllen und 45 – 50 Minuten backen. Vor dem Herausnehmen aus dem Backofen die Stäbchenprobe machen!
4) Den leicht abgekühlten Kuchen auf ein Kuchengitter stürzen und auskühlen lassen.

Tipp: Sie können den Kuchen mit Bananenchips und jeweils einem Tupfer Sahne dekorieren oder auch mit einer Glasur (s. S. 172) bestreichen.

Sachertorte

Generationen wissen sie zu schätzen: die Sachertorte. Soll es einfach und schnell gehen, aber trotzdem delikat schmecken, ist die traditionelle Mandeltorte aus Österreich immer ein willkommenes Rezept.
Auch die Gesundheit darf sich freuen, Mandeln sind Energiespender par excellence. Ob Jung oder Alt, ob Denker, Arbeiter oder Sportler, Mandeln stärken jeden. Besonders auf die Nerven und das Gehirn üben sie ihre stärkende Wirkung aus. Und ganz nebenbei enthalten sie viel Kalium, Calcium, Magnesium und Zink.

Für eine Springform (Ø 24 – 26 cm)

Fett für die Springform
Vollkorngrieß für die Springform

Für den Rührteig:

225 g gemahlene Mandeln
300 g fein gemahlener Dinkel oder Weizen
75 g Carobpulver
40 g Wildpfeilwurzmehl oder Maisstärke
5 TL selbst gemachtes Backpulver (s. S. 40)
225 g gesiebter Vollrohrzucker
10 EL Sonnenblumenöl oder Walnussöl (100 ml)
225 ml Wasser
Saft von 1 – 2 Orangen (etwa 120 ml)

Für die Füllung:

Saft von 1½ Mandarinen (5 – 6 EL)
½ Glas Aprikosenkonfitüre (225 g)

Für die Glasur:

Aprikosenkonfitüre
Carob-Wasser-Glasur (s. S. 172)

Tipp: So richtig gut schmeckt die Torte, wenn sie einen Tag lang an einem kühlen Ort unter der Tortenhaube durchziehen konnte.

So wird's gemacht:

1) Springform einfetten und mit Vollkorngrieß ausstreuen. Backofen auf 190 °C (E)/175 °C (H) vorheizen.
2) Mandeln mit fein gemahlenem Dinkel, Carob, Stärke und Backpulver in einer Schüssel vermischen. Vollrohrzucker und Öl in eine Rührschüssel geben und mit dem Handrührgerät unter abwechselnder Zugabe von Wasser und Orangensaft und der Mandel-Mehl-Mischung zu einem relativ flüssigen Teig rühren.
3) Teig in die Backform füllen, glatt streichen und bei 190 °C (E)/175 °C (H) 45 Minuten backen. Vor dem Herausnehmen die Stäbchenprobe machen. Tortenboden auf ein Kuchengitter stürzen und abkühlen lassen.
4) Tortenboden mit einem langen Tortenmesser längs durchschneiden. Den unteren Boden mit der Hälfte des Mandarinensaftes beträufeln und dick mit Aprikosenkonfitüre bestreichen. Die Unterseite des oberen Bodens (»Deckel«) ebenfalls mit Mandarinensaft beträufeln und auf den bestrichenen Tortenboden legen.
5) Die Oberfläche der Torte mit heißer Aprikosenkonfitüre bepinseln und mit einer Carobglasur nach Wahl bestreichen (am besten eignet sich Carob-Wasser-Glasur, da sie den Kuchen saftiger macht).

Schneller Nusskuchen

Haselnüsse sind »Powernahrung« für Gehirn und Nerven – nicht umsonst sind sie ein wichtiger Bestandteil von Studentenfutter. Die Gerbstoffe in ihnen regen Haut- und Darmfunktionen an und stärken die Gefäße.
Dazu kommt noch, dass dieser Nusskuchen nicht nur ein Schnellrezept, sondern auch ein wahrer Verwandlungskünstler ist. Einmal in einer Kastenbackform oder Gugelhupfform als Kuchen und ein anderes Mal als Tortenbodenteig (z. B. für eine Bananen-Nuss-Sahne-Torte) – Nusskuchen ist immer für eine Gaumenüberraschung gut.

Für eine Kastenbackform
oder Gugelhupfform
(oder zwei Tortenböden)

250 g gemahlene Haselnüsse
250 g gesiebter Vollrohrzucker
250 g fein gemahlener Dinkel oder Weizen
5 TL selbst gemachtes Backpulver (s. S. 40)
1 TL gemahlene Bourbon-Vanille
250 – 275 ml Milch (Apfelsaft)
2 – 3 Tropfen Bittermandelöl
1 EL Butter (Haselnussöl)
Fett für die Backform

So wird's gemacht:

1) Haselnüsse mit Vollrohrzucker, Mehl, Backpulver und Vanille in einer Schüssel mischen. Milch (Apfelsaft), Bittermandelöl und Butter (Haselnussöl) nach und nach dazugeben. Mit dem Handrührgerät geschmeidig rühren.
2) Backofen auf 200 – 210 °C (E)/ 180 °C (H) vorheizen. Die entsprechende Backform einfetten und den Teig hineinfüllen.
3) Den Kuchen 55 Minuten backen. Vor dem Herausnehmen auf jeden Fall die Garprobe mit einem Stäbchen machen. (Je nach Backform kann die Backzeit unterschiedlich ausfallen.)
4) Den leicht abgekühlten Kuchen auf ein Kuchengitter zum Auskühlen stürzen.

Tipp: Zum Verzieren den Nusskuchen waagerecht durchschneiden, die Schnittflächen mit etwas (Aprikosen-)Konfitüre bestreichen, wieder zusammenfügen und mit Carobglasur (s. S. 172) oder Haselnussglasur (s. S. 174) sowie gehackten oder ganzen gerösteten Nüssen verzieren.

Nusskuchen

Nüsse sind regelrechte Kraftpakete, die uns Mutter Natur frei Haus liefert. Sie haben einen hohen Gehalt an Eiweiß (15 – 20 %) von bemerkenswerter Qualität. Daneben liefern sie viel Fett (im Schnitt 50 – 65 %), vor allem viele der herzfreundlichen ungesättigten Fettsäuren, in erster Linie Linolsäure. Auch ihr Mineralstoffgehalt und ihr Vitamin-B-Reichtum können sich sehen lassen. Es ist offensichtlich: Nüsse sind aus einer gesunden Ernährung nicht wegzudenken.

Für eine Gugelhupfform

Fett für die Gugelhupfform
einige gemahlene Nüsse für die Form

Für den Rührteig:
200 g Haselnüsse
200 ml Sahne
125 g weiche Butter
250 g gesiebter Vollrohrzucker oder Jaggery
400 g fein gemahlener und ausgesiebter Dinkel
100 g Maisstärke
5 TL selbst gemachtes Backpulver (s. S. 40)
1 TL gemahlene Bourbon-Vanille
100 ml Milch oder Wasser

Für die Glasur:
Aprikosenkonfitüre
Haselnussglasur (s. S. 174)

Tipp: Haselnüsse rösten: Nüsse bei 200 °C auf einem sauberen Blech im Backofen rösten, bis die Häutchen aufspringen. Von den abgekühlten Nüssen kann man die Häutchen leicht abreiben. Wer Zeit sparen will, kann Haselnüsse auf Vorrat rösten. Um Strom zu sparen, können Sie das Blech mit den Nüssen beim Backen einfach mit einschieben oder die Nachhitze nutzen.

So wird's gemacht:

1) Die Backform einfetten und mit etwas gemahlenen Nüssen ausstreuen. Haselnüsse auf ein Backblech verteilen und bei 200 °C 10 Minuten im Ofen rösten. Nüsse abkühlen lassen und zwischen den Händen die Schalen abreiben. Anschließend fein mahlen. Sahne steif schlagen und kalt stellen.
2) Butter schaumig rühren und den gesiebten Vollrohrzucker oder aufgelösten Jaggery (s. S. 181) dazugeben. Mehl sieben und mit Stärke, Backpulver und Vanille in einer zweiten Schüssel mischen.
3) Im Wechsel löffelweise die Mehlmischung und die Milch zur Buttermischung geben und geschmeidig rühren. Dann die Schlagsahne und die gemahlenen Haselnüsse unter die Masse heben und in die Backform füllen.
4) Im vorgeheizten Backofen 50 – 60 Minuten backen (je nach Backform). Vor dem Herausnehmen die Stäbchenprobe machen. Den Kuchen wenige Minuten in der Form setzen lassen und dann auf ein Kuchengitter stürzen.
5) Abschließend mit Aprikosenkonfitüre und Haselnussglasur bestreichen.

Rüeblikuchen – Karottenkuchen

Wer die Schweiz und vor allem die Schweizer etwas näher kennenlernt, weiß sicher auch bald den berühmten Rüeblikuchen zu schätzen. Dieses leckere Rezept bekamen wir von einem lieben Bekannten aus dem Kanton Aargau. Wann immer wir ihn besuchen, verwöhnt er uns damit.
Dass Karotten wegen ihres Betacarotin-Gehalts für die Augen gut sind, weiß inzwischen wohl jedes Kind. Neu jedoch ist die Erkenntnis, dass diese Carotinoide auf der Liste der Krebsschutzstoffe weit oben stehen. Sie unterstützen den Reparaturmechanismus und stärken das Immunsystem. Außerdem steigern Karotten und die Gewürze dieses Kuchens das Pitta-Element und wirken energetisierend. Getreide und Milch dagegen vermehren Kapha.

Für eine Springform (Ø 26 – 28 cm) oder Kastenbackform oder Kranzform (Einsatz für Springform)

Butter für die Backform
Vollkorngrieß für die Backform

Für den Rührteig:

250 g Rüebli (Karotten, Möhren)
Saft und Schale einer ungespritzten Zitrone
250 g gemahlene Mandeln
350 g fein gemahlener Dinkel oder Weizen
5 TL selbst gemachtes Backpulver (s. S. 40)
1 Prise Meersalz
2 TL Zimt
¾ TL Kardamompulver
2 Msp Gewürznelkenpulver
200 g weiche Butter
300 g fein gemahlener Vollrohrzucker
200 ml Milch

Für die Verzierung:

Aprikosenkonfitüre
200 g selbst gemachtes Honigmarzipan (s. S. 49)

So wird's gemacht:

1) Die Backform einfetten und mit etwas Vollkorngrieß ausstreuen. Karotten waschen (eventuell schälen) und fein raspeln. Zitronensaft und Zitronenschale darunter mischen und mit den Mandeln vermengen. Zugedeckt beiseite stellen.
2) Das Mehl mit dem Backpulver, dem Salz und den Gewürzen mischen. Die weiche Butter mit dem Vollrohrzucker in einer Rührschüssel schaumig schlagen und abwechselnd löffelweise mit Mehl und Milch zu einem geschmeidigen Teig rühren.
3) Zum Schluss die Karotten-Mandel-Mischung unter die Teigmasse heben und in die Form füllen.
4) Im Backofen bei 180 – 190 °C (E)/ 160 – 175 °C (H) 65 Minuten backen (eventuell noch 5 Minuten Nachhitze). Vor dem Herausnehmen die Stäbchenprobe machen.
5) Den leicht ausgekühlten Kuchen auf ein Kuchengitter legen und mit heißer Aprikosenkonfitüre bestreichen.

Honigmarzipan-Verzierung:

Honigmarzipan (s. S. 49) zwischen zwei Folien zu einer dünnen Platte ausrollen und Kuchen damit bedecken. Mit dem restlichen Marzipan kleine Rüebli (Karotten) formen und verzieren.
Sie können die kleinen Rüebli mit der abgeriebenen Schale einer unbehandelten Orange und etwas Safranpulver gelblich färben. Das »Grünzeug« der Karotten bekommen Sie, indem Sie fein gemahlene Pistazien unter das Marzipan mischen.

Tipp: Der Kuchen entwickelt sein bestes Aroma erst ab dem zweiten Tag. In Folie eingepackt oder unter einer Kuchenhaube bleibt er gut eine Woche frisch.

Kleine Walnusscremetörtchen

Eine weite Reise hat der Walnussbaum hinter sich. Ursprünglich an den Hängen des Himalaja zu Hause, brachte man ihn schon zur Zeit der Römer nach Europa. Man glaubte, dass er die Weisheit der Überirdischen in sich trüge und an die Menschen weitergebe. Auch in der Naturheilkunde waren und sind Walnüsse nicht wegzudenken. Sie stärken Herz, Haare, Leber und Nerven, und ihre Linolsäure schützt vor Arteriosklerose.
Die Walnusscremetörtchen sind flexibel: mal mit Nusscreme oder frischen Erdbeeren dekoriert, mal mit einem Tupfer Schlagsahne oder mit einer schönen Carobglasur. Hier kann die Kreativität so richtig zum Einsatz kommen. Vor allem auf Kindergeburtstagen und Partys finden die Törtchen begeisterten Anklang.

Für etwa 18 kleine Törtchen (Ø 5 cm)

Für den Rührteig:
125 ml Sahne (Sojasahne)
150 g fein gemahlener Dinkel
100 g Maisstärke
½ TL Natron
50 g Carobpulver
175 g fein gemahlener Vollrohrzucker
100 g fein gemahlene Walnüsse
75 g weiche Butter
(reine Pflanzenmargarine)
125 ml Mineralwasser

Für die Walnusscreme:
50 g fein gemahlene Walnüsse
30 g (3 EL) Carobpulver
30 ml (3 EL) Sonnenblumenöl
oder Walnussöl
60 ml (6 EL) Ahornsirup
1 Msp gemahlene Bourbon-Vanille

Für die Verzierung:
Aprikosenkonfitüre
Walnusshälften
oder geröstete Haselnüsse
eventuell Erdbeeren, Kiwischeiben,
Bananenscheiben

Außerdem:
18 Papier-Backförmchen

So wird's gemacht:

1) Sahne (Sojasahne) steif schlagen und kalt stellen. Die Papier-Backförmchen auf ein Backblech stellen. Eventuell Backofen vorheizen.
2) Dinkelvollkornmehl mit Maisstärke, Backpulver, Carob, fein gemahlenem Vollrohrzucker und den gemahlenen Nüssen in einer Schüssel mischen.
3) Butter (Pflanzenmargarine) in einer Rührschüssel schaumig schlagen. Abwechselnd löffelweise die Mehlmischung und das Mineralwasser zur Butter (Pflanzenmargarine) geben und alles zu einem geschmeidigen Teig rühren. Die Sahne (Sojasahne) unterheben.
4) Die Teigmasse in die Papier-Backförmchen füllen. (Wenn Sie keine Walnusscreme verwenden, dekorieren Sie die Törtchen mit jeweils einer Walnusshälfte.) Im Backofen ei 190 °C (E)/ 175 °C (H) 25 – 28 Minuten backen. Vor dem Herausnehmen die Stäbchenprobe machen.
5) Törtchen auf einem Kuchengitter auskühlen lassen. Mit heißer Aprikosenkonfitüre glasieren.
6) Für die Walnusscreme die gemahlenen Walnüsse in einer trockenen Pfanne leicht rösten. Die restlichen Zutaten hinzufügen und bei kleinster Hitze zu einer homogenen Masse rühren. Abkühlen lassen. Törtchen damit verzieren. Als Verzierung eine halbe Walnuss oder eine geröstete Haselnuss in die Mitte setzen.

Tipp: Wenn Sie die Törtchen besonders fruchtig mögen, können Sie in Scheiben geschnittene Früchte um den Walnusscremetupfer garnieren. Ihrer Fantasie sind keine Grenzen gesetzt.

Schneller Apfelkuchen

Im Früchteparadies rangiert er ganz oben, für viele ist der Apfel das Lieblingsobst. Über 300 Inhaltsstoffe schlummern in diesem handlichen Obst. Sie sorgen dafür, dass Äpfel die Verdauung fördern, Bakterien vernichten und die Zähne putzen – um nur einige ihrer vielfältigen Wirkungen zu nennen.
Doch muss es nicht immer Apfel sein. Sie können dieses Rezept auch mit anderem Obst wie Birnen, Aprikosen oder Kirschen backen.

Für eine Springform (Ø 22 – 26 cm)

Butter für die Springform
Vollkorngrieß oder gemahlene Mandeln für die Springform

Für den Rührteig:
100 g weiche Butter
125 g fein gemahlener Vollrohrzucker
1¼ TL selbst gemachtes Backpulver (s. S. 40)
¼ TL gemahlene Bourbon-Vanille
150 g fein gemahlener und ausgesiebter Dinkel
130 g saure Sahne

Für den Belag:
500 – 600 g mürbe Äpfel (oder anderes Obst je nach Jahreszeit)
etwas Zitronensaft
30 g Mandelblättchen

So wird's gemacht:
1) Springform einfetten und mit Vollkorngrieß oder gemahlenen Mandeln ausstreuen.
2) Äpfel waschen, schälen, entkernen und in dünne Schnitze schneiden. Mit etwas Zitronensaft beträufeln.
3) Die Butter schaumig schlagen und den Vollrohrzucker hineinrieseln lassen. Backpulver und Vanille mit dem Mehl mischen. Löffelweise Mehl und saure Sahne unter die Buttermischung geben und alles zu einer homogenen Masse rühren.
4) Die Masse in die Springform füllen. Äpfel gleichmäßig dachziegelartig darauf verteilen und mit Mandelblättchen bestreuen.
5) Im Ofen bei 175 °C (E)/160 °C (H) 45 – 50 Minuten backen. Während der letzten 5 – 10 Minuten eine Alufolie auflegen, um den Kuchen vor zu starker Bräunung zu schützen. Kuchen aus der Form nehmen und auf einem Kuchengitter auskühlen lassen.

Tipp: Streuen Sie nach dem Backen etwas Wildpfeilwurzmehl über den Kuchen, das sieht optisch wie Puderzucker aus, ist aber gesünder.

Versunkene Obsttorte

Jedes Obst hat seinen eigenen Reiz. Hier können Sie kreativ experimentieren und je nach Jahreszeit Ihren persönlichen Favoriten finden. Falls Sie einmal kein frisches Obst zu Hause haben, können Sie auch Kirschen aus dem Glas verwenden. Rosenwasser wird aus der Damaszener Rose, *Rosa damascena,* gewonnen. Nach dem Ayurveda hilft es bei der Verdauung, kühlt den Körper und kräftigt Herz und Augen.

Für eine Springform (Ø 26 – 28 cm)

Für den Mürbteig:
200 g fein gemahlener Dinkel
100 g kalte Butter (reine Pflanzenmargarine)
50 g fein gemahlener Vollrohrzucker
½ TL gemahlene Bourbon-Vanille
1 EL Rosenwasser
1 EL kaltes Wasser

Fett für die Springform

Für den Rührteig:
75 g weiche Butter (reine Pflanzenmargarine)
150 g fein gemahlener Vollrohrzucker
100 g fein gemahlener und ausgesiebter Dinkel
200 g Dinkelmehl oder Weizenmehl Type 1050
5 TL selbst gemachtes Backpulver (s. S. 40)
abgeriebene Schale einer halben unbehandelten Zitrone
150 g saure Sahne (Sojasahne)
50 ml Wasser

Für die »Füllung«:
500 – 750 g Obst nach Belieben (z. B. Äpfel, Aprikosen, Kirschen, Pflaumen)

So wird's gemacht:

1) Für den Mürbteig alle Zutaten rasch verkneten und 30 Minuten kalt stellen. Springform einfetten. Obst je nach Sorte vorbereiten.
2) Für den Rührteig die abgeriebene Zitronenschale mit der sauren Sahne (Sojasahne) und dem Wasser mischen. Backofen vorheizen.
3) Den Mürbteig zwischen zwei Silikonbackfolien oder Frischhaltefolien zu einer runden Platte ausrollen und die Form damit auskleiden. Dabei einen 3 cm hohen Rand formen. Den Teig mehrmals mit einer Gabel einstechen und bei 190 °C (E)/175 °C (H) 15 Minuten blindbacken (s. S. 46).
4) In der Zwischenzeit für den Rührteig die weiche Butter (Pflanzenmargari ne) in einer Schüssel schaumig schlagen. Den Vollrohrzucker langsam dazurieseln lassen. Nach und nach das Mehl und die Sahne-Wasser-Mischung dazugeben. Wenn noch etwa ein Drittel des Mehles übrig ist, das Backpulver daruntermischen und alles zu einer homogenen Masse rühren.
5) Einen Teil des Obstes auf dem Mürbteigboden verteilen, die Rührmasse darübergeben und das restliche Obst in den Teig »stecken«.
6) Kuchen bei 180 °C (E)/160 °C (H) 50 – 55 weitere Minuten backen. Eventuell noch einige Minuten in der Nachhitze stehen lassen. Auf einem Kuchengitter abkühlen lassen.

Ayurvedischer Gewürzkuchen

Gewürznelken werden im Ayurveda hoch geschätzt. Sie vitalisieren, vertreiben Kältegefühle, regen Lunge und Magen an und reinigen das Lymphsystem. Das macht sie gerade in der kalten Jahreszeit und in der Weihnachtsbäckerei zu einem wichtigen Gewürz für Speisen.

Ähnlich wie Nelken wirkt auch Kardamom auf die Verdauung, regt die Milz an und vermindert das Kapha-Element in Magen und Lungen. Und nicht nur das, die Kerne der Pflanze aus der Ingwerfamilie beleben auch Gemüt und Intellekt.

Mazis (Muskatblüte) verbessert die Absorption im Dünndarm, indem es übermäßiges Vata im Darm reduziert. Geschätzt wird außerdem seine antiseptische und beruhigende Wirkung. Allerdings sollte Mazis, genau wie Muskat, immer nur in kleinen Mengen verwendet werden.

Für eine Gugelhupfform
oder Kranzform

Fett für die Backform
Vollkorngrieß oder gemahlene Mandeln für die Backform

Für den Rührteig:

150 g Rosinen
etwas heißes Wasser zum Einweichen
250 g weiche Butter (reine Pflanzenmargarine)
270 g Jaggery oder Vollrohrzucker
400 g fein gemahlener und ausgesiebter Dinkel
100 g Maisstärke
1 Prise Ingwerpulver
1 Msp Gewürznelkenpulver
1 Msp Kardamom
1 Msp Mazis
1 Msp Safranpulver
1 TL Zimt
1 TL gemahlene Bourbon-Vanille
1 Prise Meersalz
1 Prise frisch gemahlener Pfeffer oder Piment
250 ml naturtrüber Apfelsaft
5 TL selbst gemachtes Backpulver (s. S. 40)
50 g gehackter kandierter Ingwer
50 g gehacktes Orangeat
50 g gehacktes Zitronat

Für die Glasur:

Aprikosenkonfitüre
Vanilleglasur oder Glasur nach Wahl (s. S. 174)

So wird's gemacht:

1) Backform einfetten und mit Vollkorngrieß oder gemahlenen Nüssen ausstreuen. Rosinen waschen und in etwas heißem Wasser einweichen. Alle Zutaten abwiegen und bereitstellen. Backofen auf 190 °C (E)/175 °C (H) vorheizen.
2) Die weiche Butter (Pflanzenmargarine) und den aufgelösten Jaggery (s. S. 181) oder Vollrohrzucker mit dem Handrührgerät schaumig rühren. Dinkel, Maisstärke und Gewürze in einer zweiten Schüssel mischen. Löffelweise Mehl und Apfelsaft unter die Butter-(Pflanzenmargarine-) Zucker-Mischung rühren. (Das Backpulver unter das letzte Drittel des Mehles mischen.)

3) Rosinen abtropfen lassen und leicht mehlieren. Rosinen, Ingwer, Orangeat und Zitronat unter den Teig heben.
4) Teig in die vorbereitete Form füllen und 45 – 55 Minuten backen (je nach Backform). Vor dem Herausnehmen die Stäbchenprobe machen. Eventuell noch 5 – 10 Minuten in der Nachhitze stehen lassen.
5) Den Kuchen einige Minuten in der Form setzen lassen, dann auf ein Kuchengitter stürzen. Den noch warmen Kuchen mit heißer Aprikosenkonfitüre bestreichen und mit Vanilleglasur oder Glasur nach Wahl bepinseln.

Tipp: Ayurvedischer Gewürzkuchen mit Gewürztee und Schlagsahne serviert, ist ein Gedicht.

Früchtebrot

Eigentlich vermehren Trockenfrüchte das Vata-Element. Wer sie allerdings in Wasser einweicht, kann dies weitgehend reduzieren.
Feigen sind nicht nur ein wichtiger Bestandteil eines jeden Früchtebrotes, sondern stärken durch ihren hohen Eisengehalt auch das Blut. Das macht sie gerade für Frauen interessant, die die Elemente ihres Körpers wieder ausgleichen wollen.
Aus Nürnberg, der Stadt, die Früchtebrot schon seit dem Mittelalter kennt, stammt dieses schnelle Rezept ohne Hefe. Probieren Sie es doch gleich einmal selbst.

Für eine Kastenbackform

Fett für die Kastenbackform

Für den Rührteig:
125 g Rosinen
125 g getrocknete Feigen
etwas heißes Wasser zum Einweichen
125 g Haselnüsse oder Mandeln
100 g Vollrohrzucker
125 g fein gemahlener Dinkel oder Weizen
5 TL selbst gemachtes Backpulver (s. S. 40)
1 TL gemahlene Bourbon-Vanille
1 TL Zimt
1 Msp Gewürznelkenpulver
3 EL Joghurt (Fruchtsaft)
3 – 4 TL Fruchtsaft (z. B. Holunderbeersaft)
60 g gehacktes Orangeat oder Zitronat

So wird's gemacht:

1) Kastenbackform einfetten. Rosinen und Feigen waschen und in heißem Wasser einweichen. Den Backofen auf 190 °C (E)/175 °C (H) vorheizen.
2) Die Hälfte der Nüsse oder Mandeln fein mahlen, die andere Hälfte hacken. Vollrohrzucker sieben. Dinkelmehl, Backpulver, Vollrohrzucker, Bourbon-Vanille und Gewürze in einer Schüssel mischen und mit Joghurt und Fruchtsaft (oder ausschließlich Fruchtsaft) zu einer geschmeidigen Masse rühren.
3) Feigen in dünne Streifen schneiden und zusammen mit den Rosinen leicht bemehlen. Zusammen mit dem Orangeat oder Zitronat unter die Masse heben und in die Kastenform füllen.
4) 60 Minuten backen und 10 weitere Minuten im abgeschalteten Backofen stehen lassen.
5) Das leicht abgekühlte Früchtebrot auf ein Kuchengitter stürzen.

Tipp: Am besten schmeckt Früchtebrot in der kalten Jahreszeit bei Kerzenlicht und Tee, mit lieben Freunden – und mit Butter oder Margarine bestrichen.

Hefeteig

So mancher hat großen Respekt vor Hefeteig. Doch keine Angst, auch für Anfänger ist er ein leichtes Spiel! Hier ein paar Tipps, damit er perfekt gelingt.

Allgemeine Tipps

Sie brauchen lediglich drei Dinge: eine **warme Küche, etwas Zeit und das nötige Wissen** über die Lebensbedingungen der Hefepilze. Hefepilze sind Kleinstlebewesen, die sich unter geeigneten Bedingungen vermehren. Dazu brauchen sie Wärme (35 – 37 °C; bei höheren Temperaturen verlieren sie ihre Triebkraft), Nahrung, Feuchtigkeit und Luft. Wenn Sie für all dies sorgen, wird Ihr Hefeteig auch gut aufgehen – so, wie Sie es sich wünschen. Fett und Salz hemmen das Hefe-Wachstum, sie werden immer erst später hinzugefügt.
Bevor Sie anfangen, erst einmal: Tür und Fenster zu, Heizung an (im Winter)! Alle Zutaten und Geräte sollten lauwarm sein.
Frische Hefe (in Würfelform) hat immer einen gleichmäßig gelblich grauen Farbton und eine feste, glatte, seidig schimmernde Oberfläche. Weist die Hefe dunkle Ränder oder Risse auf oder fällt sie bröckelig aus dem Papier, ist sie schon alt und hat ihre Triebkraft verloren (frische Hefe lässt sich mit glatten Bruchstellen auseinanderbröckeln). Auch wenn die Oberfläche der Hefe schmierig oder angeschimmelt ist, ist sie zu alt. Sie werfen sie dann besser weg.
Trockenhefe (in Beuteln) hält sich dagegen monatelang (bis zu einem Jahr). Bei Trockenhefe können Sie sich die Zeit für den Vorteig sparen. Mischen Sie alle Zutaten gleich direkt zusammen und lassen Sie den Teig dann gehen. Wir benutzen am liebsten frische Hefe, da sie weniger bearbeitet wurde als Trockenhefe und man sie besser dosieren kann.
Die Hefe-Mengenangaben in herkömmlichen Rezepten sind meist zu hoch. Wer in einer **warmen Küche** ohne Zugluft arbeitet und dem Teig **genügend Zeit zum Gehen** gibt, kommt auch **mit geringeren Mengen Hefe** aus. Menschen mit Vata-Dominanz sollten Hefe ohnehin ganz meiden.

Zickzack-Nuss-Zopf

Zöpfe müssen nicht immer geflochten werden: Hier wird die Nussrolle mit einer Schere Zick-Zack aufgeschnitten. Dies gibt ein schönes Muster, und man erhält einen Einblick in das interessante »Innenleben«. Wenn Sie den Teig vor dem Füllen z. B. mit Kastanienkonfitüre bestreichen, schmeckt dieser Nusszopf besonders saftig.
Nüsse kennt man schon lange als wahre Kraftpakete voller konzentrierter Nährstoffe, wie Enzyme, Mineralien, Vitamine, qualitativ hochwertiges Eiweiß und einem hohen Anteil der herzfreundlichen ungesättigten Fettsäuren. Schon eine Handvoll Nüsse genügt, um Körper und Geist zu erneuter Energie und Stärke zu verhelfen.

Für einen großen Zopf

Für den Hefeteig:

600 g fein gemahlener Dinkel oder Weizen
100 g Vollrohrzucker
200 ml lauwarmes Wasser
75 ml Sahne (lauwarmer Apfelsaft)
20 g frische Hefe
2 EL Birnendicksaft
Schale und Saft (4 – 5 EL) einer unbehandelten Zitrone
50 g weiche Butter (2 – 3 EL Walnussöl)

Fett für das Backblech

Für die Füllung:

300 g Haselnüsse
100 g Rosinen
etwas heißes Wasser zum Einweichen
100 g gehackte Mandeln
80 ml Ahornsirup, Jaggery oder Birnendicksaft
1 TL gemahlene Bourbon-Vanille

Für die Glasur:

Haselnussglasur (s. S. 174)

Zum Bestreichen:

eventuell etwas Aprikosenkonfitüre
etwas zimmerwarme Milch (kann entfallen)

So wird's gemacht:

1) Die ganzen Haselnüsse auf dem Backblech verteilen und bei 200 °C im Backofen rösten, bis die Häutchen springen (etwa nach 10 Minuten). Dann abkühlen lassen.
2) Für den Hefeteig das Mehl in eine große Schüssel sieben und mit dem Vollrohrzucker mischen. Wasser und Sahne (Apfelsaft) mischen, Hefe in das lauwarme Wasser-Sahne-(Apfelsaft-) Gemisch hineinbröckeln und mit Birnendicksaft und etwas Dinkelvollkornmehl verrühren. Nun mit den restlichen Zutaten (mit Ausnahme der Butter beziehungsweise des Öls) kräftig zu einem Hefeteig kneten und zugedeckt an einem warmen Ort 30 Minuten gehen lassen.

3) Dann die weiche Butter (Öl) unter den Hefeteig kneten und zugedeckt 40 – 60 weitere Minuten gehen lassen, bis sich sein Volumen verdoppelt hat. Den Teig zwischendurch noch einmal kräftig durchkneten.
4) In der Zwischenzeit die Nussfüllung vorbereiten: Die Rosinen waschen und in etwas heißem Wasser einweichen. Die abgekühlten Nüsse zwischen den Händen abreiben und so von den Häutchen befreien. Nüsse fein mahlen. Mandeln hacken. Rosinen zu Mus pürieren und alle Zutaten zu einer pastenartigen Füllung vermengen.
5) Den Hefeteig noch einmal kräftig kneten und zu einer großen rechteckigen Platte (ohne Mehl) ausrollen. (Platte eventuell mit Konfitüre bestreichen.) Füllung auf die Teigplatte streichen (Ränder frei lassen) und von der Längsseite her aufrollen. Nussrolle mit Schwung auf ein gefettetes Backblech legen und eventuell mit zimmerwarmer Milch bepinseln. Mit einer Schere in die Oberfläche des Zopfes ein Zick-Zack-Muster einschneiden und den Zopf zugedeckt 15 – 20 Minuten gehen lassen.
6) In den kalten Ofen geben und bei 200 °C (E)/180 °C (H) 45 – 50 Minuten backen. Zum Schutz vor zu starker Bräunung während der letzten 15 Minuten mit Backpapier abdecken. Nach Wunsch können Sie den Zopf mit einer Haselnussglasur bestreichen.

Walnuss-Mohn-Rolle

Wussten Sie, dass es zwei Arten von Mohnsamen gibt? Den blauen Mohn verwendet man überwiegend in der europäischen Küche, während der weiße der Favorit in der indischen Küche ist. Reichlich Öle, Eiweiß und Lecithin besitzen beide. Ayurveda-Ärzte empfehlen Mohn gegen nervöse Verdauungsstörungen bei Kindern und bei Menschen mit übermäßigem Vata.

Für eine große Rolle

Für den Hefeteig:

900 g fein gemahlener Dinkel oder Weizen
200 g Vollrohrzucker
abgeriebene Schale einer unbehandelten Zitrone
300 ml Wasser
150 ml Milch oder Sahne (Apfelsaft)
40 g frische Hefe
1 EL Birnendicksaft
100 g weiche Butter (reine Pflanzenmargarine)

Fett für das Backblech

Für die Walnussfüllung:

150 g Rosinen
etwas heißes Wasser zum Einweichen
150 g Walnüsse
100 g Cashewnüsse
50 g Haselnüsse
60 ml (6 EL) Birnendicksaft, Ahornsirup oder Jaggery
1 TL gemahlene Bourbon-Vanille

Für die Mohnfüllung:

50 g weiche Butter (3 EL Walnussöl oder Mohnöl)
250 g fein gemahlener Mohn
125 g Vollrohrzucker oder Jaggery
1 TL Zimt
125 – 150 ml Milch (Apfelsaft)
100 g Rosinen oder Sultaninen

Zum Bestreichen:

eventuell etwas warme Milch (Sojadrink)
Aprikosenkonfitüre

So wird's gemacht:

1) Mehl in eine große Schüssel sieben und mit dem Vollrohrzucker und der Zitronenschale mischen. Wasser und Sahne (Apfelsaft) mischen, lauwarm erwärmen, die Hefe hineinbröckeln und mit Birnendicksaft und etwas Dinkelvollkornmehl verrühren. Nun die Zutaten für den Teig (mit Ausnahme der Butter oder der Pflanzenmargarine) kräftig zu einem Hefeteig kneten und zugedeckt an einem warmen Ort 30 Minuten gehen lassen.
2) Die weiche Butter (Pflanzenmargarine) unter den Hefeteig kneten und zugedeckt etwa 60 weitere Minuten gehen lassen, bis sich das Teigvolumen verdoppelt hat. Zwischendurch noch einmal kräftig durchkneten.
3) In der Zwischenzeit Walnussfüllung vorbereiten: Rosinen waschen und in etwas heißem Wasser einweichen. Die Nüsse mahlen, von den Walnüssen 50 g hacken. Von den 150 g Rosinen 100 g zu Mus pürieren. Pürierte und ganze Rosinen mit den restlichen Zutaten der Nussfüllung zu einer Paste vermengen. Falls die Paste etwas zu trocken ist, etwas Rosineneinweichwasser darunterrühren.

4) Für die Mohnfüllung die Butter (Öl) in einem Topf schmelzen. Fein gemahlenen Mohn (Sie können den Mohn bereits im Reformhaus oder Naturkostladen mahlen lassen), Vollrohrzucker oder Jaggery und Zimt unter ständigem Rühren dazugeben. So viel Milch (Apfelsaft) hineingießen, dass eine streichfähige, aber nicht zu weiche Masse entsteht. Die Rosinen hinzufügen. Die Mohnmasse einige Minuten auf kleiner Flamme köcheln und dann abkühlen lassen.
5) Hefeteig noch einmal kräftig kneten und zu einer großen rechteckigen Platte ausrollen (ohne Mehl). Beide Füllungen der Länge nach auf je eine Hälfte der Teigplatte streichen (Ränder frei lassen) und von beiden Längsseiten her aufrollen, sodass sich die Rollen in der Mitte zu einer Doppelrolle treffen.
6) Die Doppelrolle mit Schwung auf ein gefettetes Backblech legen und eventuell mit zimmerwarmer Milch (Sojadrink) bepinseln. Zugedeckt 15 – 20 Minuten gehen lassen.
7) Die Walnuss-Mohn-Rolle in den kalten Ofen geben und bei 190 °C (E)/ 175 °C (H) 45 – 50 Minuten backen. Zum Schutz vor zu starker Bräunung während der letzten 15 Minuten mit Backpapier abdecken. Die noch heiße Rolle mit Aprikosenkonfitüre bestreichen und auf einem Kuchengitter auskühlen lassen.

Nürnberger Früchtebrote

Wer schon einmal zur Weihnachtszeit auf dem Nürnberger Christkindelmarkt war, dem sind wahrscheinlich auch die schönen Buden mit den rot-weiß gestreiften Dächern aufgefallen. Noch faszinierender ist allerdings der Inhalt dieser Buden – nicht nur für Kinder. Denn viele sind vollgestapelt mit kleinen, duftenden, runden oder länglichen Früchtebroten, welche mit Mandeln verziert sind.
Die eingeweichten Trockenfrüchte im Früchtebrot wirken mild abführend und erhöhen Vata. Wer möchte, kann das Vata der Trockenfrüchte durch Einweichen etwas ausgleichen. Die Gewürze vermehren ohnehin Pitta und Dinkel erhöht das Kapha-Element. Der hohe Eisen- und Calciumgehalt der getrockneten Aprikosen schließlich regt die Blutbildung an.

Für acht kleine Früchtebrote

Für den Hefeteig:

500 g getrocknete Feigen
500 g Trockenpflaumen
200 g getrocknete Aprikosen
300 g getrocknete Birnen
800 g Sultaninen
1,2 l heißes Wasser zum Einweichen
500 g fein gemahlener Dinkel
2 TL Anis
40 g frische Hefe
100 g Vollrohrzucker oder Jaggery
2 TL Zimt
½ TL Gewürznelkenpulver
¼ TL Meersalz
200 g Datteln
100 g gehacktes Zitronat
100 g gehacktes Orangeat
250 g grob gehackte Haselnüsse
300 g grob gehackte Mandeln

Mehl für die Arbeitsfläche
Fett für die Backbleche

Für die Verzierung:

28 Mandeln

So wird's gemacht:

1) Am Vorabend: Feigen waschen und Stielansätze entfernen. Getrocknete (und ungeschwefelte!) Pflaumen, Aprikosen, Birnen und Sultaninen ebenfalls waschen und mit den Feigen und dem heißen Wasser in einer großen Schüssel über Nacht einweichen.
2) Am nächsten Tag die Trockenfrüchte abgießen und das Einweichwasser in einem Topf auffangen.
3) Dinkel zusammen mit Anis in der Getreidemühle fein mahlen. 270 ml des Einweichwassers lauwarm erwärmen. Die Hefe hineinbröckeln, 4 EL Dinkelmehl dazurühren und zugedeckt an einem warmen, zugfreien Ort etwa 15 Minuten quellen lassen (Vorteig).
4) Dann das restliche Mehl mit Vollrohrzucker und Gewürzen in einer zweiten Schüssel mischen und gemeinsam mit dem Vorteig kräftig 5 Minuten zu einem geschmeidigen Teig kneten. Hefeteig zugedeckt an einem warmen Ort mindestens 40 Minuten gehen lassen, bis sich sein Volumen verdoppelt hat.

5) In der Zwischenzeit die eingeweichten Trockenfrüchte klein schneiden. Datteln waschen, entsteinen und klein schneiden. Datteln, Zitronat, Orangeat und grob gehackte Nüsse und Mandeln unter die Trockenfrüchte mengen.
6) Den Hefeteig kräftig durchkneten und die Trockenfrüchte nach und nach unter den Teig kneten. Den Teig nochmals zugedeckt mindestens 40 Minuten gehen lassen.
7) Mandeln für die Verzierung 1 – 2 Minuten in heißem Wasser kochen, häuten und der Länge nach halbieren. Den Hefeteig noch einmal kräftig kneten und auf einer leicht bemehlten Fläche zu acht runden Laiben formen. Die Laibe auf zwei gefettete Backbleche legen, mit Einweichwasser bepinseln und mit den Mandelhälften verzieren. Zugedeckt 10 Minuten gehen lassen.
8) Die Früchtebrote im Backofen auf mittlerer Schiene bei 200 °C (E)/ 180 °C (H) 50 – 60 Minuten backen. Eventuell 15 Minuten vor Ende der Backzeit mit Alufolie abdecken, damit die Oberfläche nicht zu dunkel wird. Die noch heißen Früchtebrote mit Einweichwasser bepinseln und auf einem Gitter auskühlen lassen.

Tipp: Früchtebrot hält sich sehr lange frisch, wenn man es in Pergamentpapier einwickelt und kühl aufbewahrt. Seinen vollen Geschmack entwickelt es einige Tage nach dem Backen.

Mandel-Streusel-Kuchen mit Quarkcreme

Noch heute schenkt man in Italien den Hochzeitsgästen einige mit Zucker überzogene Mandeln, eingepackt in ein Stückchen Brautschleier. Die Wertschätzung für diese kleinen Nüsse findet man auch im altindischen Ayurveda. Nach ihm schenken Mandeln nicht nur Lebenskraft, sondern stärken auch die Nerven, Atemwege und Augen. Speziell für Schwangere und Stillende haben Mandeln einiges parat: Sie gelten als hervorragende Kraftquelle.

Für ein Backblech

Für den Hefeteig:

550 g fein gemahlener Dinkel oder Weizen
100 g Vollrohrzucker
350 ml Milch (Apfelsaft)
20 g frische Hefe
75 g weiche Butter (reine Pflanzenmargarine)

Mehl für die Arbeitsfläche
Fett für das Backblech

Für die Mandelstreusel:

200 g fein gemahlener Dinkel
50 g gemahlene Mandeln
100 g Vollrohrzucker
150 g Butter (reine Pflanzenmargarine)
6 – 7 Tropfen Bittermandelöl

Für die Quarkcreme:

500 g Joghurtquark (aus 1 kg Joghurt) oder Quark (Seidentofu oder cremig pürierter Tofu)
100 g Sultaninen
80 g Vollrohrzucker oder Jaggery
1 – 2 TL gemahlene Bourbon-Vanille
4 EL Birnendicksaft oder Ahornsirup

So wird's gemacht:

1) Für die Quarkcreme den Joghurt etwa 6 Stunden in einem Käsetuch abhängen, bis 500 g Joghurtquark übrig sind (genaue Anleitung s. S. 178).
2) Für den Hefeteig das Mehl mit dem Vollrohrzucker in einer Schüssel mischen und mit der in lauwarmer Milch (Apfelsaft) aufgelösten Hefe zu einem geschmeidigen Teig kneten. Hefeteig mit einem Tuch zugedeckt an einem warmen, zugfreien Ort mindestens 20 Minuten gehen lassen. Die weiche Butter (Pflanzenmargarine) unter den aufgegangenen Teig kneten und etwa 40 weitere Minuten zugedeckt gehen lassen, bis sich sein Volumen verdoppelt hat.
3) Alle Zutaten für die Mandelstreusel rasch verkneten und bis zum Gebrauch kalt stellen. Sultaninen unter heißem Wasser waschen, abtropfen lassen und mit den restlichen Zutaten für die Quarkcreme verrühren.
4) Den Hefeteig auf einer dünn bemehlten Arbeitsplatte ausrollen und auf ein gefettetes Backblech legen. Mit einer Gabel mehrmals einstechen. Die Quarkcreme gleichmäßig darauf verteilen und die Streusel darüberstreuen.
5) Kuchen im Backofen bei 200 °C (E)/ 180 °C (H) 30 Minuten backen und 10 Minuten im abgeschalteten Ofen stehen lassen.

Bienenstich

Jaggery, der eingekochte Zuckerrohrsaft, ist nach dem Ayurveda das Süßungsmittel der Wahl, da Honig nicht erhitzt werden sollte. Ganz nebenbei besitzt Jaggery auch wichtige Heilwirkungen. Er regt den Stoffwechsel an und stärkt Herz, Leber und den ganzen Körper. Ein kleines Stückchen nach einer üppigen Mahlzeit bringt auch die Verdauung wieder in Schwung.

Für ein Backblech (etwa 35 × 37 cm)

Für den Hefeteig:

550 g fein gemahlener Dinkel oder Weizen
100 g Vollrohrzucker
20 g frische Hefe
350 ml lauwarme Milch
75 g weiche Butter

Fett für das Backblech

Für die Mandelkruste:

200 g Mandelblättchen
200 g Jaggery
75 g Butter

Für die Creme:

leichte Buttercreme (s. S. 101)

So wird's gemacht:

1) Mehl und Vollrohrzucker in einer großen Schüssel vermischen. Hefe in der lauwarmen Milch auflösen und alles miteinander verkneten. Den Hefeteig zugedeckt an einem warmen Ort mindestens 30 Minuten gehen lassen.
2) Die weiche Butter unter den Hefeteig kneten und nochmals 30 Minuten gehen lassen, bis sich sein Volumen verdoppelt hat.
3) In der Zwischenzeit alle Zutaten für die Mandelkruste in einem Topf auf kleiner Flamme verrühren und abkühlen lassen.
4) Leichte Buttercreme nach Rezept herstellen.
5) Den Hefeteig erneut durchkneten, ausrollen und auf ein gefettetes Backblech legen. Mandel-Jaggery-Mischung darauf verteilen und zugedeckt 15 – 20 weitere Minuten gehen lassen.
6) Kuchen im Backofen bei 200 °C (E)/ 175 °C (H) 30 – 35 Minuten backen.
7) Kuchen in Stücke schneiden, die Stücke jeweils längs halbieren und mit Creme füllen.

Rosinen-Mandel-Zopf

Beim gemütlichen Sonntagsfrühstück darf dieser Hefezopf nicht fehlen. Mit selbst gemachter Marmelade oder auch nur mit Butter oder Margarine schmeckt er einfach himmlisch! Mehr noch, die Rosinen und Mandeln sind eine optimale Kombination zur Stärkung von Gehirn und Nervensystem. Ganz nebenbei fördern sie auch die Blutbildung.

Für einen Zopf

300 ml Milch (Apfelsaft)
125 ml Wasser
20 g frische Hefe
750 g fein gemahlener Dinkel
150 g Vollrohrzucker
200 g Rosinen oder Sultaninen
etwas heißes Wasser zum Einweichen
200 g Mandelstifte
abgeriebene Schale einer unbehandelten Zitrone
3 EL Zitronensaft
½ TL Meersalz
100 g weiche Butter (reine Pflanzenmargarine)
Fett für das Backblech

So wird's gemacht:

1) Milch (Apfelsaft) mit dem Wasser mischen und lauwarm erwärmen. Hefe mit dem Gemisch verrühren. Dinkelvollkornmehl in eine große Schüssel geben und mit Vollrohrzucker mischen. Die Hefemilch hineingießen und zu einem glatten Teig kneten. Den Hefeteig zugedeckt an einem warmen Ort 30 Minuten gehen lassen.
2) Rosinen waschen und in etwas heißem Wasser einweichen. Die Rosinen abtropfen lassen und mit Mandelstiften, Zitronenschale, Zitronensaft und Salz mischen und zusammen mit der weichen Butter (Pflanzenmargarine) unter den Hefeteig kneten. Den Teig 40 – 60 weitere Minuten zugedeckt gehen lassen, bis sich sein Volumen verdoppelt hat.
3) Hefeteig kräftig durchkneten und in zwei Teile teilen. Diese zu zwei Rollen formen und umeinander schlagen. Den Zopf auf ein gefettetes Backblech legen. (Achten Sie darauf, eventuell aus dem Teig hervorschauende Rosinen in den Teig hineinzudrücken, da diese sonst während des Backens leicht verbrennen.) Hefezopf mit einem Tuch abgedeckt 20 Minuten gehen lassen.
4) Den Zopf im Ofen bei 200 °C (E)/ 180 °C (H) 50 –60 Minuten backen.

Rosinen-Butter-Kuchen vom Blech

Kinderleicht selbst für Anfänger ist dieser Hefeteigkuchen. Dabei sind Rosinen nicht nur zum Essen gut, sondern auch als Medizin. Ayurveda-Ärzte empfehlen sie abends, zusammen mit Milch gekocht, bei chronischer Verstopfung. Daneben fördern Rosinen die Ausscheidung von Giftstoffen und verbessern die Zusammensetzung des Blutes.

Für ein Backblech

Für den Hefeteig:

80 – 100 g Rosinen
etwas heißes Wasser zum Einweichen
200 g saure Sahne
100 ml Wasser
20 g frische Hefe
2 EL Birnendicksaft oder Ahornsirup
500 g fein gemahlener Dinkel
1 Prise Meersalz
60 g weiche Butter
abgeriebene Schale einer halben unbehandelten Zitrone

Fett für das Backblech

Für den Belag:

100 g Butter
70 – 90 g Vollrohrzucker oder Jaggery
2 EL Sahne
1 – 2 EL Birnendicksaft oder Ahornsirup
60 g Mandelblättchen

So wird's gemacht:

1) Die Rosinen waschen und in heißem Wasser einweichen.
2) Saure Sahne mit Wasser mischen und lauwarm erwärmen. Hefe in der Mischung auflösen, Birnendicksaft und ein paar Löffel gemahlenen Dinkel dazugeben und diesen Vorteig zugedeckt an einem warmen Ort etwa 15 Minuten gehen lassen.
3) Das restliche Dinkelmehl in eine Schüssel geben und mit dem Salz mischen. Vorteig mit Mehl, weicher Butter, Zitronenschale und Rosinen verkneten. Den Hefeteig zugedeckt 40 – 60 Minuten gehen lassen, bis sich sein Volumen fast verdoppelt hat.
4) Backblech einfetten, den Hefeteig noch einmal kräftig durchkneten und auf der Arbeitsplatte (ohne Mehl) in Blechgröße ausrollen. Die Teigplatte auf das Blech legen. Mit den Fingern kleine Vertiefungen in etwa 5 cm Abstand hineindrücken. Hefeteig nochmals zugedeckt 15 – 20 Minuten gehen lassen.
5) Für den Belag 50 g Butter in kleine Flöckchen schneiden und in die Vertiefungen legen. Den Butterkuchen im Backofen bei 190 – 200 °C (E)/ 175 – 180 °C (H) 12 – 15 Minuten backen.
6) Die restlichen 50 g Butter in einer Pfanne schmelzen, Vollrohrzucker oder Jaggery, Sahne und Birnendicksaft oder Ahornsirup dazugeben und alles gut miteinander vermischen. Dann die Mandelblättchen daruntermischen. Pfanne sofort von der Flamme nehmen (Jaggery-Vorbereitung s. Anhang: »Kleine Warenkunde« S. 181).
7) Die Mandel-Butter-Mischung auf dem Kuchen verteilen und diesen in 12 – 15 weiteren Minuten fertig backen.

Zwieback

Zwieback ist nicht nur für Kranke empfehlenswert. Er hat auch noch einen weiteren Vorteil: In einer Dose hält er sich lange frisch – so können Sie auch unerwarteten Gästen davon anbieten. Und mit Butter oder Margarine und Marmelade als Belag schmeckt er einfach unbeschreiblich gut.

Für etwa 35 Stück

300 ml Wasser
50 ml Birnendicksaft oder Ahornsirup
20 g frische Hefe
1 Msp gemahlene Bourbon-Vanille
abgeriebene Schale einer unbehandelten Zitrone
500 g fein gemahlener Dinkel oder Weizen
50 g weiche Butter (reine Pflanzenmargarine)
½ TL Meersalz
Fett für das Backblech

So wird's gemacht:

1) Wasser und Birnendicksaft mischen und lauwarm erwärmen. Hefe in dem Gemisch auflösen und unter das mit Vanille und Zitronenschale gemischte Dinkelmehl kneten. Den Teig zugedeckt 15 – 20 Minuten gehen lassen. Dann die Butter (Pflanzenmargarine) und das Meersalz unterkneten.
2) Dann den kräftig gekneteten Teig in zwei gleich große Rollen teilen und auf ein gefettetes Backblech legen. Die beiden Teigrollen mit einem Tuch abdecken und an einem warmen, zugfreien Ort gehen lassen, bis sie ihr Volumen fast verdoppelt haben.
3) Anschließend die Teigrollen im Backofen bei 220 °C (E)/200 °C (H) etwa 30 Minuten backen. Über Nacht stehen lassen.
4) Die Brote am nächsten Tag in 5 mm dicke Scheiben schneiden und diese flach auf dem Baxkblech liegend – eine neben der anderen – bei etwa 230 °C (E)/210 °C (H) beidseitig rösten. Den Zwieback nach dem vollständigen Abkühlen in einer trockenen Dose aufbewahren.

Rhabarber-Aprikosen-Kuchen mit Nussgratin

Rhabarber, keine Frucht, sondern ein Stielgemüse, ist ein Phänomen: Seine Wurzel ist heilkräftig (östrogenhaltig), seine Stiele sind nahrhaft und die Blätter giftig. Im Frühling ist Rhabarber ein willkommenes Mittel für den »inneren Hausputz«, da er Leber und Galle stimuliert, den Verdauungstrakt reinigt und dadurch mild abführend wirkt.

Für eine Springform (Ø 28 cm)

Für den Hefeteig:
10 g frische Hefe
125 ml Milch (Apfelsaft)
250 g fein gemahlener Dinkel
50 g fein gemahlener Vollrohrzucker
25 g Butter (reine Pflanzenmargarine)

Fett für die Springform

Für den Belag:
750 g Rhabarber
200 g Aprikosen
90 – 100 g Vollrohrzucker
3 – 4 EL Haferflocken

Für das Nussgratin:
5 EL Sojamehl
6 EL Wasser
100 g geröstete, gemahlene Haselnüsse
50 g Vollrohrzucker
½ TL Zimt
½ TL gemahlene Bourbon-Vanille

So wird's gemacht:

1) Hefe in die lauwarme Milch (Apfelsaft) bröckeln und mit etwas gemahlenem Dinkel und Vollrohrzucker verrühren. Diesen Vorteig zugedeckt 15 Minuten gehen lassen.
2) Den Vorteig unter das restliche Dinkelmehl und die weiche Butter (Pflanzenmargarine) kneten. Hefeteig 40 Minuten gehen lassen, bis sich sein Volumen etwa verdoppelt hat.
3) In der Zwischenzeit den Rhabarber waschen, schälen und in kleine Stücke schneiden. Die Aprikosen waschen, entsteinen und in kleine Schnitze schneiden. Rhabarber und Aprikosen in einer Schüssel mit Vollrohrzucker vermischen und ziehen lassen. Die Springform einfetten.
4) Hefeteig erneut durchkneten und die Form damit auskleiden, dabei einen 3 cm hohen Rand bilden.
5) Für das Nussgratin das Sojamehl und Wasser mit dem Handrührgerät verrühren. Nach und nach gemahlene und geröstete Nüsse, Vollrohrzucker und Gewürze dazugeben.
6) Rhabarbersaft abschütten und unter die Soja-Nuss-Mischung rühren. Haferflocken unter das Obst mischen und auf dem Teigboden verteilen. Soja-Nuss-Mischung über das Obst gießen.
7) Den Obstkuchen bei 180 °C (E)/ 160 °C (H) etwa 45 Minuten backen (eventuell noch 5 Minuten in der Nachhitze stehen lassen).

Tipp: Entsprechend der Jahreszeit können Sie auch andere Früchte als Belag verwenden.

Sauerkirschkuchen mit Sahneguss

Sauerkirschen regen nicht nur den Stoffwechsel an, sondern desinfizieren auch von innen. Das schaffen sie mit ihren reinigenden Pflanzensäuren, die krank machende Keime abtöten und die Drüsen stimulieren können. Mit ihrem hohen Eisengehalt zählen sie daneben auch zu den Blutbildnern, kein Wunder, dass sie der Ayurveda zu den Pitta vermehrenden Früchten zählt.
Auch wenn die Kirschenzeit vorbei ist, gibt es keinen Grund zur Trauer. Je nach Jahreszeit und Geschmack können Sie auch zu anderen Obstsorten greifen.

Für ein Backblech

Für den Hefeteig:

20 g frische Hefe
275 ml Milch oder Wasser
450 g fein gemahlener Dinkel
65 – 100 g Vollrohrzucker (nach Wunsch)
4 EL Sonnenblumenöl

Fett für das Backblech

Für den Belag:

1250 g Sauerkirschen
75 g Haselnüsse
350 g saure Sahne (Sojasahne)
2 – 3 EL Maisstärke
75 g Vollrohrzucker
1 TL gemahlene Bourbon-Vanille

So wird's gemacht:

1) Milch oder Wasser lauwarm erwärmen. Hefe darin auflösen. Mehl und Vollrohrzucker in einer Schüssel mischen und mit der aufgelösten Hefe zu einem Hefeteig kneten. Den Teig 30 Minuten zugedeckt an einem warmen Ort gehen lassen. Danach das Sonnenblumenöl unterkneten und den Teig wiederum gehen lassen.
2) In der Zwischenzeit die Sauerkirschen waschen und entsteinen. Haselnüsse rösten und fein mahlen. Saure Sahne (Sojasahne), Maisstärke, Vollrohrzucker und Vanille miteinander verrühren.
3) Hefeteig erneut kräftig durchkneten, und (ohne Mehl) auf der Arbeitsfläche in Blechgröße ausrollen. Den Teig auf ein gefettetes Backblech legen und einen dünnen Rand formen. Die gemahlenen und gerösteten Haselnüsse auf den Teig streuen und mit den Sauerkirschen belegen. Sahne-(Sojasahne-)Mischung über die Kirschen verteilen.
4) Kuchen bei 190 °C (E)/175 °C (H) 35 Minuten backen.

Biskuittorten

Biskuitteig und Torten gehören untrennbar zusammen. Denn die leichten, lockeren Teigschichten und die kühle Buttercreme, die auf der Zunge zergeht, sind nun einmal eine ideale Kombination. In diesem Backbuch ist der Biskuitteig allerdings gesünder und salonfähiger als anderenorts. Denn die Unmenge an Eiern, aus denen herkömmlicher Biskuitteig besteht, braucht man nicht. **Ein luftiger Biskuitteig ist ganz problemlos auch ohne Eier und selbst mit Vollkornmehl möglich!** Vorausgesetzt, das Vollkornmehl ist sehr fein gemahlen und gesiebt.
Um auch kritische Menschen zu überzeugen, haben wir bei unseren Biskuitrezepten einen Teil des Vollkornmehls durch Speisestärke und 1050er-Dinkelmehl ersetzt. Dies ist in unseren Augen auch für »strenge« Vollwertköstler vertretbar, da man solche opulenten Torten nicht jeden Tag isst. Bei diesen besonderen Anlässen stellt die Verwandschaft meist erstaunt fest: »Die Torte schmeckt ja richtig gut – und das ist jetzt ohne Eier? Wirklich? Und dann auch noch mit braunem Mehl? Toll!«
Wer ausschließlich Vollkornprodukte essen möchte, kann selbstverständlich ganz auf fein gemahlenes und ausgesiebtes Dinkelvollkornmehl zurückgreifen. Diese Torten werden ohne Zweifel genauso gut ankommen.

Tipps vor dem Backen

Die Springform darf nur am Boden eingefettet und bestreut werden. Ihr Rand sollte niemals Fett abbekommen, denn das würde während des Backens schmelzen und beim Herunterlaufen den aufgehenden Teig am Rand mit herunterziehen.
Gute Erfahrungen haben wir damit gemacht, **Backpapier in der Größe des Springformbodens und zusätzlich einen langen Streifen für den Rand** auszuschneiden. Mit dieser Methode lässt sich der Tortenboden leicht von der Form entfernen.
Nach dem Backen den Tortenboden von der Form auf ein Kuchengitter gleiten lassen, die Backpapierschicht abziehen und auskühlen lassen. Falls die Backpapierschicht einmal mit dem kalten Boden verbacken sein sollte, legt man ein feuchtes Küchentuch darauf und kann das Papier nach kurzer Zeit abziehen.
Ganz frischer Biskuitteig lässt sich schlecht teilen, denn er **bröselt leicht.** Lassen Sie ihn mindestens vier bis sechs Stunden auskühlen; am besten jedoch über Nacht.
Zum Durchschneiden der Tortenplatten kerben Sie zuerst rund um den Rand die gewünschten Schichten ein. Schneiden Sie dann mit einem langen Messer waagerecht vom Rand zur Mitte die einzelnen Böden ab. (Sie können aber auch einen Zwirn zum Durchtrennen verwenden.)
Die so entstandenen **Tortenplatten** heben Sie am besten mit einem **speziellen Tortenteiler-Blech** ab. Dies ist am sichersten und vermeidet alle »Unfälle«.
Wer kein Risiko eingehen und die Böden nicht durchschneiden will (wenn man ungeübt ist, werden sie manchmal schief und ungleich), kann die Böden auch einzeln backen. Mit der Backpapiermethode lassen sich die Böden schnell aus der Form entfernen.
Da Biskuittortenböden luftig leicht sind, können sie saftige Füllungen gut aufnehmen. Darunter kann allerdings die Stabilität der Torte manchmal etwas leiden. Daher empfehlen wir Ihnen **als unteren Abschluss einen dünnen Mürbteigboden.** Dieser hält alles gut zusammen und ergibt einen schönen geschmacklichen Kontrast zu den weichen Böden und den cremig sahnigen Füllungen (s. Grundrezept S. 99).
Wer möchte, kann sich auch seine eigene Buttercremetorte zusammenstellen. Kombinieren Sie dazu ein beliebiges Grundrezept für Tortenböden mit dem Buttercremerezept nach Wahl.

Hinweis: Die genauen Angaben zur Herstellung des selbst gemachten Backpulvers und die Umrechnung in herkömmliches Backpulver befinden sich auf Seite 40.

Grundrezept für Biskuitteig

Für eine Torte brauchen Sie mindestens zwei Böden aus Biskuitteig. Den unteren (dritten) Boden sollten Sie aus Mürbteig backen, das macht die Torte stabiler. Wenn Sie jedoch eine dreistöckige Biskuittorte möchten, backen Sie die Böden einfach einzeln (für drei Böden erhöhen Sie die Mengenangaben im Rezept um die Hälfte). Biskuitböden eignen sich hervorragend für Sahnetorten, Buttercremetorten und Ähnliches.

Für zwei Teigböden (Ø 26 – 28 cm)

100 g fein gemahlener und ausgesiebter Dinkel
100 g Weizenmehl Type 1050
5 TL selbst gemachtes Backpulver (s. S. 40)
100 g Maisstärke oder Wildpfeilwurzmehl
200 g fein gemahlener Vollrohrzucker
1 TL gemahlene Bourbon-Vanille
100 g Butter
200 ml Wasser

So wird's gemacht:

1) Backpapier in der Größe der entsprechenden Springform zuschneiden und die Form damit auslegen. Den Rand der Form nicht einfetten. Den Backofen auf 190 – 200 °C (E)/175 – 180 °C (H) vorheizen.
2) Mehl mit Backpulver, Maisstärke oder Wildpfeilwurzmehl, fein gemahlenem Vollrohrzucker und Vanille mischen. Kleine Butterflöckchen in die Rührschüssel geben. Mit einem Handrührgerät alle Zutaten löffelweise im Wechsel mit dem Wasser zu einer geschmeidigen Masse rühren.
3) Die Biskuitmasse rasch in die vorbereitete Springform füllen und mit einem Teigschaber glatt streichen. (Wenn Sie die Böden einzeln backen, nur die Hälfte der Masse einfüllen.) 30 – 35 Minuten backen (ein einzelner Boden braucht 20 – 25 Minuten). Vor dem Herausnehmen auf jeden Fall die Garprobe mit dem Stäbchen machen.
4) Tortenboden auf ein Kuchengitter stürzen und auskühlen lassen. Erst nach dem vollständigen Erkalten das Backpapier abziehen (eventuell mithilfe eines feuchten Tuchs, das einige Minuten aufgelegt wird).
5) Den Teigboden mit einem langen Tortenmesser der Länge nach durchschneiden und je nach Rezept füllen.

Grundrezept für Carob-Biskuitteig

Dieser Grundteig ist nicht nur einfach und schnell zu machen, sondern wird auch noch luftig leicht. Wenn Sie lieber einen hellen Tortenboden backen möchten, dann ersetzen Sie den Carob durch Maisstärke.

Für zwei Tortenböden (Ø 26 – 28 cm)

200 g fein gemahlener und ausgesiebter Dinkel
100 g Maisstärke
50 g Carobpulver
2½ TL selbst gemachtes Backpulver (s. S. 40)
200 g fein gemahlener Vollrohrzucker
1 TL gemahlene Bourbon-Vanille
abgeriebene Schale einer ungespritzten Orange oder Zitrone
9 EL Sonnenblumenöl
300 – 325 ml Apfelsaft oder Wasser

So wird's gemacht:

1) Backpapier in Größe des Springformbodens zuschneiden und in die Springform legen. Den Backofen auf 190 – 200 °C (E)/175 – 180 °C (H) vorheizen.
2) Ausgesiebtes Dinkelmehl, Stärke, Carob und selbst gemachtes Backpulver in eine Schüssel sieben. Fein gemahlenen Vollrohrzucker, Vanille und die abgeriebene Orangenschale untermischen. Mit dem Handrührgerät nach und nach Öl und Apfelsaft oder Wasser unterrühren, bis die Masse einem Pfannkuchenteig ähnelt.
3) Den Teig in die Springform füllen und 40 Minuten backen. Wenn der Boden fertig ist, fühlt er sich in der Mitte elastisch an. Machen Sie auch die Stäbchenprobe (eventuell einige Minuten bei Nachhitze im Ofen stehen lassen).
4) Tortenboden auf ein Kuchengitter stürzen und vollständig auskühlen lassen. Das Backpapier abziehen (eventuell mithilfe eines für einige Minuten aufgelegten feuchten Tuches).
5) Den vollständig ausgekühlten Tortenboden der Länge nach mit einem langen Tortenmesser durchschneiden.

Grundrezept für Nuss-Biskuitteig

Für zwei Tortenböden (Ø 26 – 28 cm)

300 g fein gemahlener und ausgesiebter Dinkel
100 g Maisstärke
100 g fein gemahlene, geröstete Haselnüsse
2½ TL selbst gemachtes Backpulver (s. S. 40)
200 g fein gemahlener Vollrohrzucker
9 EL Sonnenblumenöl
300 – 350 ml Apfelsaft oder Wasser
eventuell einige Tropfen Bittermandelöl

So wird's gemacht:

1) Backpapier im Durchmesser des Springformbodens ausschneiden und in die Form legen. Den Backofen auf 190 °C (E)/175 °C (H) vorheizen.
2) Die trockenen Zutaten in einer Rührschüssel miteinander mischen und nach und nach Öl und Apfelsaft oder Wasser (nach Bedarf) unterrühren. Die fertige Teigmasse ähnelt Pfannkuchenteig.
3) Teigmasse in die Form füllen und 40 Minuten backen. Vor dem Herausnehmen die Stäbchenprobe machen. Tortenboden aus der Form stürzen und auf einem Kuchengitter auskühlen lassen. Backpapier abziehen.
4) Den abgekühlten Tortenboden mit einem langen Tortenmesser der Länge nach durchschneiden und je nach Rezept füllen.

Grundrezept für Mürbteigtortenboden

Ein Mürbteigboden ist die ideale Grundlage für eine Torte, da er ihr als unterste Lage mehr Stabilität verleiht.

Für einen Mürbteigboden (Ø 26 – 28 cm)

100 g fein gemahlener und ausgesiebter Dinkel oder Weizen
50 g kalte Butter (reine Pflanzenmargarine)
30 – 40 g fein gemahlener Vollrohrzucker
1 Msp Natron
1 EL Sahne oder Wasser

Fett für die Springform

So wird's gemacht:

1) Alle Zutaten rasch verkneten, zu einer Kugel formen und zugedeckt mindestens 30 Minuten kalt stellen.
2) Den Teig zwischen zwei Silikonbackfolien oder Frischhaltefolien zu einer dünnen, runden Platte ausrollen und in die gefettete Springform legen. Mit einer Gabel mehrmals einstechen.
3) Bei 190 – 200 °C (E)/175 °C (H) 15 – 20 Minuten backen. Anschließend aus der Form lösen und auf einem Kuchengitter abkühlen lassen.

Grundrezept für Tortenboden aus Joghurtquark-Öl-Teig oder Tofu-Öl-Teig

Joghurtquark-Öl-Teig oder Tofu-Öl-Teig eignet sich für alle Torten, so z. B. auch für Schwarzwälder Kirschtorte und Nougattorte. Wer will, kann diese Tortenböden auch ganz mit fein gemahlenem und ausgesiebtem Vollkornmehl backen.

Für zwei bis drei Tortenböden (Ø 26 – 28 cm)

200 g Joghurtquark (aus 400 g Joghurt)
oder Seidentofu
oder cremig gerührter Tofu
oder Süßlupinenquark
Butter oder reine Pflanzenmargarine für die Springform
Vollkorngrieß für die Springform
100 g Vollrohrzucker
125 ml Sonnenblumenöl
90 ml Milch (Wasser oder Sojadrink)
1 TL gemahlene Bourbon-Vanille
1 Prise Meersalz
100 g fein gemahlener und ausgesiebter Dinkel
200 g Dinkelmehl Type 1050
75 g Maisstärke
5 TL selbst gemachtes Backpulver (s. S. 40)

So wird's gemacht:

1) Für den Joghurtquark den Joghurt mindestens 3 – 5 Stunden in einem Käsetuch abhängen, bis 200 g cremiger Joghurtquark übrig ist (genaue Anleitung s. S. 178).
2) Springform einfetten und mit Vollkorngrieß ausstreuen. Backofen auf 190 °C (E)/175 °C (H) vorheizen.
3) Vollrohrzucker fein sieben oder mahlen und mit Joghurtquark (Tofu oder Süßlupinenquark), Öl, Milch (Wasser oder Sojadrink) und den Gewürzen in eine Schüssel geben. Mit dem Handrührgerät cremig rühren. Mehl und Maisstärke mit dem Backpulver mischen und löffelweise unter die Crememasse zu einen geschmeidigen Teig rühren.
4) Teigmasse in die Form füllen, glatt streichen und mit einer Gabel mehrmals einstechen. 25 – 35 Minuten backen. Vor dem Herausnehmen die Stäbchenprobe machen.
5) Tortenboden aus der Springform lösen und auf ein Kuchengitter stürzen. Nach dem Abkühlen zwei- bis dreimal der Länge nach durchschneiden und je nach Rezept füllen.

Grundrezept für leichte Buttercreme

Der Clou dieses Rezepts ist der Vollrohrzucker. Er gibt der Buttercreme ihr typisches karamellartiges Aussehen.

1 l Milch
3 Päckchen Vanillepuddingpulver
250 g Vollrohrzucker
oder Roh-Rohrzucker
1 TL gemahlene Bourbon-Vanille
200 g weiche Butter
50 g Kokosfett

So wird's gemacht:

1) Die Hälfte der kalten Milch mit dem Puddingpulver glatt rühren.
2) Die restliche Milch in einen mit kaltem Wasser ausgespülten Topf geben, zum Kochen bringen und die Puddingmilch unter ständigem Rühren dazugeben. Sofort von der Flamme nehmen. Vollrohrzucker oder Roh-Rohrzucker (und eventuell andere Geschmackszutaten wie Vanille) hineinrieseln lassen und zu einer homogenen Masse rühren.
3) Pudding abkühlen lassen und dabei immer wieder mit dem Schneebesen umrühren, um eine Hautbildung zu verhindern.
4) Zimmertemperierte Butter und Kokosfett in einer Rührschüssel schaumig schlagen. Löffelweise den Pudding dazugeben und alles zu einer homogenen Masse rühren. Wichtig ist, dass die Butter und der Pudding die gleiche Temperatur haben, sonst gerinnt die Buttercreme! Buttercreme kalt stellen und nach Rezept weiterverarbeiten.

Variationen:

Carob-Buttercreme

3 – 4 EL Carobpulver in die warme Milch geben.

Zitronen-Buttercreme, Orangen-Buttercreme

Abgeriebene Schale einer unbehandelten Zitrone oder Orange unter die fertige Buttercreme heben.

Nuss-Buttercreme

50 g geröstete und fein gemahlene Haselnüsse (oder Cashewnüsse, Mandeln, Walnüsse) unter die fertige Creme rühren.

Bittermandel-Buttercreme

Einige Tropfen Bittermandelöl unter die fertige Creme rühren.

Bananen-Buttercreme

2 zerdrückte Bananen mit einigen Tropfen Zitronensaft und 2 – 3 TL Johannisbrotkernmehl unter die fertige Creme rühren.

Grundrezept für reine Buttercreme

175 g fein gemahlener Roh-Rohrzucker oder Vollrohrzucker
250 g weiche Butter
4 EL heißes Wasser

So wird's gemacht:

1) Roh-Rohrzucker oder Vollrohrzucker fein sieben. Die weiche, zimmertemperierte Butter in eine Rührschüssel geben und mit dem Handrührgerät rühren, bis sie cremig ist. Nun den Zucker nach und nach hineinrieseln lassen und unterrühren. Das heiße Wasser esslöffelweise unter die Buttercreme gießen und zu einer homogenen Masse rühren.
2) Wer die Buttercreme auf die gewünschte Torte streichen möchte, sollte sie etwa 30 Minuten kalt stellen. Wer seine Torte mit einem Spritzbeutel verzieren möchte, braucht die Buttercreme nur 10 Minuten zu kühlen.
3) Torte vor dem Servieren kalt stellen.

Schwarzwälder Kirschtorte

Der Kirschbaum aus der Familie der Rosengewächse kann bis zu 300 Jahre alt und bis zu 30 m hoch werden. Der unbehandelte, frische Kirschsaft wird in manchen Familien als altes Hausrezept gegen fiebrige Erkrankungen gegeben. Und bei Bronchitis hilft ein Tee aus Kirschenstielen. Erwärmt man Kirschkerne in einem Leinsäckchen im Backofen, so kann man damit ein Heizkissen oder die Wärmflasche ersetzen.

Für eine Torte (Ø 26 – 28 cm)

Für den Biskuitteig:

2 Tortenböden nach Grundrezept für Carob- oder Nuss-Biskuitteig (s. S. 98/99)

Für die Füllung:

400 g frische Kirschen (oder aus dem Glas)
150 ml Kirschsaft
1 – 2 EL Maisstärke oder Wildpfeilwurzmehl
4 – 5 EL Birnendicksaft

Zum Beträufeln und Bestreichen:

2 – 3 EL Kirschsaft
Kirschkonfitüre oder Aprikosenkonfitüre
400 ml Sahne
4 EL Vollrohrzucker

Für die Verzierung:

100 ml Sahne
1 EL Roh-Rohrzucker
Kirschen
geraspelte Carobschokolade

So wird's gemacht:

1) Die beiden Tortenböden backen und auf einem Gitter auskühlen lassen (falls der Boden in einem Stück gebacken wurde, mit einem Tortenmesser waagerecht durchschneiden).
2) Kirschen waschen, entsteinen und wenige Minuten köcheln lassen. (Falls keine frischen Kirschen vorhanden sind, tiefgefrorene Kirschen oder Kirschen aus dem Glas verwenden.) Den Kirschsaft in einen Topf geben, die Stärke unterrühren und den Saft bei mäßiger Hitze etwas andicken. Birnendicksaft und Kirschen dazugeben. Noch einmal kurz aufköcheln lassen und zum Abkühlen auf die Seite stellen.
3) Den unteren Tortenboden mit Kirschsaft beträufeln und etwas Kirsch- oder Aprikosenkonfitüre daraufstreichen. Sahne mit Vollrohrzucker steif schlagen. Kirschen auf dem unteren Boden verteilen, mit der Hälfte der Schlagsahne bestreichen.
4) Zweiten Tortenboden daraufsetzen und mit der restlichen Schlagsahne den Rand und die Oberseite der Torte bestreichen.
5) Zum Verzieren die Sahne steif schlagen, süßen und in einen Spritzbeutel füllen. Torte mit Sahnetupfern, Kirschen und Carobraspeln dekorieren.
6) Torte kühl stellen und bald servieren.

Pistazien-Marzipan-Torte

Hausgemachter Frischkäse (Panir) ist das Geheimnis dieser Torte. Er ist es, der der Pistaziencreme ihren unnachahmlich frischen und cremigen Geschmack verleiht. Pistazien schmecken nicht nur gut, sie haben auch große Heilwirkungen. Unter anderem wegen ihres hohen Eisen- und Thiamingehaltes spricht ihnen der Ayurveda Blut bildende und Nerven stärkende Eigenschaften zu. Ayurveda-Ärzte verordnen Pistazien gerne bei Anämie, Kraftlosigkeit, Nervosität, Herzbeschwerden und niedrigem Blutdruck.

Für eine Torte (Ø 26 – 28 cm)

Für den Biskuitteig und den Mürbteig:

2 Tortenböden nach Grundrezept für Biskuitteig (s. S. 97)
1 Mürbteigboden nach Grundrezept (s. S. 99)

Für die Füllung:

400 g Mandeln
2 l Milch (für etwa 285 g Frischkäse)
40 g fein gemahlene Pistazien
280 g Honig (bevorzugt Akazienhonig oder Lavendelhonig)
160 – 170 ml Sahne
abgeriebene Schale einer unbehandelten Zitrone
eventuell etwas Joghurt oder Zitronensaft
5 Tropfen Rosenwasser
3 – 4 EL Birnensaft
1 Glas Aprikosenkonfitüre oder Birnenkonfitüre

Für die Verzierung:

60 g Pistazien
400 ml Sahne
2 EL fein gemahlener Vollrohrzucker

So wird's gemacht:

1) Die drei Tortenböden nach den beiden Grundrezepten backen.
2) Mandeln enthäuten. Frischkäse aus der Milch herstellen (s. S. 176). Frischkäse pürieren oder geschmeidig kneten. Dann mit den gemahlenen Pistazien, 80 g Honig, Sahne und der abgeriebenen Zitronenschale zu einer cremigen Masse rühren. (Ist die Creme etwas fest, können Sie noch etwas mehr Sahne, Joghurt oder etwas Zitronensaft dazugeben.)

3) Die völlig getrockneten Mandeln sehr fein mahlen und mit 200 g Honig und Rosenwasser zu Marzipan kneten. (Honigmarzipan s. S. 49). Marzipanmasse in drei gleich große Stücke teilen und jeweils zwischen zwei Silikonbackfolien oder Frischhaltefolien zu einer runden Platte (Ø 26 – 28 cm) ausrollen.
4) Für die Verzierung 40 g Pistazien fein mahlen. Die Sahne mit dem Zucker steif schlagen. Die gemahlenen Pistazien unter die Sahne heben und diese kalt stellen.
5) Den Mürbteigboden als unterste Schicht mit 1 EL Birnensaft beträufeln und mit Konfitüre bestreichen. Eine Marzipanplatte darüberlegen und die Hälfte der Pistaziencreme daraufstreichen.
6) Als Nächstes einen der Biskuitböden auflegen, mit 1 EL Birnensaft beträufeln, mit Konfitüre bestreichen und mit Marzipan belegen. Mit der restlichen Pistaziencreme bestreichen.
7) Den zweiten Biskuitboden auflegen, ebenfalls mit 1 EL Birnensaft beträufeln, mit Konfitüre bestreichen, mit Marzipan belegen und mit zwei Dritteln der Pistaziensahne überziehen.
8) Die restliche Pistaziensahne in einen Spritzbeutel füllen und die Torte damit verzieren. Die restlichen Pistazien hacken und die Torte zum Abschluss damit dekorieren.
9) Torte kühl stellen und bald servieren.

Ananas-Orangen-Torte

Südfrüchte enthalten viel Vitamin C. Doch das ist längst nicht alles. Ananas beispielsweise enthält unter anderem das Enzym Bromelin, welches die Fähigkeit besitzt, Nahrungseiweiß aufzuspalten, und somit die Eiweißverdauung fördert. Der Ayurveda setzt Ananas bei Unruhe und Herzbeschwerden ein. Außerdem wirkt sie kühlend, durststillend und vermehrt Kapha im Körper. Auch für eine gute Verdauung sorgt Ananas – in gleicher Weise wie Orangen. Letztere glänzen vor allem durch ihren hohen Selengehalt, welcher die Abwehr stärkt. Ihr frisch gepresster Saft hilft Kranken in der Rekonvaleszenzphase, vor allem bei und nach Fieber- und Durchfallerkrankungen.

Für eine Torte (Ø 26 – 28 cm)

Für den Biskuitteig und den Mürbteig:

2 Tortenböden nach Grundrezept für Carob-Biskuitteig (s. S. 98)
1 Mürbteigboden nach Grundrezept (s. S. 99)

Für die Orangen-Buttercreme:

1 l Milch
2½ Päckchen Orangen-Puddingpulver
2 Prisen gemahlener Safran oder 4 Safranfäden
200 – 250 g fein gemahlener Roh-Rohrzucker oder Vollrohrzucker
abgeriebene Schale von 2 ungespritzten Orangen
200 g weiche Butter
50 g Kokosfett

Für die Füllung:

1 Ananas oder 490 g Ananas aus dem Glas
5 EL Roh-Rohrzucker
1 EL Wildpfeilwurzmehl oder Maisstärke
2 EL Orangenmarmelade
2 EL Ananassaft

Für die Dekoration:

grob geraspelte Schale einer ungespritzten Orange

So wird's gemacht:

1) Die drei Tortenböden nach den beiden Grundrezepten backen.
2) Für die Buttercreme 500 ml Milch mit dem Puddingpulver verrühren. Die restliche Milch mit dem Safran zum Kochen bringen. Puddingmilch hineinrühren und nach dem Aufkochen von der Flamme nehmen. Roh-Rohrzucker und abgeriebene Orangenschale unter die Puddingmasse rühren. Während des Abkühlens mit dem Schneebesen umrühren, um eine Hautbildung zu vermeiden. Die weiche Butter und das Kokosfett flöckchenweise unter die noch leicht lauwarme Puddingmasse rühren (eventuell mit Handrührgerät). Buttercreme kalt stellen.
3) Die Ananas schälen und in kleine Stückchen schneiden. Ananas im eigenen Saft mit Roh-Rohrzucker weich kochen und am Ende mit Wildpfeilwurzmehl oder Maisstärke andicken. (Wenn Sie Ananas aus dem Glas verwenden, die Ananas abtropfen lassen und gegebenenfalls in kleine Stückchen schneiden.)

4) Den Mürbteigboden mit Orangenmarmelade bestreichen, einen Teil der Ananasstücke darauf verteilen und die Zwischenräume mit Orangen-Buttercreme auffüllen.
5) Einen Biskuitteigboden auflegen. Mit 1 EL Ananassaft beträufeln, mit Buttercreme bestreichen, Ananasstücke darauf verteilen und die Zwischenräume mit Buttercreme auffüllen.
6) Den zweiten Biskuitteigboden aufsetzen und ebenfalls mit 1 EL Ananassaft beträufeln.
7) Einen Teil der restlichen Buttercreme in einen Spitzbeutel füllen. Die Torte rundum mit der restlichen Buttercreme bestreichen, mit der Creme aus dem Spritzbeutel verzieren und mit den restlichen Ananasstücken und der grob geraspelten Orangenschale dekorieren.
8) Torte vor dem Servieren kalt stellen.

Bananen-Nuss-Torte

Ob frisch aus der Schale, gebacken oder gekocht, Bananen sind über jede Kritik erhaben. Sie sind nicht nur schmackhaft, appetitanregend und durststillend, sondern besitzen auch zahlreiche Heilwirkungen. Reife Bananen vermehren Kapha. Deshalb empfiehlt der Ayurveda Bananen bei Durchfall, chronischen Verdauungsbeschwerden, Magenschleimhautentzündung und als Herzgefäßschutz.
Bananen mit Reis und Joghurt sind zum Geheimtipp so mancher Tropenreisender geworden, die unter »Montezumas Rache« litten.

Für eine Torte (Ø 26 – 28 cm)

Für den Biskuitteig:

2 Tortenböden nach Grundrezept für Nuss-Biskuitteig (s. S. 99)

Für die Füllung:

100 g Haselnüsse
2 EL Apfelsaft
2 EL Aprikosenkonfitüre
2 – 3 Bananen
etwas Zitronensaft
400 – 500 ml Sahne
1 TL Johannisbrotkernmehl oder Wildpfeilwurzmehl
1 Msp gemahlene Bourbon-Vanille
3 EL fein gemahlener Vollrohrzucker
16 ganze geröstete Haselnüsse

So wird's gemacht:

1) Den Tortenboden nach Grundrezept backen und der Länge nach mit einem Tortenmesser durchschneiden. Nüsse rösten und abkühlen lassen. Schalen abreiben und fein mahlen.
2) Einen der Tortenböden mit 1 EL Apfelsaft beträufeln und mit Aprikosenkonfitüre bestreichen. Die Bananen schälen, in längliche Scheiben schneiden, auf dem Tortenboden verteilen und mit Zitronensaft beträufeln.
3) Sahne mit Johannisbrotkernmehl oder Wildpfeilwurzmehl und Vanille steif schlagen. Knapp ein Drittel der Schlagsahne in einen Spritzbeutel für die Verzierung füllen und kalt stellen. Den Vollrohrzucker und etwa 70 g der gemahlenen Nüsse unter die restliche Sahne heben.
4) Den gefüllten Tortenboden mit einem Drittel der Nusssahne bestreichen. Den zweiten Tortenboden daraufsetzen, mit 1 EL Apfelsaft beträufeln und die Torte rundum mit der restlichen Nusssahne überziehen.
5) Nun die Torte mit der kalt gestellten Sahne aus dem Spritzbeutel verzieren. Die restlichen gemahlenen Nüsse zum Bestreuen des Randes verwenden und die Torte mit den ganzen gerösteteten Nüssen dekorieren. Vor dem Servieren kalt stellen.

Joghurtcremetorte – Shrikandtorte

Shrikand (Joghurtquark) ist ein köstliches Dessert aus der vedisch-indischen Küche. Shrikand selbst vermehrt das Pitta-Element, Sahne und Getreide das Kapha-Element. Als Torte wird Shrikand zu einer kühlenden Sommerkomposition, die cremig fruchtige Frische mit dünnen Bikuitschichten in sich vereint.
Planen Sie die lange Abhängezeit des Joghurts ein (über Nacht oder mindestens fünf bis sieben Stunden), wenn Sie diese Torte zubereiten wollen.

Für eine Torte (Ø 26 – 28 cm)

Für den Biskuitteig:

2 Tortenböden nach Grundrezept für Biskuitteig (s. S. 97)
eventuell Mürbteigboden s. Tipp

Für den Belag:

1 kg Joghurtquark (aus 2 kg Joghurt)
150 g Himbeeren (oder Erdbeeren, Heidelbeeren oder pürierte Mango)
200 – 250 g fein gemahlener Vollrohrzucker oder Roh-Rohrzucker (je nach Süße der Früchte und Belieben)

Für die Verzierung:

200 ml Sahne
40 g Pistazien
etwa 50 g Himbeeren oder andere Früchte

So wird's gemacht:

1) Den Joghurtquark nach Anleitung (s. S. 178) herstellen. Der Joghurtquark sollte dick und cremig sein und halb so viel wiegen wie die ursprüngliche Menge Joghurt (damit später die Füllung nicht aus den Teigschichten läuft).
2) Die Tortenböden gemäß Grundrezept backen und nach dem Auskühlen mit einem langen Tortenmesser der Länge nach durchschneiden.
3) Himbeeren für den Belag und die Verzierung gegebenenfalls vorsichtig waschen und trockentupfen.
4) Für den Belag den Joghurtquark in eine Schüssel schaben. Himbeeren und Vollrohrzucker dazugeben und alles mit einem Handrührgerät zu einer cremigen Masse verrühren.
5) Einen Teigboden mit einem Teil der Creme füllen, den zweiten Boden aufsetzen und die restliche Creme auf diesem Teigboden und am Rand der Torte verteilen.
6) Für die Verzierung dic Sahne steif schlagen (nach Wunsch leicht süßen), in einen Spritzbeutel füllen und die Torte damit verzieren. Pistazien hacken. Torte mit den Himbeeren und den gehackten Pistazien dekorieren. Kalt stellen und bald servieren.

Tipp: Wenn Sie diese Torte noch schmackhafter gestalten wollen, können Sie einen Mürbteigboden als untersten Boden backen und mit einer dünnen Schicht Honigmarzipan belegen. Und wer möchte, kann die Joghurtcreme mit 200 ml steif geschlagener Sahne verfeinern.

Erdbeercremetorte

Alle, die gerne knusprige Teigböden zwischen fruchtigen Cremefüllungen lieben, werden diese Torte mögen. Seidentofu ist besonders zart in seiner Konsistenz und daher ideal für Süßspeisen. Mit seinem Eiweißgehalt von 10 % ist Seidentofu ein wertvoller pflanzlicher Eiweißträger. Auch in anderen Bereichen hebt er sich hervor: Er enthält ungesättigte Fettsäuren sowie die Mineralien Calcium, Phosphor und Eisen.

Für eine dreistöckige Torte (Ø 22 cm)
oder eine zweistöckige Torte (Ø 26 cm)

Fett für die Springformen

Für den Teig:

100 g weiche Butter
(reine Pflanzenmargarine)
6 EL Jaggery oder Ahornsirup
75 g Vollrohrzucker
200 g Haferflocken
100 g gemahlene Haselnüsse
200 g fein gemahlener Dinkel
2 EL Apfelsaft

Für die Füllung:

700 g Erdbeeren
600 g Seidentofu
oder Süßlupinenquark
150 g Vollrohrzucker
½ TL Johannisbrotkernmehl

Tipp: Verzieren Sie diese Torte mit Tupfern aus Schlagsahne oder aufschlagbarer veganer Sahne.

So wird's gemacht:

1) Springformen einfetten. Alle Zutaten für den Teig miteinander verkneten.
2) Den Teig in zwei oder drei gleich große Teile teilen. Jeweils in eine Springform geben und zu einem dünnen Boden drücken. Tortenböden bei 190 – 200 °C (E)/175 °C (H) 10 – 15 Minuten backen und anschließend auf Kuchengittern auskühlen lassen.
3) Erdbeeren waschen, abtropfen lassen und entstielen. 350 – 400 g Erdbeeren mit dem Seidentofu oder Süßlupinenquark, dem Vollrohrzucker und dem Johannisbrotkernmehl in eine Rührschüssel geben und mit dem Handrührgerät zu einer cremigen Paste rühren.
4) Etwas Erdbeercreme auf einen der Tortenböden streichen. Restliche Erdbeeren halbieren und die Creme mit einem Teil davon belegen. Zweiten Boden aufsetzen, mit der restlichen Creme bestreichen und mit den restlichen Erdbeeren verzieren.
(Bei drei Böden Creme und Erdbeeren entsprechend aufteilen.)

Erdbeer-Sahne-Rolle

Wer hätte das gedacht? Erdbeeren enthalten mehr Vitamin C als Zitronen oder Orangen. Über 300 Inhaltsstoffe hat man schon in den kleinen Sommerfrüchten entdeckt. Das erklärt auch ihre Heilwirkungen. Sie sind Appetitmacher, Verdauungshelfer, Schleimhautreiniger, Fiebersenker und Durchfallstopper. Zusammen mit den Sahnetupfern und frischen Pfefferminzblättern verleihen sie dieser Biskuitrolle ein fast majestätisches Aussehen.

Für eine Biskuitrolle

Für den Biskuitteig:

5 EL Sojamehl
10 EL Milch oder Wasser
5 EL Vollrohrzucker
4 EL Sonnenblumenöl
200 g Maisstärke
1¼ TL selbst gemachtes Backpulver (s. S. 40)
200 g feinstgemahlener und ausgesiebter Dinkel
150 ml Wasser oder Apfelsaft

Für die Füllung:

500 g Erdbeeren (Heidelbeeren, Himbeeren oder anderes Obst)
5 – 6 EL Vollrohrzucker
200 ml Sahne
2 TL Johannisbrotkernmehl

Für die Dekoration:

etwa 16 kleine Erdbeeren
50 ml Sahne
1 Msp Johannisbrotkernmehl
etwa 32 Pfefferminzblättchen

So wird's gemacht:

1) Backblech mit Backpapier auslegen. Backofen auf 175 °C (H)/190 °C (E) vorheizen.
2) Sojamehl und Milch oder Wasser mit dem Handrührgerät in einer Rührschüssel verrühren. Löffelweise Vollrohrzucker, Öl und Maisstärke unterrühren. Backpulver unter das Mehl heben und im Wechsel mit dem Wasser unterrühren.
3) Biskuitmasse auf das Blech geben, in etwa DIN-A4-Größe zu einem Rechteck glatt streichen und 15 – 18 Minuten backen. Biskuitplatte auf ein Tuch stürzen. Papier vorsichtig abziehen (eventuell vorher mit etwas kaltem Wasser bepinseln). Zusammen mit dem Tuch locker aufrollen.
4) Erdbeeren für die Füllung und für die Dekoration waschen und trockentupfen. Die Erdbeeren für die Füllung klein schneiden und mit 2 EL Vollrohrzucker in einer Schüssel ziehen lassen. Sahne für die Füllung mit Johannisbrotkernmehl und 3 EL Vollrohrzucker steif schlagen und kalt stellen. Sahne für die Dekoration ebenfalls mit Johannisbrotkernmehl steif schlagen und kalt stellen.
5) Füllsahne unter die Erdbeeren heben. Biskuitrolle vorsichtig entrollen, füllen und wieder aufrollen. Die Rolle außen mit einem Teil der Dekosahne bestreichen. Die restliche Dekosahne in einen Spritzbeutel füllen. Die Rolle mit Erdbeeren, Minzeblättchen und Sahne aus dem Spritzbeutel verzieren.

Yamuna-Wellen

Wo viel von Ayurveda die Rede ist, da darf auch der Yamuna-Fluss im nördlichen Indien nicht fehlen. Ähnlich wie das Wasser ihres parallel verlaufenden Flusses, des Ganges, besitzt auch das Wasser der Yamuna reinigende und heilende Eigenschaften. Auch antiseptische Wirkungen wurden nachgewiesen.
Gesüßt werden unsere Yamuna-Wellen mit Vollrohrzucker. Dieser wird so hergestellt, wie es der Ayurveda schon seit Jahrtausenden empfiehlt: Frisch geerntetes Zuckerrohr wird zwischen Walzen ausgepresst, der Saft gefiltert und durch Kochen eingedickt. Nach dem Eindicken wird die sirupartige Masse so lange gerührt, bis sie auskristallisiert. Durch Trocknen und Sieben erhält man einen braunen Zucker, der etwas grobkörnig ist. Ähnlich wie die in Indien üblichen Jaggery und Gur ist auch Vollrohrzucker kein ausgemergelter und chemisch raffinierter Zucker. Nicht umsonst verwendet der Ayurveda Zucker aus Zuckerrohr zur Anregung des Stoffwechsels und zur allgemeinen Stärkung. Die Kombination aller Zutaten dieser Torte vermehrt das Element Kapha.

Für eine Torte (Ø 28 cm)

Butter für die Springform
Vollkorngrieß oder gemahlene Haselnüsse für die Form

Für den Biskuitteig:
275 g fein gemahlener und ausgesiebter Dinkel
100 g Maisstärke
5 TL selbst gemachtes Backpulver (s. S. 40)
7 EL Sonnenblumenöl
200 g Vollrohrzucker
150 ml Wasser
2 EL Carobpulver

Für den Belag:
800 g Aprikosen

Für die Buttercreme:
reine Buttercreme (s. S. 102) oder leichte Buttercreme (s. S. 101)

Für die Glasur:
Carobglasur (s. S. 172)

So wird's gemacht:

1) Springform einfetten und mit Vollkorngrieß oder gemahlenen Haselnüssen ausstreuen. Backofen auf 190 °C (E)/175 °C (H) vorheizen. Aprikosen waschen, halbieren und entsteinen.
2) Dinkel, Maisstärke und Backpulver mischen. In einer zweiten Schüssel Öl, Vollrohrzucker und Wasser verrühren. Nach und nach die Mehlmischung dazugeben und alles zu einer geschmeidigen Masse rühren.
3) Die Hälfte der Teigmasse in die Form füllen. Carob unter den restlichen Teig rühren und ebenfalls in die Form füllen. Die Aprikosen mit den Schnittflächen nach unten in den Teig legen und etwas andrücken.
4) Kuchen 45 Minuten backen und anschließend auf einem Kuchengitter vollständig auskühlen lassen.
5) Buttercreme nach Rezept herstellen und auf den abgekühlten Kuchen streichen. Kuchen kalt stellen.

6) Die Carobglasur herstellen und einen Teil auf den gut gekühlten Kuchen gießen. Wieder kalt stellen. Nachdem die Glasur fest geworden ist, die restliche Glasur auf die feste Glasur gießen und an den Rändern verstreichen.
7) Yamuna-Wellen vor dem Servieren kalt stellen.

Beeren-Biskuitkuchen

Nicht nur Beerenliebhaber werden diesen Kuchen mögen. In der Sommerzeit bildet der locker-weiche Obstboden das perfekte Gegenstück zu den fruchtigen Beeren. Ganz nebenbei profitiert auch die Gesundheit. Heidelbeeren z. B. sind wahre Allround-Helfer: vom Durchfall bis zum Krebsschutz, von der Blutbildung bis zur Nachtblindheit – überall greifen sie unterstützend ein.

Für eine Obstkuchenform
(Ø 28 – 30 cm)

Fett für die Obstkuchenform
gemahlene Mandeln für die Form

Für den Teig:
275 g fein gemahlener und ausgesiebter Dinkel
100 g Maisstärke
1 TL gemahlene Bourbon-Vanille
2½ TL selbst gemachtes Backpulver (s. S. 40)
7 EL Sonnenblumenöl
200 g Vollrohrzucker
200 – 250 ml (Mineral-)Wasser

Für den Belag:
550 g Erdbeeren oder Heidelbeeren

Für das Marzipan:
100 g gemahlene Mandeln
3 EL Lavendelhonig
3 – 4 Tropfen Rosenwasser (oder etwa 150 g vegane Marzipanrohmasse)

Für den Guss:
80 g Erdbeeren oder Heidelbeeren
½ TL Agar-Agar-Pulver
60 ml Wasser oder Kirschsaft
2 EL Birnendicksaft

So wird's gemacht:

1) Obstkuchenform einfetten und mit gemahlenen Mandeln ausstreuen. Backofen auf 190 °C (E)/175 °C (H) vorheizen.
2) Dinkel, Maisstärke, Vanille und Backpulver mischen. In einer zweiten Schüssel Öl, Vollrohrzucker und (Mineral-)Wasser verrühren. Nach und nach die Dinkelmischung hinzufügen und alles zu einer geschmeidigen Masse verrühren. Eventuell noch etwas Wasser dazugeben.
3) Die Teigmasse in die Obstkuchenform füllen und 40 – 45 Minuten backen. Den Kuchen auf ein Kuchengitter stürzen und völlig auskühlen lassen.
4) Die Beeren für den Belag waschen, trockentupfen und größere Beeren halbieren. Marzipan herstellen (s. S. 49), zu einer runden Platte in Größe des Tortenbodens ausrollen und auf den Tortenboden legen. Die Beeren auf die Marzipanplatte legen.
5) Die Beeren für den Guss pürieren. Agar-Agar mit Wasser oder Saft in einem Topf verrühren und aufkochen lassen. Beerenpüree und Birnendicksaft dazugeben. Kurz aufkochen lassen. Die Beeren auf der Torte mit dem leicht abgekühlten Guss bestreichen.
6) Kuchen kalt stellen und eventuell mit Schlagsahne servieren.

Joghurtquark-Teige

Bei uns erhältlicher Quark wird meist mit tierischem Lab hergestellt. Erkundigen Sie sich daher direkt bei der Molkerei, ob Ihr Quark tierisches Lab enthält. Vegetarische Alternativen gibt es auch, wie Quark mit pflanzlichem oder mit mikrobiellem Lab, das mithilfe von Mikroorganismen im Labor produziert wird. Oder Sie machen einfach Ihren eigenen Quark zu Hause.
Am schnellsten und einfachsten geht es, wenn Sie **Joghurtquark selbst herstellen** (Anleitung für selbst gemachten Joghurtquark und Quark finden Sie im Anhang: »Kleine Warenkunde« S. 178 und 179). Statt Joghurtquark eignet sich cremig gerührter Tofu oder Seidentofu und statt Butter lässt sich für eine rein pflanzliche Teigvariante eine gute Pflanzenmargarine verwenden.

Es gibt drei verschiedene Arten dieses Teiges: **Joghurtquark-Butterteig, Joghurtquark-Blätterteig** und **Joghurtquark-Öl-Teig.** In ihrer Herstellung unterscheiden sie sich, doch eine Gemeinsamkeit haben sie: Alle drei bekommen beim Backen eine lockere Struktur und durch den Joghurtquark oder Quark ein leicht säuerliches Aroma. Ob für süß gefüllte Teigtaschen, Obstkuchen und Pasteten (z. B. Apple Pie) oder als pikante, luftige Gemüsekuchen: Joghurtquark-Teige schmecken immer und jedem.

Grundrezept für Joghurtquark-Butterteig

250 g Joghurtquark (aus 500 g Joghurt)
oder Quark
(Seidentofu oder
cremig gerührter Tofu)
250 g Butter
(reine Pflanzenmargarine)
250 – 280 g fein gemahlener Dinkel
½ TL Natron

So wird's gemacht:

1) Alle Zutaten sollten sehr kalt sein. Joghurtquark am Vorabend herstellen (genaue Anleitung s. S. 178). Der Joghurtquark ist fertig, wenn die Joghurtmasse halb so viel wiegt wie im Ausgangszustand. Wenn herkömmlicher Quark oder Seidentofu verwendet wird, diesen in ein feines Sieb geben, bis ein Großteil der Flüssigkeit abgetropft ist. Wenn fester Tofu verwendet wird, diesen cremig pürieren.
2) Alle Zutaten ähnlich wie bei Mürbteig rasch zu einem Teig kneten. Dabei recht schnell arbeiten, damit sich die Feuchtigkeit des Quarks weder mit dem Kleber des Mehles noch mit dem Natron verbindet. Am besten alle Zutaten (Butter oder Margarine mit einem Messer klein gehackt) in eine Schüssel geben und alles mit dem Knethaken des Handrührgerätes zu einem glatten Teig kneten. Je nach Feuchtigkeitsgehalt von Joghurtquark, Quark oder Tofu noch ein wenig Mehl unterarbeiten. Der Teig sollte zwar elastisch sein, aber keinesfalls an den Händen kleben (allerdings wird der Teig umso mürber, je mehr Mehl Sie verwenden).
3) Vor dem Backen muss der Teig (in Folie gewickelt oder in der Schüssel abgedeckt) 8 – 10 Stunden im Kühlschrank ruhen, am besten über Nacht. Gegebenenfalls den Teig bereits am Vorabend zusammenkneten.
4) Nach der Ruhezeit den Teig auf einer leicht bemehlten Fläche mit einem bemehlten Wellholz ausrollen.

Grundrezept für Joghurtquark-Blätterteig

Noch feiner als Joghurtquark-Butterteig wird dieser Teig.

Zutaten s. Joghurtquark-Butterteig, gegenüberliegende Seite

So wird's gemacht:

1) Wie beim Joghurtquark-Butterteig vorgehen (Schritte 1 – 3). Wenn der Teig glatt geknetet ist und mindestens 30 Minuten gekühlt wurde, geht es weiter.
2) Den Teig auf der bemehlten Arbeitsfläche etwa fingerdick zu einem Rechteck ausrollen. Dann zusammenfalten (d. h. die beiden Schmalseiten jeweils zur Mitte einschlagen).
3) Den Teig erneut etwa 15 Minuten kalt stellen.
4) Nun zur offenen Seite hin ausrollen, wieder zusammenfalten und danach wieder kalt stellen. Die ganze Prozedur noch zwei- bis viermal wiederholen.
5) Abschließend den Teig noch einmal ausrollen und je nach Rezept verwenden. (Ihre Mühe wird belohnt!)

Grundrezept für Joghurtquark-Öl-Teig

Dieser Teig ist der schnellste und einfachste, denn er braucht keine langen Ruhe- und Kühlzeiten. Allerdings darf er beim Kneten und Rühren nicht zu warm werden. Tortenböden aus Joghurtquark-Öl-Teig (s. Biskuittorten ab S. 95) können Sie entweder einzeln backen oder die Teigmenge für zwei Böden gemeinsam backen und nach dem Abkühlen in der Mitte durchschneiden. Achten Sie aber in jedem Fall darauf, den Teig vor dem Backen in der Springform mit einem Teigschaber zu glätten und mit einem Holzstäbchen Löcher hineinzustechen, damit die sich beim Backen im Teig bildende Luft entweichen kann. Sonst entsteht ein kleiner Hügel (was auch ein reizvoller Effekt sein kann, wenn man eine »Kugeltorte« backen möchte).

Für zwei Tortenböden (Ø 26 – 28 cm)

200 g Joghurtquark (aus 400 g Joghurt) oder Quark (Seidentofu oder cremig gerührter Tofu)
125 ml Sonnenblumenöl
90 – 120 ml Milch (Apfelsaft)
1 Prise Meersalz
100 g gesiebter Vollrohrzucker
1 TL gemahlene Bourbon-Vanille
abgeriebene Schale einer unbehandelten Zitrone
100 g fein gemahlener Dinkel
200 g Dinkelmehl Type 1050 oder fein gemahlener und ausgesiebter Dinkel
75 g Wildpfeilwurzmehl oder Maisstärke
5 TL selbst gemachtes Backpulver (s. S. 40)
Fett für die Springform

So wird's gemacht:

1) Joghurtquark (genaue Anleitung zur Herstellung s. S. 178), Quark (Tofu), Öl, Milch (Apfelsaft), Salz, Vollrohrzucker, Vanille und Zitronenschale in eine Rührschüssel geben und mit dem Handrührgerät cremig rühren.
2) Fein gemahlenes Vollkornmehl mit Wildpfeilwurzmehl oder Maisstärke und Backpulver mischen. Mehl nach und nach unter die Joghurt-, Quark- oder Tofumasse rühren.
3) Den glatten Teig in eine gefettete Springform füllen, glatt streichen und mit einer Gabel mehrmals einstechen. Im Ofen bei 190 °C (E)/175 °C (H) 25 –35 Minuten backen. Vor dem Herausnehmen die Stäbchenprobe machen. Auf ein Kuchengitter stürzen, abkühlen lassen und zwei- bis dreimal der Länge nach durchschneiden.

Pfirsich-Mohn-Kranz

Pfirsiche enthalten wie alle tiefgelben und orangefarbenen Früchte reichlich Betacarotin und Flavone, die als Herz- und Krebsschutzstoffe gelten. Außerdem stimulieren Pfirsiche Pitta und sind reich an Vitamin A, B-Vitaminen und Vitamin C. Durch ihr günstiges Natrium-Kalium-Verhältnis regen sie die Nieren an, wirken harntreibend und entlasten so Lunge, Herz und Kreislauf.

Für einen Kranz

Für den Joghurtquark-Butterteig:

250 g Joghurtquark (aus 500 g Joghurt) oder Quark
300 g fein gemahlener Dinkel
250 g kalte Butter
¼ TL Natron

Für die Füllung:

30 g Butter
250 g fein gemahlener Mohn
150 g Vollrohrzucker
knapp 250 ml Milch
ausgeschabtes Mark einer Vanilleschote
abgeriebene Schale einer halben unbehandelten Zitrone
100 g gestiftete oder gehackte Mandeln
200 g eingemachte oder frische Pfirsiche

Mehl für die Arbeitsfläche

So wird's gemacht:

1) Joghurtquark oder Quark nach Anleitung herstellen (s. S. 178). Alle Zutaten für den Joghurtquark-Butterteig wie im Grundrezept (s. S. 116) verarbeiten und über Nacht (oder 8 – 10 Stunden) zugedeckt kalt stellen.
2) Für die Füllung die Butter in einem Topf schmelzen. Gemahlenen Mohn mit Vollrohrzucker und so viel Milch dazugeben und verrühren, bis eine geschmeidige Paste entstanden ist. Vanille, Zitronenschale und Mandeln dazugeben, auf kleiner Flamme köcheln und etwas eindicken lassen. Die Mohnfüllung erkalten lassen.
3) Die eingemachten oder frischen, geschälten Pfirsiche in kleine Stückchen schneiden. Den Teig auf einer bemehlten Fläche zu einem Rechteck ausrollen. Die Mohnfüllung auf den Teig streichen. Pfirsichstückchen auf die Füllung legen und den Teig zu einer Rolle aufrollen.
4) Die Rolle vorsichtig auf ein mit Backpapier ausgelegtes Backblech legen und zu einem Kranz oder Halbmond formen.
5) Im Backofen bei 190 – 200 °C (E)/ 175 – 180 °C (H) 30 – 35 Minuten backen, bis der Kranz goldbraun und knusprig ist.

Marzipan-Nougat-Kranz

Mit ihren vielen Nährstoffen sind Nougat und Marzipan die reine Energienahrung für Gehirn und Nerven. Wer die zahlreichen Wirkungen der Inhaltsstoffe von Mandeln noch intensivieren möchte, kann die Mandeln über Nacht in Wasser einweichen. Das aktiviert Enzyme.

Für einen Kranz

Für den Joghurtquark-Öl-Teig oder Quark-Öl-Teig:

200 g Joghurtquark (aus 400 g Joghurt) oder Quark (Seidentofu oder cremig gerührter Tofu)
50 ml Milch (Apfelsaft)
50 ml Sonnenblumenöl
150 g gesiebter Vollrohrzucker
1 TL gemahlene Bourbon-Vanille
1 Prise Meersalz
abgeriebene Schale einer unbehandelten Zitrone
350 g fein gemahlener und ausgesiebter Dinkel
100 g Maisstärke
5 TL selbst gemachtes Backpulver (s. S. 40)

Mehl für die Arbeitsfläche
Fett für das Backlech

Für die Füllung:
Ahornsirup-Marzipan-Creme:

200 g gemahlene Mandeln
6 EL (= 60 ml) Ahornsirup
6 Tropfen Rosenwasser

Nougat-Feigen-Creme:

150 g gemahlene, geröstete Haselnüsse
100 g fein pürierte getrocknete Feigen
6 EL (60 ml) Ahornsirup
2 EL Carobpulver

Zum Bestreichen:

Aprikosenkonfitüre

So wird's gemacht:

1) Joghurtquark nach Anleitung herstellen (s. S. 178). Dann Joghurtquark oder Quark (Tofu) mit Milch (Apfelsaft), Öl, Vollrohrzucker, Vanille, Meersalz und Zitronenschale in eine Rührschüssel geben und mit dem Handrührgerät glatt rühren.
2) Dinkelmehl, Maisstärke und Backpulver mischen und mit der Creme zu einem geschmeidigen Teig verarbeiten.
3) Die beiden Füllungen separat zusammenrühren (in der Küchenmaschine mit elektrischem Hackmesser). Beide Füllungen jeweils zu einer länglichen Rolle formen.
4) Den Teig auf einer bemehlten Fläche rechteckig ausrollen. Die Marzipanrolle auf den Teig legen und den Teig längs der Rolle einmal knapp über der Rolle einschlagen. Die Nougatrolle darauflegen und die Teigplatte mit den beiden Füllungen ganz aufrollen. Zu einem Kranz formen und auf ein gefettetes Backblech legen.
5) Die Oberfläche des Kranzes mit einer Küchenschere einschneiden, sodass ein schönes Zick-Zack-Muster entsteht. Bei 190 – 200 °C (E)/175 – 180 °C (H) 45 Minuten backen.
6) Den noch heißen Kranz mit Aprikosenkonfitüre einpinseln und auf einem Kuchengitter auskühlen lassen.

Apple Pie

Über 300 wertvolle Inhaltsstoffe stecken in jedem einzelnen Apfel. Zu ihnen gehören organische Säuren, welche der Leber bei der Entgiftung helfen, Gerbstoffe, ätherische Öle und vor allem Pektin mit seiner Heil- und Schutzwirkung für Darm und Gefäße. Und wer zu wenig vom Vata-Element besitzt, ist beim Apfel goldrichtig.

Für eine Tarteform oder Springform (Ø 26 – 28 cm)

Für den Joghurtquark-Butterteig:

125 g Joghurtquark (aus 250 g Joghurt) (Seidentofu oder cremig gerührter Tofu)
125 g kalte Butter (reine Pflanzenmargarine)
150 g fein gemahlener Dinkel
1 Msp Natron

Fett für die Backform
Mehl für die Arbeitsfläche

Für die Füllung:

150 g Rosinen
etwas heißes Wasser zum Einweichen
650 g Äpfel (oder anderes Obst)
50 – 80 g Vollrohrzucker
3 EL Haferflocken
1 TL Zimt
1 Prise Kardamom

Zum Bestreichen:

Aprikosenkonfitüre

So wird's gemacht:

1) Joghurtquark nach Anleitung herstellen (s. S. 178). Aus den Zutaten für den Butterteig nach Grundrezept (s. S. 116) einen Teig herstellen und diesen 8 – 10 Stunden kalt stellen.
2) Am nächsten Tag die Rosinen waschen und in etwas heißem Wasser einweichen. Die Äpfel schälen, entkernen und in hauchdünne Schnitze schneiden. Äpfel, Rosinen, Vollrohrzucker, Haferflocken, Zimt und Kardamom in einer Schüssel mischen.
3) Die Backform einfetten. Backofen auf 200 °C (E)/180 °C (H) vorheizen. Ein Drittel des Teiges für den Deckel und zwei Drittel für den Teigboden verwenden. Auf einer bemehlten Fläche den Teigboden dünn ausrollen und die Form (inklusive Rand) damit auskleiden. Den überstehenden Teig abschneiden und kalt stellen. Den oberen Teigrand in der Form mit kaltem Wasser bepinseln. Den Teigboden mit einer Gabel mehrmals einstechen.
4) Die Apfelmischung in die Form füllen (dabei Saft zurückbehalten). Das restliche Drittel des Teiges zu einer runden Platte in Größe der Backform ausrollen. In der Mitte der Platte mit einem Backförmchen ein Loch ausstechen, damit der Dampf während des Backens entweichen kann. Die Platte als Deckel auf die Apfelpastete setzen. Mit Daumen und Zeigefinger die Ränder festdrücken und dabei einen schönen welligen Rand formen.
5) Aus dem übrigen, kalt gestellen Teig Formen (z. B. Sterne) ausstechen, mit kaltem Wasser bepinseln und die Pastete damit verzieren.
6) Die Pastete 40 – 45 Minuten im Backofen goldbraun backen. Nach dem Backen mit heißer Aprikosenkonfitüre bestreichen (dadurch glänzt die Apfelpastete sehr schön).

Johannisbeer-Kokos-Kuchen

Ob rot, weiß oder schwarz – Johannisbeeren sind wahre Vitaminbomben. 100 g schwarze Johannisbeeren spenden uns fast den doppelten Tagesbedarf an Vitamin C. Und zusammen mit Flavonen, Farbstoffen und reichhaltig vertretenen Mineralien schützen die Beeren vor Arteriosklerose, Schlaganfall, Diabetes, aber auch bei Erkältungskrankheiten und Darmbeschwerden. Ayurveda-Ärzte empfehlen Johannisbeersaft bei Gallen- und Leberleiden, ja sogar bei Gelbsucht.

Für eine Tarteform (Ø 28 – 30 cm)

Für den Joghurt-Öl-Teig:

150 g Joghurtquark (aus 300 g Joghurt)
6 EL Milch
6 EL Sonnenblumenöl
100 g Vollrohrzucker
1 TL gemahlene Bourbon-Vanille
5 TL selbst gemachtes Backpulver (s. S. 40)
100 g Maisstärke
200 g fein gemahlener Dinkel

Fett für die Tarteform

Für den Belag:

500 g Johannisbeeren
3 EL Kokosflocken

Für den Guss:

90 ml Sahne
5 EL Vollrohrzucker
2 – 3 EL Maisstärke oder Wildpfeilwurzmehl
2 – 3 EL Kokosflocken

So wird's gemacht:

1) Joghurtquark nach Anleitung herstellen (s. S. 178). Der fertige Joghurtquark sollte eine Konsistenz wie Quark haben.
2) Johannisbeeren waschen, abtropfen lassen und Stiele abzupfen. Die Form einfetten.
3) Joghurtquark zusammen mit Milch, Öl, Vollrohrzucker und Vanille in eine Rührschüssel geben und mit dem Handrührgerät cremig rühren. Das selbst gemachte Backpulver und die Maisstärke unter das Mehl mischen und diese Mischung löffelweise unter die Crememasse rühren.
4) Die Teigmasse mit einem Teigschaber in die Backform füllen und glatt streichen, 3 EL Kokosflocken darüberstreuen und die Johannisbeeren darauf verteilen. Nun alle Zutaten für den Guss zusammenrühren und auf die Johannisbeeren gießen.
5) Kuchen im Backofen bei 190 °C (E)/ 175 °C (H) 45 – 50 Minuten backen.

Strudelteig

Mögen Sie auch gerne viel Füllung und nur dünne Teigschichten? Dann sind Sie beim Strudelteig genau richtig! Berühmt und beliebt sind die süddeutschen und österreichischen Strudel, die je nach Jahreszeit, Region und persönlichen Vorlieben unterschiedlich gefüllt sind. Apfelstrudel mit Vanillesauce zum Nachtisch oder Spinatstrudel als Hauptspeise – sie finden immer reißenden Absatz.

Für die Zubereitung eines Strudelteiges müssen zunächst alle Zutaten angewärmt sein. Man kann sie dazu eine Stunde in die Sonne oder in Heizungsnähe stellen. Die Butter lassen Sie am besten schmelzen und anschließend wieder auf Handwärme abkühlen.
Auf der folgenden Seite finden Sie das ausführliche Grundrezept für Strudelteig.

Grundrezept für Strudelteig

1) Sieben Sie das zimmerwarme, fein gemahlene Vollkornmehl auf die Arbeitsfläche, bilden Sie in der Mitte eine Vertiefung und geben Sie Salz, warmes Wasser und die geschmolzene Butter oder Pflanzenmargarine hinein. Verrühren Sie diese Zutaten von der Mitte aus, bis der Teig klebrig und zäh wird.
2) Jetzt wird gründlich geknetet. Dazu wird der Teig mit dem Handballen einer Hand kräftig zusammengedrückt und gleichzeitig vom Körper weggeschoben. Anschließend gibt man ihm eine kleine Drehung und wiederholt diese beiden Arbeitsgänge so lange, bis der Teig völlig glatt und elastisch ist. Er sollte nicht mehr kleben. Dabei kann man, wenn nötig, noch etwas Mehl auf die Arbeitsfläche geben und in den Teig unterkneten.
3) Fühlt sich der Teig glatt und elastisch an, sollte er »geworfen« werden. Dazu heben Sie die Teigkugel 20 – 30 cm hoch und lassen sie mehrmals mit viel Schwung auf die Arbeitsfläche fallen. Wir haben herausgefunden, dass dies am leichtesten geht, wenn man mit den Fingern (der rechten Hand) kräftig in den Teig hineingreift, ihn auf die Arbeitsfläche schlägt und dann mit einer kleinen Drehung diesen Vorgang mehrmals wiederholt.
4) Gönnen Sie dem Teig dann ein wenig Ruhe nach all der Anstrengung. Dazu spülen Sie eine Schüssel mehrfach mit heißem Wasser aus, bis sie gut durchwärmt ist, trocknen sie ab und stellen sie umgedreht über die Teigkugel. 30 Minuten darf der Teig jetzt ruhen.
5) Anschließend muss der Teig nochmals durchgeknetet und danach zwischen zwei bis vier langen Streifen Frischhaltefolie ausgerollt werden. (Das berühmte »Ziehen« des Strudelteiges auf Tischdeckengröße erübrigt sich bei dieser Methode, da Vollkornteig leicht anklebt. Dafür kann man den Teig jetzt nach Belieben und Größe der Frischhaltefolie hauchdünn ausrollen und leicht aufs Blech transportieren.)
6) Um zu verhindern, dass der Strudelteig austrocknet, wird er jetzt mit etwas flüssigem Fett bepinselt (geschmolzene Butter oder Öl).
7) Dann die Füllung je nach Rezept auf dem Teig verteilen, wobei Sie einen kleinen Rand (2 – 3 cm) an allen Seiten frei lassen sollten. Jetzt werden alle Ränder über die Füllung geschlagen, damit die Füllung beim Zusammenrollen und Backen nicht herausquellen kann.
8) Rollen Sie nun den Strudel auf und lassen Sie ihn vorsichtig mithilfe der Frischhaltefolie (und noch besser mithilfe einer zweiten Person) auf ein gefettetes Backblech mit der Naht nach unten gleiten.
9) Vor, während und nach dem Backen wird der Strudel mit flüssigem Fett bepinselt, damit er schön knusprig wird.

Mohnstrudel

Mohnsamen werden im Ayurveda gern gegen nervöse Verdauungsstörungen bei Kindern und bei Menschen mit übermäßigem Vata-Element eingesetzt. Doch allzu viel ist ungesund, denn längerer Konsum von Mohn kann die Aufmerksamkeit herabsetzen.

Für einen Strudel

Für den Strudelteig:

200 g fein gemahlener und ausgesiebter Dinkel
50 g zerlassene Butter
5 – 6 EL warmes Wasser
1 Prise Meersalz

Fett für das Backblech

Für die Füllung:

50 g Rosinen
etwas heißes Wasser zum Einweichen
50 g Butter
250 g fein gemahlener Mohn
125 g Vollrohrzucker
½ TL Zimt
½ TL Ingwerpulver
¼ TL gemahlene Bourbon-Vanille
125 ml Milch

Zum Bestreichen:

50 g zerlassene Butter

So wird's gemacht:

1) Mehl auf die Arbeitsfläche sieben und in die Mitte eine Vertiefung drücken. Zerlassene Butter, Wasser und Salz in diese Vertiefung geben. Alles zu einem festen, glatten Teig kneten und zu einer Kugel formen. Mit den Fingern in den Teig greifen und ihn auf die Arbeitsfläche schlagen. Mit einer kleinen Drehung diesen Vorgang mehrmals wiederholen, bis der Teig zu glänzen beginnt.
2) Nun den Teig in einen warmen und trockenen Topf geben und zugedeckt 30 Minuten ruhen lassen.
3) Rosinen in heißem Wasser waschen und einweichen. Butter für die Füllung in einem Topf schmelzen, den gemahlenen Mohn, Vollrohrzucker, Gewürze und Milch hinzufügen. Nur so viel Milch dazugeben, dass die Füllung gerade streichfähig, aber nicht zu weich wird. Kurz aufkochen und dann die Füllung abkühlen lassen. Backofen auf 190 – 200 °C (E)/ 175 – 180 °C (H) vorheizen.
4) Den Strudelteig zwischen zwei Silikonbackfolien oder Frischhaltefolien zu einem Rechteck ausrollen, mit einem Teil der zerlassenen Butter bestreichen und dann die Mohnfüllung darauffüllen (dabei sollte an den Längsseiten jeweils ein 3 cm breiter Rand frei bleiben).
5) Rosinen abtropfen lassen und auf der Füllung verteilen. Die freien Ränder wie einen Saum über die Füllung schlagen und den Strudel von der Querseite her aufrollen. Die offenen Enden gut zusammendrücken und den Strudel mit der Naht nach unten auf ein gefettetes Backblech legen.
6) Strudel mit zerlassener Butter bestreichen und im Backofen 45 – 50 Minuten goldbraun und knusprig backen. Während und nach dem Backen immer wieder mit Butter einpinseln.

Apfelstrudel

»An apple a day keeps the doctor away« (ein Apfel am Tag hält den Doktor fern). Schon das alte englische Sprichwort besagt es: Der Apfel ist eine vollkommene Schöpfung im Garten von Mutter Natur. Auch wenn die Wissenschaft noch nicht alle Inhaltsstoffe enträtseln konnte, steht fest, dass er weder von Menschenhand »nachgebaut« noch durch Gentechnik »verbessert« werden kann.

Für einen großen Strudel

Für den Strudelteig:

450 g fein gemahlener und ausgesiebter Dinkel oder Weizen
1 Prise Meersalz
100 g Butter (reine Pflanzenmargarine)
180 – 200 ml warmes Wasser

Fett für das Blackbech

Für die Füllung:

1 kg Äpfel
150 g Rosinen
100 g Vollrohrzucker
1 Prise Kardamom
1 – 2 TL Zimt
nach Belieben 50 g Mandelstifte oder Sonnenblumenkerne
20 g ausgesiebte Dinkelkleie oder gemahlene Haselnüsse oder Mandeln

Zum Bestreichen:

etwa 50 g zerlassene Butter (reine Pflanzenmargarine)

So wird's gemacht:

1) Mehl auf die Arbeitsfläche sieben, mit Salz mischen und eine Mulde hineindrücken. In die Mulde nach und nach die geschmolzene Butter (Pflanzenmargarine) und das Wasser gießen und alles zu einem glatten und geschmeidigen Teig verkneten. Dann den Teig in einer Schüssel oder einem Topf mit einem Deckel zugedeckt und warm mindestens 30 Minuten ruhen lassen.
2) In der Zwischenzeit Äpfel waschen, schälen, entkernen und in kleine Schnitze schneiden. Rosinen mit heißem Wasser waschen, abtropfen lassen und mit den Apfelschnitzen, Vollrohrzucker, Kardamom, Zimt und eventuell Mandelstiften oder Sonnenblumenkernen mischen.
3) Teig zwischen Silikonbackfolien oder Frischhaltefolien ausrollen. Mit zerlassener Butter (Pflanzenmargarine) bestreichen. Dinkelkleie darüberstreuen und die Apfelfüllung darauf verteilen (den Saft zurückbehalten). Ringsum einen 3 cm breiten Rand frei lassen und auf die Füllung umschlagen. Strudel von der Längsseite her einrollen und mit der Naht nach unten auf ein gefettetes Backblech legen.
4) Strudel mit zerlassener Butter (Pflanzenmargarine) bestreichen und im Backofen bei 190 °C (E)/175 °C (H) 40 – 45 Minuten goldbraun backen. Zwischendurch und nach dem Backen mit zerlassener Butter (Pflanzenmargarine) bestreichen.

Tipp: Am besten schmeckt der Apfelstrudel, wenn Sie ihn mit warmer Vanillesauce servieren.

Blätterteig

Einfach zu machen ist er ja, der Blätterteig. Aber er braucht viel Zeit, wenn man die Kühlzeiten dazurechnet. Wir stellen uns immer einen Wecker, um die Kühlzeiten nicht zu vergessen, und wenden uns in der Zwischenzeit anderen Tätigkeiten zu. Sie können auch gleich die doppelte Menge des Grundrezepts herstellen und einen Teil davon einfrieren (s. S. 131). Dann geht es das nächste Mal schneller.
Blätterteig ist ein Verwandlungskünstler. Mit ihm können Sie süße Pies oder pikante Gemüse-Pasteten zaubern, aber auch Teeblätter, gefüllte Teigtaschen, Hörnchen, Knusperstangen oder Torten. Wer einmal Blätterteig selbst gemacht hat, wird in Zukunft gerne den zum Kauf angebotenen Blätterteig im Kühlregal des Supermarktes lassen.

Es gibt drei Arten von Blätterteig

Halbblätterteig
Halbblätterteig lässt sich am schnellsten und einfachsten zubereiten. Allerdings geht er nicht so hoch auf und hat auch nicht so feine Schichten wie der klassische Blätterteig. Für ihn ist fein gemahlener, ausgesiebter Dinkel das Richtige. Halbblätterteig eignet sich wunderbar für Blätterteig-Tarte-Tatin (s. S. 132), süße oder pikante Pies.

Schneller Blätterteig
Schneller Blätterteig lässt sich ebenso schnell herstellen wie Halbblätterteig, geht jedoch mehr auf und sieht besser aus. Fein gemahlener, ausgesiebter Weizen oder Dinkel erzielen hier gute Resultate.

Klassischer Blätterteig
Dieser gehaltvolle Blätterteig geht in vielen goldbraunen Schichten auf. Er eignet sich hervorragend für kleine gefüllte Pastetchen, Holländer Kirschtorte, Teeblätter und Ähnliches. Vollkornmehl kann man allerdings für klassischen Blätterteig nicht nehmen; der Teig wird zu schwer und geht nicht in den vielen feinen Schichten auf, und zudem müssen Sie auch noch mehr Zeit investieren. Deshalb verwenden wir hier Weizenmehl Type 1050.

Grundrezept für Halbblätterteig

Für 250 g Teig

250 g fein gemahlener und ausgesiebter Dinkel
1 Prise Meersalz
175 g gekühlte Butter
4 TL Zitronensaft
7 – 8 EL eiskaltes Wasser
Mehl für die Arbeitsfläche

So wird's gemacht:

1) Dinkel und Meersalz in einer Schüssel mischen und mit einem groben Reibeeisen die Butter darüberraspeln. Zitronensaft und Wasser hinzufügen und rasch zu einem ziemlich weichen Teig kneten. Den Teig zu einer Kugel formen und zugedeckt mindestens 1 Stunde in den Kühlschrank legen.
2) Teig auf einer leicht bemehlten Fläche zu einem Rechteck ausrollen (Sie können dazu ein Lineal verwenden, um den Teig etwas »geradezubiegen«).
3) Nun wie beim Falten eines Briefbogens das untere Drittel des Rechtecks nach oben umschlagen und das obere Drittel darüber nach unten, sodass drei übereinanderliegende Schichten entstehen (ein kleines gefaltetes Rechteck).
4) Teigränder mit dem Nudelholz leicht zusammenpressen, damit die Luft nicht entweichen kann. Dann das Teigstück mit der Schmalseite zum Körper drehen.
5) Ausrollen, Falten und Drehen viermal wiederholen. Der Teig ist jetzt zur Weiterverarbeitung fertig. Vorher jedoch in Frischhaltefolie wickeln und mindestens 30 Minuten kalt stellen (Sie können ihn auch im Kühlschrank 1 – 2 Tage aufbewahren).
6) Backofen auf 220 °C (E)/200 °C (H) vorheizen. Den Teig auf der Arbeitsfläche etwa 5 mm dick ausrollen. Auf ein mit kaltem Wasser abgespültes Backblech legen und je nach Rezept backen.

Grundrezept für schnellen Blätterteig

Für 250 g Teig

250 g fein gemahlener und ausgesiebter Dinkel
1 Prise Meersalz
150 g gekühlte Butter
125 ml eiskaltes Wasser
Mehl für die Arbeitsfläche

So wird's gemacht:

1) Dinkel und Meersalz in einer Schüssel mischen. Butter in vier gleich große Stücke teilen. Ein Viertel der Butter (etwa 35 g) mit dem Mehl zusammenreiben. Wasser hinzufügen und alles miteinander verkneten. Den Rest der Butter kühlen.
2) Teig auf eine leicht bemehlte Fläche legen und kneten, bis er glatt ist. Zu einem Rechteck formen und auf etwa 12 × 25 cm ausrollen. Am Ende ein Lineal zu Hilfe nehmen, damit die Ecken rechtwinklig und die Teigränder gerade sind.
3) Ein weiteres Viertel der Butter (etwa 35 g) in dünne Scheiben schneiden und in Reihen auf den oberen zwei Dritteln des Teiges verteilen (die Ränder dabei frei lassen). Nun das untere Drittel des Teiges (ohne Butter) nach oben schlagen und das obere Drittel darüber nach unten schlagen, sodass drei übereinanderliegende Schichten entstehen.
4) Die Ränder mit dem Nudelholz leicht zusammendrücken. Das Teigstück mit der Schmalseite zum Körper drehen. Teig erneut (ohne Fettzugabe) ausrollen und wie beschrieben zusammenfalten.
5) Die Schritte 3 und 4 zweimal wiederholen. Jetzt ist die gesamte Butter verbraucht.
6) Teig in Frischhaltefolie einschlagen und mindestens 30 Minuten kalt stellen. Dann wieder ausrollen und wie beschrieben zusammenfalten (ohne Fettzugabe). Der Teig ist jetzt fertig zur Weiterverwendung. Je nach Bedarf ausrollen und im vorgeheizten Backofen bei 220 – 230 °C (E)/200 – 210 °C (H) backen.

Grundrezept für klassischen Blätterteig

Für 450 g Teig

250 g Weizenmehl Type 1050
½ TL Meersalz
250 g gekühlte Butter
1½ TL Zitronensaft
125 ml eiskaltes Wasser
Mehl für die Arbeitsfläche

So wird's gemacht:

1) Mehl mit Meersalz in einer Schüssel mischen. 25 g Butter mit dem Mehl zwischen den Fingern zu groben Bröseln reiben. Zitronensaft und Wasser hinzufügen und alles zu einem Teig verkneten.
2) Teig auf der Arbeitsfläche kräftig durchkneten und zu einem Quadrat formen. Sodann in Frischhaltefolie wickeln und 1 Stunde kalt stellen. Die restliche Butter (225 g) zwischen zwei Folien mit dem Nudelholz etwas breit schlagen, damit sie weicher wird. Dann auf einem bemehlten Brett zu einem Butterquadrat mit 15 cm Seitenlänge ausrollen.
3) Dann den Teig auf einer leicht bemehlten Fläche zu einem Quadrat von 25 cm Seitenlänge ausrollen und das Butterquadrat diagonal auf das Teigstück legen. Die Teigecken übereinanderschlagen, sodass sie etwas überlappen (wie ein Brief, in dem die Butter vollständig eingeschlossen ist).
4) Teig auf einer leicht bemehlten Fläche mit kurzen Rollbewegungen (vor und zurück) zu einem etwa 1 cm dicken Rechteck ausrollen.
5) Nun das untere Drittel nach oben umschlagen und das obere Drittel darüber nach unten falten. Die Teigränder mit dem Nudelholz leicht zusammendrücken. Das Teigstück mit der Schmalseite zum Körper drehen und etwa 5 mm dick ausrollen, und zwar so, dass das Rechteck dreimal so lang wie breit ist.
6) Den Teig erneut zu drei Lagen zusammenfalten. Der Teig ist jetzt zweimal gefaltet worden (= 2 Touren). Zur Erinnerung drücken Sie zwei Finger in den Teig, wickeln ihn in Frischhaltefolie und stellen ihn 1 Stunde in den Kühlschrank (oder länger, wenn Sie noch etwas anderes zu tun haben).
7) Teig auswickeln (falls er zu kalt ist, 10 Minuten vor dem Ausrollen »auftauen« lassen). Jetzt den Teig wie zuvor beschrieben jeweils zweimal ausrollen und zusammenfalten; mit vier Fingern markieren. Teig wieder einwickeln und 1 Stunde kalt stellen.
8) Schritt 7 wiederholen.
9) Nun ist der Teig fertig zur Weiterverwendung und kann je nach Rezept verarbeitet werden. Den Teig nach dem Ausrollen nochmals 30 Minuten kalt stellen. (Sie können ihn auch mehrere Tage im Kühlschrank oder mehrere Wochen in der Tiefkühltruhe aufbewahren.) Im vorgeheizten Ofen bei 220 – 230 °C (E)/200 – 210 °C (H) backen.

Allgemeine Tipps

Damit beim Ausrollen alles gut geht, muss der Grundteig die richtige Konsistenz haben: weich, glatt und gut formbar.
Die **Butter sollte gut gekühlt,** aber nicht hart sein, sie darf während des »Tourens« (Ausrollens) auf keinen Fall schmelzen.
Gutes Touren, wie der Fachmann zum Ausrollen sagt, lohnt sich. Je genauer Sie das längliche Rechteck ausrollen und immer wieder zu je einem Drittel von oben und unten einschlagen und je öfter Sie dem Teig die »Touren geben«, desto besser kommen die dünnen Butterschichten zwischen jede Teigschicht. Diese Butterschichten nämlich sind es, die einerseits das Zusammenkleben des Teigs verhindern und andererseits mit ihrem Wasserdampf den Teig in die Höhe treiben – Schicht für Schicht.
Ideal ist eine Arbeitsfläche aus Marmor, Granit oder Schiefer, da sie den Teig schön kühl hält.
Das **Backblech immer mit kaltem Wasser spülen und einpinseln** – niemals mit Fett. Durch den entstehenden Wasserdampf bekommt der Teig eine zusätzlich »Triebhilfe«.

Niemals den Teig kneten, sondern immer **nur ausrollen,** sonst werden die einzelnen Teigschichten zerstört und kleben zusammen. Sollten nach dem Ausstechen von z. B. kleinen Pastetchen Teigreste übrig geblieben sein, können Sie die Teigreste übereinanderlegen, ausrollen und noch einmal ausstechen – so lange, bis der ganze Teig verarbeitet ist.

Tipps zum Aufbewahren

Wenn Sie eine Tiefkühltruhe besitzen, lohnt es sich, gleich die doppelte Menge Grundteig zu machen. Eine Hälfte verwenden Sie jetzt, die andere irgendwann später. Das spart Zeit.
Im Kühlschrank hält sich nicht verbrauchter Teig bis zu zwei Tage – im Gefrierfach bis zu drei Monate.
Immer nur kleine Portionen einzeln einfrieren: Den Teig zu gleich großen Platten ausrollen, ausschneiden, anfrieren und erst dann aufeinandergestapelt verpacken.
Zur Weiterverwendung die Teigportionen vor dem Ausrollen einige Minuten auftauen lassen.
Am besten frieren Sie die schon fertig ausgerollten Teigböden oder gefüllten Teigtaschen ein. Diese können Sie – ohne Auftauen – direkt backen.

Blätterteig-Tarte-Tatin

Im Früchteparadies rangiert er ganz oben, für viele ist der Apfel das Lieblingsobst. Zu seinen über 300 wertvollen Inhaltsstoffen gehören organische Säuren, die der Leber helfen zu entgiften, Gerbstoffe, ätherische Öle und vor allem Pektin mit seiner Heil- und Schutzwirkung für den Darm. Da die wertvollsten Substanzen direkt unter der Schale liegen, lohnt es sich bei diesem Obst besonders, auf ökologischen Anbau zu achten, damit man die Schale guten Gewissens mitessen kann.
Dieses nordfranzösische Tarte-Rezept der Schwestern Tatin stellt alles auf den Kopf. Alles wird umgekehrt gebacken, der Belag ist unten und der Teigboden oben. Fehlt nur noch eine feuerfeste Pfanne, und es kann losgehen.

Für eine feuerfeste Pfanne (Ø 30 cm)

Für den Blätterteig:
125 g Halbblätterteig oder schneller Blätterteig (s. S. 128/129)

Für den »Belag«:
3 – 4 Äpfel
4 EL Butter
4 EL Vollrohrzucker
1 EL Mandelblättchen

So wird's gemacht:

1) Blätterteig nach Grundrezept herstellen. Eine runde Teigplatte in Größe der Pfanne ausrollen und kühl stellen.
2) Äpfel waschen, schälen, von den Kerngehäusen befreien und vierteln. Butter und Vollrohrzucker in der Pfanne karamellisieren lassen und die Mandelblättchen dazugeben. Äpfel dachziegelartig in die Pfanne legen und wenige Minuten bei kleiner Hitze andünsten.
3) Backofen auf 190 °C (E)/175 °C (H) vorheizen. Blätterteig auf die Äpfel legen und 30 – 35 Minuten im Ofen goldbraun backen. Nach dem Backen sofort auf eine Platte stürzen und noch warm servieren!

Tipp: Diese Tarte macht sich auch mit einer Mürbteigschicht recht gut. Und selbstverständlich schmeckt anderes Obst wie Aprikosen, Birnen, Pflaumen oder Pfirsiche ebenso köstlich wie Äpfel.

Erdbeer-Blätterteig-Torte

»Früchte voller Süße« nannte Goethe sie. Doch Erdbeeren sind mehr als nur das: Sie enthalten über 300 Substanzen, unter anderem ätherische Öle, Pektin, Flavone, Kalium, Calcium, Phosphor, Eisen und einen hohen Anteil an Vitamin C. Das schenkt Energie, Frische, Gelassenheit, Appetit und viele rote Blutkörperchen.
Wer noch Blätterteig im Gefrierschrank hat, kann selbst unangemeldeten Gästen mit dieser Torte aufwarten. Doch probieren Sie selbst!

Für eine Torte (Ø 28 cm)

Für den Tortenboden:
200 g Halbblätterteig oder schneller Blätterteig (s. S. 128/129)

Mehl für die Arbeitsfläche

Für den Belag:
500 g Erdbeeren (oder andere Beeren)
300 g Johannisbeergelee oder Aprikosenkonfitüre
2 – 3 EL Vollrohrzucker
eventuell 1 EL Apfelsaft
200 ml Sahne

So wird's gemacht:

1) Den Blätterteig nach Grundrezept herstellen. Backofen auf 190 °C (E)/ 175 °C (H) vorheizen.
2) Blätterteig auf einer leicht bemehlten Fläche 4 mm dick ausrollen. (Teig niemals kneten, sonst werden die Butterschichten zerdrückt.) Springformrand als Schablone auflegen und eine Teigplatte mit diesem Durchmesser ausradeln oder ausschneiden. Backblech mit kaltem Wasser abspülen, Teigplatte darauflegen und 15 Minuten backen.
3) Blätterteig auf einem Gitter auskühlen lassen. Die Erdbeeren waschen und trockentupfen.
4) Johannisbeergelee oder Aprikosenkonfitüre in einem Topf mit 1 EL Vollrohrzucker verrühren und bei mittlerer Hitze 1 Minute köcheln und anschließend etwas abkühlen lassen (falls Sie Aprikosenkonfitüre verwenden, fügen Sie gegebenenfalls noch 1 EL Apfelsaft hinzu). Sahne steif schlagen und mit 1 – 2 EL fein gemahlenem und gesiebtem Vollrohrzucker süßen. Erdbeeren auf dem gebackenen Teigboden verteilen, Gelee darübergießen und mit Schlagsahne servieren.
5) Torte sofort servieren, da die Früchte den Tortenboden bald aufweichen.

Tipp: Diese Torte lässt sich immer wieder im neuen »Kleid« zaubern. Versuchen Sie einmal exotisch frische Mangostreifen als Belag oder Bananen, Kiwis und (Wald-)Beeren aller Art. Sie können die Früchte auch in ein Bett von Vanillecreme setzen und mit Mandelstiften verzieren.

Teeblätter

Diese Spezialität schmeckt nicht nur zu Tee, sondern auch als Nachtisch mit einer Kugel Vanilleeis. Übrigens, probieren Sie doch einmal anstelle des schwarzen Tees den aus Südafrika stammenden Rooibush-(Rotbusch-)Tee. Im Geschmack kommt dieser koffein- und gerbstofffreie Kräutertee einem Schwarztee sehr nahe.

Für den Blätterteig:

450 g klassischer Blätterteig (s. S. 130)
150 g Roh-Rohrzucker

Für die Glasur:

Carobglasur (s. S. 172)

So wird's gemacht:

1) Klassischen Blätterteig nach dem Grundrezept herstellen.
2) Die eine Hälfte des Blätterteiges kühlen. Die andere Hälfte auf einer gezuckerten Arbeitsfläche etwa 7 – 9 mm dick ausrollen. Mit einem Glas (6 cm Durchmesser) Scheiben aus der Teigplatte ausstechen. Die Scheiben auf der gezuckerten Fläche in eine Richtung ausrollen, wenden und in der gleichen Richtung nochmals ausrollen (Teigreste niemals zusammenkneten, sondern übereinanderlegen und ausrollen, s. S. 131).
3) Backofen auf 220 °C (E)/200 °C (H) vorheizen. Die ovalen Scheiben auf ein mit kaltem Wasser gespültes Backblech legen und 5 Minuten ruhen lassen. Anschließend etwa 8 Minuten backen (mittlere Schiene beim Backen mit Ober- und Unterhitze). Zum Auskühlen auf ein Kuchengitter legen. Dann mit der anderen Teighälfte ebenso verfahren.
4) Carobglasur zubereiten. Teeblätter mit beiden Enden hineintauchen. Die Teeblätter zum Abtropfen auf ein Kuchengitter legen, bis die Glasur fest geworden ist.

Kleingebäck und andere (Sch)leckereien

Nussecken

Nüsse sind ideale Energiespender für Körper und Geist. Der Ayurveda empfiehlt sie ganz besonders im Winter, da sie erhitzend wirken und dem Organismus viel Fett zuführen. Ihre herzfreundlichen ungesättigten Fettsäuren, ihr hoher Eiweißanteil, ihr Mineralstoffgehalt und Gehalt an B-Vitaminen machen sie zu gesunden Kraftpaketen, aber auch zur hervorragenden Nahrung für Diabetiker und Nierenkranke.

Für ein Backblech (etwa 36 × 40 cm)

Für den Mürbteigboden:
250 g fein gemahlener Dinkel
1 Msp Natron
125 g kalte Butter
65 g gesiebter Vollrohrzucker oder Jaggery
1 EL Wasser oder Joghurt

Fett für das Backblech

Für den Belag:
150 g grob gehackte, geröstete Haselnüsse
150 g fein gemahlene, geröstete Haselnüsse
150 g Butter
100 g Jaggery (oder Vollrohrzucker)
20 ml (2 EL) Birnendicksaft (entfällt bei Verwendung von Jaggery)
½ TL gemahlene Bourbon-Vanille
1 – 2 EL Sahne
3 EL Aprikosenkonfitüre, Orangenmarmelade oder Maronenkonfitüre

Zum Bestreichen:
Carobglasur (s. S. 172)

So wird's gemacht:

1) Alle Zutaten für den Mürbteig zu einem geschmeidigen Teig kneten und mindestens 30 Minuten kalt stellen.
2) Die Zutaten für den Belag (außer der Konfitüre) in einer Pfanne erwärmen und leicht abkühlen lassen.
3) Teig zwischen zwei Silikonbackfolien oder Frischhaltefolien zu einer dünnen Platte ausrollen und auf dem gefetteten Backblech verteilen, sodass es vollständig mit einer dünnen Teigschicht bedeckt ist. Teig mit einer Gabel mehrmals einstechen und im vorgeheizten Ofen bei 190 °C (E)/ 175 °C (H) 12 – 15 Minuten vorbacken. Die Konfitüre auf den leicht abgekühlten Teigboden streichen, die Füllung darüber verteilen und bei gleicher Temperatur 15 weitere Minuten backen.
4) Den abgekühlten Kuchen in Quadrate schneiden und diese jeweils diagonal durchschneiden, sodass Dreiecke entstehen. Die Ecken in die Carobglasur tauchen (s. S. 172) und das Gebäck auf einem Kuchengitter trocknen lassen.

Rosinenschnecken

Rosinenschnecken sind einfach der Renner. Da Quark meist mithilfe von tierischem Lab hergestellt wird, kann es hilfreich sein, sich direkt bei der betreffenden Molkerei zu erkundigen, welches Lab für den Quark verwendet wird. Auch Vegetarier- und Veganverbände helfen hierbei gerne. Wem das alles zu umständlich ist, kann Quark und Joghurtquark auch ganz leicht selbst herstellen.

Für 20 Schnecken

Für den Joghurtquark-Butterteig:

250 g Joghurtquark (aus 500 g Joghurt) oder Quark (Seidentofu oder cremig gerührter Tofu)
280 g fein gemahlener Dinkel
1 Msp Natron
250 g kalte Butter (reine Pflanzenmargarine)

Mehl für die Arbeitsfläche

Für die Füllung:

125 g Rosinen
etwas heißes Wasser zum Einweichen
50 g Butter (reine Pflanzenmargarine)
50 g gemahlene oder gehackte Haselnüsse
150 g Vollrohrzucker oder Jaggery
1 TL Zimt
2 – 3 EL Sahne (Sojasahne)

So wird's gemacht:

1) Den Joghurtquark nach Anleitung (s. S. 178) herstellen. Der fertige Joghurtquark sollte etwa halb so viel wiegen wie der ursprüngliche Joghurt. Dies dauert etwa 2 Stunden.
2) Vollkornmehl mit Natron vermischen und auf die Arbeitsplatte sieben. Butter (Pflanzenmargarine) in Flöckchen schneiden und mit dem Joghurtquark oder Quark (Tofu) rasch zu einem geschmeidigen Teig kneten. Den Teig zugedeckt am besten über Nacht (oder mindestens 8 Stunden) kalt stellen.
3) Für die Füllung die Rosinen waschen und in etwas heißem Wasser einweichen. Die Hälfte der Butter (Pflanzenmargarine) in einer Pfanne schmelzen und darin die gemahlenen oder gehackten Nüsse mit Vollrohrzucker oder Jaggery und Zimt anrösten. Die Sahne (Sojasahne) dazugeben. Pfanne von der Flamme nehmen und abkühlen lassen. Die andere Hälfte der Butter (Pflanzenmargarine) ebenfalls schmelzen und damit später die Teigplatte bepinseln.
4) Quarkteig auf der bemehlten Arbeitsfläche zu einer Platte von 40 × 60 cm ausrollen. Die Teigplatte mit Butter (Pflanzenmargarine) bepinseln, die abgekühlte Füllung auf dem Teig verteilen, dabei an den Seiten einen kleinen Rand frei lassen. Die gefüllte Teigplatte von der schmalen Seite her aufrollen und mit einem in kaltes Wasser getauchten Messer in 20 Scheiben schneiden.
5) Die Rosinenschnecken auf ein mit Backpapier ausgelegtes Backblech legen und im vorgeheizten Ofen bei 190 – 200 °C (E)/175 – 180 °C (H) 25 – 30 Minuten backen.

Orangen-Nuss-Schnecken

Schon legendär ist der hohe Vitamin-C-Gehalt von Orangen. Dabei ist das noch längst nicht alles, was sie zu bieten haben: Betacarotin, Mineralien und zellschützende Flavonoide sind in ihnen enthalten. Frische Orangen regen laut Ayurveda den Appetit an und haben eine kühlende Wirkung auf den Körper – das erklärt, weshalb frisch gepresster Orangensaft gerne in der Rekonvaleszenz, vor allem nach Fieber- und Durchfallerkrankungen, gegeben wird. Frisch gepresster Orangensaft enthält auch relativ viel Selen, was die Abwehrkräfte stärkt.

Für 15 – 20 Schnecken

Für den Hefeteig:

500 g fein gemahlener Dinkel
250 ml Orangensaft oder Milch
20 g Hefe
100 g Vollrohrzucker
50 g weiche Butter (reine Pflanzenmargarine)
abgeriebene Schale einer halben unbehandelten Orange

Fett für das Backblech

Für die Füllung:

350 g geröstete Haselnüsse oder Cashewnüsse
100 g Vollrohrzucker oder Jaggery
3 EL Birnendicksaft
3 EL gehacktes Orangeat
3 EL Orangensaft
¼ TL Zimt

Zum Bestreichen:

3 EL Orangenmarmelade
eventuell Orangenglasur (s. S. 174)

So wird's gemacht:

1) Aus den Zutaten für den Hefeteig einen geschmeidigen Teig herstellen (s. S. 81). Zugedeckt an einem warmen Ort 30 – 40 Minuten gehen lassen, bis sich sein Volumen verdoppelt hat.
2) In der Zwischenzeit für die Füllung die je zur Hälfte gemahlenen und gehackten Haselnüsse oder Cashewnüsse in einer Pfanne leicht anrösten. Vollrohrzucker oder Jaggery und die restlichen Zutaten darunterrühren und von der Flamme nehmen.
3) Den Hefeteig noch einmal kräftig auf der Arbeitsplatte durchkneten und ihn (ohne Mehl) zu einem Rechteck ausrollen (etwa 5 mm dünn). Damit der Teig nicht anklebt, während des Ausrollens immer wieder wenden. Die Teigplatte mit 2 EL Orangenmarmelade bestreichen.
4) Die auf Handwärme abgekühlte Füllmasse auf der Teigplatte verteilen und die Platte fest aufrollen. Mit einem scharfen Messer 2 cm dicke Scheiben abschneiden und auf ein gefettetes Backblech legen.
5) Die Nussschnecken mit einem Tuch zugedeckt etwa 10 Minuten gehen lassen und anschließend im Backofen bei 190 °C (E)/175 °C (H) 30 – 35 Minuten backen. (Die Backzeit richtet sich nach der Dicke der Teigstücke.)
6) Die noch heißen Schnecken mit Orangenmarmelade bestreichen und eventuell mit Orangenglasur bepinseln.

Pfannkuchen ohne Ei – Grundrezept

Sie sind die Favoriten der Kinder: Pfannkuchen mit allen möglichen Füllungen. Aber auch Erwachsene dürfen sie genießen. Denn Pfannkuchen ohne Eier sind nicht nur kinderleicht und schnell selbst gemacht, sondern schmecken auch gut – und sind so ganz nebenbei viel gesünder.
Natürlich können Sie die Pfannkuchen auch mit einer pikanten Füllung servieren. Dafür können Sie die entsprechenden Gewürze auch direkt in den Teig geben. Ihrer Kreativität und Fantasie sind keine Grenzen gesetzt.

Für etwa 8 Pfannkuchen

Für den Teig:
200 g sehr fein gemahlener und ausgesiebter Dinkel
200 ml Milch
150 ml Mineralwasser
1 Prise Meersalz
¼ TL Kurkuma
eventuell 1 Msp Natron oder Pottasche

Zum Braten:
Ghee oder Pflanzenöl

Vorschläge für Füllung(en):
Apfelmus oder anderes Kompott
Quittengelee
Ahornsirup mit Zimt oder gemahlener Bourbon-Vanille

Carob-Nuss-Creme:
geröstete, fein gemahlene Haselnüsse
2 EL Carobpulver
etwas Butter
etwas Honig
etwas Sahne

So wird's gemacht:

1) Den fein gemahlenen Dinkel in eine Schüssel sieben und mit den restlichen Teigzutaten mithilfe eines Schneebesens zu einem flüssigen Teig rühren. Den Teig etwa 15 Minuten ruhen lassen. (Falls der Teig nach der Ruhezeit etwas zu dickflüssig geworden ist, noch einen Schuss Mineralwasser unterrühren.)
2) In einer heißen, gefetteten Pfanne dünne Pfannkuchen ausbacken und nach Wunsch mit einer beliebigen süßen oder auch pikanten Füllung servieren.

Variation:

Apfelpfannkuchen

Einen in kleine Stückchen geschnittenen Apfel und eventuell Rosinen im Pfannkuchenteig mitbacken.

Tipp: Sollten Pfannkuchen übrig sein, können Sie Pfannkuchensuppe mit Gemüsebrühe servieren.

Florentiner

Wer liebt es nicht, dieses kleine, süße und knackige italienische Gebäck? Gerade in der kalten Jahreszeit sind Mandeln die Powernahrung der Wahl.
In Nordindien gibt man Kindern morgens frische Mandelpaste mit Honig. Die stärkende Wirkung der Mandeln für Nerven, Gehirn und Körper tut aber auch geistig und körperlich arbeitenden Erwachsenen, Sportlern und vor allem Frauen sehr gut.

Für 24 Stück

100 g Butter
(reine Pflanzenmargarine)
220 g Mandelstifte
50 g gehacktes Orangeat
150 g Vollrohrzucker oder Jaggery
1 EL Ahornsirup

Für die Glasur:
Carobglasur (s. S. 172)

So wird's gemacht:

1) Butter (Pflanzenmargarine) in der Pfanne schmelzen, Mandelstifte mit dem Orangeat leicht darin anrösten, Vollrohrzucker oder Jaggery dazugeben und so lange rühren, bis sich alles zu einer homogenen Masse verbunden hat. Zum Schluss den Ahornsirup dazufügen und die Pfanne nach wenigen Minuten von der Flamme nehmen. Die Masse leicht abkühlen lassen.
2) Es gibt verschiedene Möglichkeiten, die Florentiner weiter zuzubereiten: Da die zu kleinen Talern geformten Florentiner während des Backens (auf einem mit Backpapier ausgelegtem Blech) stark zerlaufen, müssen sie nach dem Backen (im noch warmen Zustand) wieder in ihre ursprüngliche Form gebracht werden.
Sie können aber auch in kleinen gefetteten Förmchen (oder Ringen) gebacken werden (s. Tipp).
3) Florentiner im Ofen bei 200 °C (E)/ 180 °C (H) 10 – 15 Minuten goldbraun backen (Backzeit variiert je nach Größe und Form der Florentiner). Wenn sie erkaltet sind, die Unterseiten der Florentiner mit Carobglasur bepinseln und das Gebäck kalt stellen, bis die Glasur fest geworden ist.

Tipp: Masse in eine mit Backpapier ausgelegte oder gefettete Springform geben, etwas andrücken und nach dem Backen und Abkühlen in kleine Tortenstückchen schneiden.

Zarte Joghurthörnchen

Nach dem Ayurveda verlängert Butter das Leben, stärkt den Körper und das Gedächtnis. Sie ist außerdem gut für die Augen und wird gezielt gegen chronische Vergiftungserscheinungen, Schwellungen und Lethargie eingesetzt.
Sehr an Blätterteig erinnert dieses Joghurtquark-Butterteig-Rezept, doch ist es viel einfacher zuzubereiten als klassischer Blätterteig. Planen Sie aber die lange Ruhezeit (über Nacht) ein.

Für etwa 24 Stück

Für den Teig:
250 g Joghurtquark (aus 500 g Joghurt) (Seidentofu oder cremig gerührter Tofu)
250 g kalte Butter (reine Pflanzenmargarine)
300 g fein gemahlener Dinkel
1 Prise Meersalz
1 Msp Natron

Mehl für die Arbeitsfläche

Für die Füllung:
150 g (selbst gemachte) Erdbeer-, Aprikosen- oder Holunderbeerkonfitüre
50 g Rosinen

So wird's gemacht:
1) Den Joghurtquark nach Anleitung (s. S. 178) herstellen. Dies dauert 2 – 4 Stunden.
2) Joghurtquark (Tofu) mit der in Flöckchen geschnittenen Butter (Pflanzenmargarine) auf die Arbeitsplatte geben. Dinkelmehl mit Meersalz und Natron mischen und darübersieben. Mit einem Rührlöffel verrühren, den Teig rasch mit den Händen verkneten, zu einer Kugel formen und in Folie eingewickelt über Nacht (oder 8 – 10 Stunden) ruhen lassen.
3) Am nächsten Tag den Teig auf einer bemehlten Fläche mit einem gut bemehlten Teigroller etwa 5 mm dick ausrollen. Die Teigplatte in Quadrate (10 cm groß) ausradeln oder schneiden. (Nicht zu viel Mehl zum Ausrollen verwenden, sonst wird der Teig mürbe.)
4) Die Zutaten für die Füllung mischen. In die Mitte der Quadrate je 1 EL der gewählten Füllung (siehe auch Variationen) geben. Teigränder mit etwas kaltem Wasser bepinseln, über Eck zusammenschlagen und gut andrücken. Durch Biegen der Ecken zu Hörnchen formen. Wahlweise Ecken, Taschen oder Rollen formen.
5) Das Gebäck auf ein mit Backpapier ausgelegtes Backblech setzen und bei 200 – 220 °C (E)/170 – 190 °C (H) 15 – 20 Minuten backen, bis es goldbraun und knusprig ist.

Variationen:

Mango-Bananen-Füllung

Mangos wachsen an Riesenbäumen. Sie haben einen hohen Eisengehalt, was sie für die Blutbildung wertvoll und für Frauen während der Menstruation besonders interessant macht. Daneben stimulieren Mangos Nervensystem, Gehirn, Lunge und Magen, beseitigen Verstopfung und lindern Nieren- und Dickdarmentzündungen. Unter den Früchten ist die Mango eine Hauptlieferantin von Vitamin A (mehr noch als Karotten). Um den gesamten Organismus zu energetisieren, empfiehlt der Ayurveda ein Glas warme Milch vor dem Verzehr einer Mango.

1 Mango
1 – 2 Bananen
1 Orange
3 EL Birnendicksaft, Ahornsirup oder Jaggery
1 TL gemahlene Bourbon-Vanille

So wird's gemacht:

1) Mango schälen, Fruchtfleisch vom Stein und in kleine Würfelchen schneiden. Bananen und Orange ebenfalls schälen und würfeln.
2) Alle Zutaten in einem Topf bei mittlerer Hitze köcheln lassen, bis die Früchte eindicken. Abkühlen lassen und weiterverarbeiten.

Carob-Nuss-Füllung

150 g gemahlene Mandeln oder Nüsse
100 g Vollrohrzucker
100 ml Milch
1 EL Carobpulver
1 TL gemahlene Bourbon-Vanille

So wird's gemacht:

1) Alle Zutaten in einem Topf bei mittlerer Hitze unter ständigem Rühren köcheln, bis die Masse eindickt.
2) Abkühlen lassen und anschließend weiterverarbeiten.

Aprikosentörtchen

Wer hätte das gedacht – Törtchen ohne Getreide. Das sieht man ihnen nicht an! Im Sommer machen sich frische Früchte oder Beeren als Belag gut mit Schlagsahne und gehackten Pistazien als Verzierung. Und im Winter geben ihnen getrocknete Aprikosen das gewisse Etwas. Getrocknete Aprikosen enthalten dreimal mehr Vitamin A als ihre frischen Schwestern. Nach dem Ayurveda können sie auch in Milch eingeweicht und gekocht werden. Das macht sie besonders kräftigend und leicht verdaulich (ein Geheimtipp bei chronischer Verstopfung). Außerdem helfen Aprikosen mit ihrem hohen Gehalt an Eisen und Calcium bei Anämie und fördern die Blutbildung.

Für 16 – 18 Törtchen (Ø 10 cm)

Für die Törtchenböden:

350 g selbst gemachter Frischkäse (aus 2 l Milch)
Saft von 1 – 1½ Zitronen
1 EL Joghurt
100 g gemahlene Mandeln
150 g Vollrohrzucker
100 g Kartoffelstärke oder Wildpfeilwurzmehl
eventuell 1 Msp Natron

Butter für die Förmchen

Für den Belag:

200 g getrocknete Aprikosen
100 ml heißes Wasser zum Einweichen
4 EL Birnendicksaft, Ahornsirup oder Honig
Zimt
400 ml Sahne
4 – 5 EL fein gemahlener Vollrohrzucker

So wird's gemacht:

1) Frischkäse nach Anleitung zubereiten (s. S. 176). Aprikosen waschen und im heißen Wasser einweichen.
2) Den leicht gepressten Frischkäse weich kneten und mit den restlichen Zutaten für die Törtchenböden zu einem geschmeidigen Teig kneten.
3) Förmchen mit Butter einfetten. Aus dem Teig kleine Kugeln formen, diese in der Hand flach drücken und die Förmchen damit auskleiden.
4) Törtchen im Ofen bei 190 °C (E)/ 175 °C (H) 12 –15 Minuten goldbraun backen. Dann aus den Förmchen stürzen und 3 – 5 weitere Minuten backen. Die Backzeit ist abhängig von der Größe der Förmchen. Auf einem Kuchengitter auskühlen lassen.
5) Aprikosen im Mixer zu einer cremigen Paste pürieren. Etwas Einweichwasser nach Bedarf dazugeben. Mit Birnendicksaft, Ahornsirup oder Honig und ¼ TL Zimt mischen. Sahne steif schlagen, fein gemahlenen Vollrohrzucker und 1 TL Zimt darunterheben und kalt stellen.
6) Die Törtchen mit der Aprikosencreme füllen und mit der Schlagsahne verzieren. Jeweils 1 kleine Prise Zimt auf die Sahnehaube streuen.

Sesamwaffeln

Klein mögen sie ja sein, die Sesamkörnchen, aber ihre Nährstoffe sind nicht ohne: ungesättigte Fettsäuren, Phosphor, Niacin und so viel Calcium, dass vier Esslöffel Sesam den gesamten Tagesbedarf an diesem Mineralstoff decken können. Im Ayurveda empfiehlt man Sesam bei Arteriosklerose, Bluthochdruck oder Diabetes. Auch zur Stärkung der Nerven- und Gehirnfunktion nimmt man ihn. Und wer Thrombosen vorbeugen will, tut gut daran, Sesam in die Mahlzeiten einzubauen – das ist auch geschmacklich eine Bereicherung.

Für 6 Waffeln

Für den Hefeteig:

250 g fein gemahlener Dinkel oder Weizen
30 g ungeschälter Sesam
40 g Vollrohrzucker
1 Msp gemahlene Bourbon-Vanille
½ TL Zimt
1 TL Trockenhefe
250 – 280 ml Milch
50 g Butter

etwas Butter für das Waffeleisen

So wird's gemacht:

1) Mehl mit Sesam, Vollrohrzucker, Gewürzen und Trockenhefe in einer Schüssel mischen. Milch lauwarm erwärmen und die Butter darin schmelzen. Alle Zutaten zu einem glatten, flüssigen Teig verrühren (z. B. mit dem Handrührgerät).
2) Den Teig zugedeckt an einem warmen Ort 20 Minuten gehen lassen. Danach noch einmal mit einem Löffel kräftig durchrühren. Falls er etwas fester geworden ist, noch etwas lauwarme Milch oder Wasser hinzufügen. Die Konsistenz sollte etwas fester als diejenige von Pfannkuchenteig sein.
3) Waffeleisen vorheizen. Mit etwas Butter auspinseln. Waffelteig mit dem Schöpflöffel einfüllen und knusprig ausbacken.

Tipp: Frisch und warm aus dem Waffeleisen schmecken die Sesamwaffeln am besten! Also sofort servieren oder warm stellen. Obstsalat oder selbst gemachtes Kompott dazu, und fertig ist die Gaumenfreude.

Einfache Waffeln

Wer es einfach liebt, liegt bei Waffeln richtig. Gleichzeitig werden Waffeln nie langweilig, denn Variationen gibt es viele. So können Sie anstelle von Zimt z. B. auch gemahlenen Anis, Kardamom oder andere Gewürze verwenden.
Apropos Anis: Anis regt nicht nur den Appetit an und fördert die Verdauung, sondern heilt auch Krankheiten. Der Ayurveda setzt ihn bei Fieber, Schmerzen, Wunden, Magen- und Darmbeschwerden sowie Augenkrankheiten ein.

Für 10 Waffeln

50 g Vollrohrzucker
80 g weiche Butter (reine Pflanzenmargarine)
½ TL Natron
½ TL gemahlene Bourbon-Vanille
½ TL Zimt
250 g fein gemahlener und ausgesiebter Dinkel
375 – 400 ml Mineralwasser
etwas Butter (reine Pflanzenmargarine) für das Waffeleisen

So wird's gemacht:

1) Vollrohrzucker, Butter (Pflanzenmargarine), Natron, Gewürze und gesiebten Dinkel mischen und mit Mineralwasser zu einem pfannkuchenartigen Teig verrühren. 10 Minuten ruhen lassen.
2) Waffelteig portionsweise in das gefettete und heiße Waffeleisen füllen und backen.

Tipp: Am besten schmecken die Waffeln warm und frisch. Sie können sie aber auch im Backofen bei 50 °C warm halten und alle zusammen servieren. Dazu lassen sich nicht nur Obstsalate oder Kompotte servieren, sondern auch Quarkspeisen, Schlagsahne oder indische Chutneys.

Holunderblütenkrapfen

Im Mai und Juni bezaubert der strauchähnliche Holunderbaum an Wald- und Wegrändern vorbeiziehende Spaziergänger mit seinem aromatischen Duft. Aus den gelbweißlichen Holunderblütendolden mit ihren kleinen sternförmigen Blütchen entwickeln sich im August und September die dunkelvioletten Holunderbeeren. Die reifen Beeren strotzen nur so vor dem Spurenelement Selen, das für die Abwehrkraft wichtig ist. Auch mit Vitamin A, B-Vitaminen und Vitamin C sind sie reichlich ausgestattet und wirken, als heißer Holundersaft getrunken, schweißtreibend gegen Erkältungen.
Doch vergessen Sie nicht: Holunderbeeren sollten niemals roh verzehrt werden! Roh können sie zu Durchfällen und Erbrechen führen.
Ob mit zarten Holunderblüten im Frühjahr oder mit fruchtigen Beerendolden im Herbst, diese Krapfen schmecken immer vorzüglich – und am allerbesten noch warm und frisch zu selbst gemachtem Kompott oder Obstsalat.

Für 20 Holunderblütenkrapfen

20 Holunderblütendolden

Für den Teig:
200 g fein gemahlener und ausgesiebter Dinkel
200 ml Milch
150 ml Mineralwasser
¼ TL Pottasche
1 Prise Meersalz
2 EL Vollrohrzucker
1 TL gemahlene Bourbon-Vanille
½ TL Zimt
¼ TL Ingwerpulver
¼ TL Kurkuma

Butterschmalz (Ghee) oder Pflanzenöl zum Ausbacken

So wird's gemacht:

1) Holunderblütendolden (mit einer Schere) vom Strauch abschneiden. Darauf achten, dass keine Insekten in den Blüten sind (eventuell abschütteln). Holunderblüten zu Hause sofort verarbeiten: In ein Sieb legen, kurz Wasser darüberlaufen lassen und auf Küchenkrepp zum Trocknen auslegen.
2) Alle Zutaten für den Teig mit dem Schneebesen in einer Schüssel zu einem pfannkuchenartigen Teig verrühren. Teig etwas ruhen lassen (5 – 10 Minuten).
3) Butterschmalz oder Pflanzenöl in einem flachen Topf erhitzen. Die Krapfen sollten im Fett oder Öl schwimmen können.
4) Holunderblütendolden in den Teig tauchen, abtropfen lassen und einzeln frittieren. Die fertigen Krapfen auf Küchenkrepp legen, um überschüssiges Fett aufzusaugen.

Tipp: Holunderbeeren mit der ganzen Dolde lassen sich ebenfalls zu köstlichen Krapfen frittieren. Außerdem lässt sich aus den Beeren wunderbares Kompott oder Marmelade herstellen (auch gemischt mit Äpfeln, Birnen, Quitten oder Pflaumen). Frische oder getrocknete Holunderblüten ergeben einen wirksamen Erkältungstee.

Bananen-Nuss-Samosas

Samosas heißen diese gefüllten Teigtaschen in Indien. Gefüllt werden sie mit Obst, Nüssen, Frischkäse, Pudding oder einer pikanten Füllung. Unverkennbar ist ihr kunstvoll mit der Hand gedrehter Rand, was einiger Übung bedarf. Wer es einfacher liebt, kann in manchen indischen Lebensmittelgeschäften Samosa-Formen aus Kunststoff mit einem schönen Prägemuster kaufen. Der Teig muss nur in die gefettete Form gelegt, die Füllung hineingegeben, zusammengedrückt und der überstehende Teig abgeschnitten werden – und fertig ist der Samosa zum Backen oder Frittieren.
In Indien werden Samosas sowohl in heißem Butterfett (Ghee) frittiert als auch im Backofen gebacken. Welche Methode Sie wählen, bleibt Ihrem Geschmack überlassen. Wir haben die Backmethode gewählt.

Für 15 Samosas

Für den Teig:

50 g zerlassene Butter
300 g fein gemahlener und ausgesiebter Dinkel oder Weizen
1 Prise Meersalz
150 – 180 ml Wasser

Butterschmalz (Ghee) für die Arbeitsfläche und das Backblech

Für die Füllung:

200 g Haselnüsse oder Cashewnüsse
150 ml Milch
150 g Vollrohrzucker
½ TL Zimt
1 Msp Ingwerpulver
2 EL Carobpulver
1 Banane

So wird's gemacht:

1) Butter in einem Topf schmelzen. Mehl in eine Schüssel sieben und mit der Butter, dem Salz und Wasser zu einem geschmeidigen Teig kneten. Den Teig mit einem Deckel abgedeckt 30 Minuten ruhen lassen. Der Teig darf noch etwas feucht sein, da er in der Ruhezeit etwas quillt.
2) In der Zwischenzeit die Füllung bereiten. Nüsse rösten und mahlen. Milch und Nüsse bei mittlerer Hitze unter ständigem Rühren köcheln lassen. Vollrohrzucker dazugeben. Hitze reduzieren. Durch ständiges Rühren dafür sorgen, dass nichts anbrennt. Zimt, Ingwer und Carob unterheben. Die Masse sollte so lange köcheln, bis sie etwas eingedickt ist. Topf von der Flamme nehmen, die geschälte und zerdrückte Banane hinzugeben und abkühlen lassen.
3) Samosateig noch einmal kräftig durchkneten, zu einer Rolle formen und in 15 gleich große Teile schneiden. Die Teigteile auf der leicht mit Ghee eingeriebenen Arbeitsfläche zu runden Fladen ausrollen.

4) Jeweils 1 EL Füllung auf eine Hälfte des Teigfladens setzen und die andere Hälfte darüberklappen. Nun die beiden Teigschichten am Rand fest zusammenpressen. Den Samosa in eine Hand nehmen und mit der anderen Hand (zwischen Daumen und Zeigefinger) Stück für Stück den Rand übereinanderfalten, sodass die Rundung plisseeartig verschlossen ist. Jeder Samosa sollte 10 bis 12 dieser gepressten Falten haben.
5) Samosas auf ein gefettetes Backblech legen und im Ofen bei 190 °C (E)/ 170 °C (H) 15 – 18 Minuten backen (oder in Ghee 10 – 12 Minuten frittieren).

Variation:

Obst-Samosas

3 Äpfel
1 Orange
1 TL Zimt
¼ TL Ingwerpulver
½ TL gemahlener Kardamom
5 EL Vollrohrzucker
1 Banane

So wird's gemacht:

1) Äpfel und Orangen waschen, schälen und klein schneiden. Dann mit den Gewürzen und dem Vollrohrzucker auf kleiner Stufe zu einer Fruchtfüllung köcheln, bis die Masse etwas eingedickt ist.
2) Die geschälte und zerdrückte Banane hinzugeben und abgekühlt als Füllung verwenden.

Tipp: Samosas schmecken sowohl heiß als auch kalt, als Nachspeise zu einem indisch-vegetarischen Festmahl oder zum Nachmittagskränzchen.

Kürbis-Dattel-Konfekt

Kürbiskerne enthalten reichlich Vitamin A, B-Vitamine und Vitamin E, Phosphor, Eisen, Magnesium und vor allem Zink. In der Naturheilkunde schätzt man Kürbiskerne bei Blasenschwäche und Prostatavergrößerung. Datteln stärken die Nerven. Wer Zucker in Speisen, Gebäck und Kuchen ersetzen möchte, sollte es gleich einmal mit Datteln versuchen.
Drei Vorteile bietet dieses Konfekt. Es ist schnell gemacht, füllt Ihre verbrauchten Energiereserven wieder auf – und es schmeckt auch noch gut.

Für 24 Kugeln

200 g frische oder getrocknete Datteln
eventuell etwas heißes Wasser zum Einweichen
200 g geschälte grüne Kürbiskerne
2 – 3 EL fester, kalt geschleuderter (Lavendel-)Honig
einige Tropfen Rosenwasser

Für die Dekoration:
Kokosflocken zum Wälzen oder Carobglasur zum Eintauchen (s. S. 172)

So wird's gemacht:

1) Datteln waschen, entsteinen (falls es getrocknete Datteln sind, in heißem Wasser einweichen) und anschließend zu Mus fein hacken oder durch den Früchtewolf drehen. Kürbiskerne fein mahlen.
2) Datteln, Kürbiskerne, Honig und Rosenwasser miteinander verkneten, zu Bällchen rollen und in Kokosflocken wälzen oder in Carobglasur tauchen. Oder erst in Carobglasur tauchen und anschließend mit Kokosflocken bestreuen. Auf einem feinen Gitter abtropfen lassen und kalt stellen, damit die Glasur fest wird.

Kokos-Sahne-Trüffel

Gekaufte Kokosriegel werden vor Neid erblassen, denn diese zarten Trüffel zergehen regelrecht auf der Zunge. Sie sind leicht und schnell selbst gemacht.
Zudem ist Kokos auch noch gesund für Haut, Haar und Magen. In den Tropen ist das Kokoswasser der unreifen grünen Kokosnüsse ein köstliches erfrischendes Getränk, das mit seinem Mineralstoffgehalt die beim Schwitzen verloren gegangenen Elektrolyte ersetzt. Gründe genug, am besten gleich dieses Rezept zu probieren!

Für 18 – 20 Bällchen

200 g Kokosflocken
3 EL Sahne
2 – 3 EL fester, kalt geschleuderter (Lavendel-)Honig
1 TL gemahlene Bourbon-Vanille
½ TL Rosenwasser

Für die Glasur:
Carobglasur (s. S. 172)

So wird's gemacht:

1) Kokosflocken fein mahlen (z. B. in der elektrischen Kaffeemühle). Die Sahne, Honig, Vanille und das Rosenwasser dazugeben und alles zu einer Masse kneten.
2) Kugeln formen und ganz oder zur Hälfte in Carobglasur eintauchen. Bällchen auf einem feinen Gitter abtropfen lassen. Die Bällchen in einen kühlen Raum oder in den Kühlschrank stellen, bis die Glasur fest geworden ist.

Indische Schokolade – Besan Laddu

Eine leckere Gaumenfreude ist dieses indische Konfekt. Beim langsamen Rösten des Kichererbsenmehles entsteht ein wunderbarer, nussartiger Geruch, der für diese Köstlichkeit charakteristisch ist. Auch die Inhaltsstoffe brauchen sich nicht zu verstecken: Das Öl der Kichererbse kann sich günstig auf den Cholesterinspiegel auswirken, ihr Gehalt an Kalium und Magnesium stärkt den Herzmuskel, und ihr Gehalt an Calcium und Phosphor ist wertvoll für den Knochenbau.
Wer in die Stadt Vrindavana in Indien kommt, wird dieses Rezept wiedererkennen. In den dortigen Tempeln werden diese Süßigkeiten gerne an die Pilger verteilt, die voller Freude und Dankbarkeit die Speise akzeptieren, die zuvor Radha und Krishna auf dem Altar mit Liebe und Hingabe dargebracht wurde.

Für etwa 30 Stück

200 g Butter
200 g Kichererbsenmehl
3 EL Cashewnüsse (Haselnüsse oder Walnüsse)
¼ TL Zimt
¼ TL gemahlener Kardamom
1 EL Carobpulver
abgeriebene Schale einer halben unbehandelten Zitrone
175 – 200 g cremiger Honig

Tipp: Kichererbsenmehl bekommen Sie in indischen, persischen oder asiatischen Lebensmittelgeschäften und in gut sortierten Naturkostläden.
Frisches Kichererbsenmehl ist leicht selbst gemacht: Kaufen Sie dazu Channa dal (gespaltene, kleine indische Kichererbsen). In einer Pfanne ohne Fett anrösten und nach dem Abkühlen in der Getreidemühle staubfein mahlen. Channa dal gibt es ebenfalls in indischen Lebensmittelläden.

So wird's gemacht:

1) Butter in einem Topf oder einer Pfanne mit schwerem Boden bei mittlerer Hitze schmelzen und Kichererbsenmehl hineinsieben. Mit einem Holzlöffel unter ständigem Rühren anrösten, bis es (nach etwa 15 Minuten) einen nussartigen Geruch verströmt.
2) Nüsse hacken, hinzufügen und einige Minuten weiterrösten. Anschließend Gewürze, Carob und Zitronenschale dazugeben. Nun die Masse auf 40 °C abkühlen lassen und dann den Honig unterrühren.
3) Die Masse auf ein mit Backpapier ausgelegtes Tablett streichen und kalt stellen. Nach dem Erkalten in kleine Rechtecke oder Rauten schneiden.

Variation:

Nougat-Laddus

Die Cashewnüsse und Gewürze durch 100 g geröstete und in der Küchenmaschine cremig vermahlene Haselnüsse ersetzen.

Energiebällchen

Diese Süßigkeit hält, was ihr Name verspricht. Denn Hafer ist der ideale Energiespender. Sechs von acht essenziellen Aminosäuren enthält er, einen hohen Anteil an ungesättigten Fettsäuren – wertvoll für Herz und Blutgefäße –, viele Mineralien und Vitamine, insbesondere das Antistress-Vitamin Pantothensäure und den Blut- und Zellerneuerer Folsäure.
Auf Reisen, im Büro und in der Schule oder als Abschluss einer Mahlzeit: Energiekugeln finden in jedem Fall ihre Abnehmer. Weil diese kleinen Bällchen so begeisterten Zuspruch finden, machen wir meist mehr davon – auf Vorrat.

Für etwa 45 Stück

250 g Haferflocken
125 g Kokosflocken
40 g (4 EL) Carobpulver
90 g Butter
200 – 250 g Honig
2 EL Ahornsirup
1 TL gemahlene Bourbon-Vanille
¼ TL Zimt
100 ml Milch, Sahne, Wasser oder Apfelsaft

Zum Wälzen:
Kokosraspel

So wird's gemacht:

1) Haferflocken in einer Kaffeemühle fein mahlen (eventuell auch Kokosflocken) und mit den restlichen Zutaten zu einer homogenen Masse kneten.
2) Bällchen formen und in Kokosraspeln wälzen.

Tipp: Dieses Rezept können Sie beliebig variieren oder erweitern, z. B. mit gerösteten und gemahlenen Haselnüssen, Mandeln, Kürbiskernen, Cashewnüssen und Trockenfrüchten nach Wahl. Nach Geschmack lässt sich die Honigmenge reduzieren oder der Honig durch eingeweichte und pürierte Trockenfrüchte ersetzen. Ihrer Fantasie sind keine Grenzen gesetzt. Mit der Zeit finden Sie bestimmt Ihr eigenes Hausrezept!

Erdnussriegel

Selbst gemachte Erdnussriegel stellen die fertig zum Kauf angebotenen völlig in den Schatten. Ideal sind sie für alle, die schnell Energie brauchen, für die Reise und als Pausensnack bei langen Wanderungen. Die etwas aufwendige Herstellung wird mehr als belohnt.
Erdnüsse sind die optimale Powernahrung im Winter. Cashewnüsse steigern ebenfalls Energie und Vitalität. Ihr hoher Gehalt an Thiamin, Eisen und Riboflavin ist für Blutbildung, Nerven- und Verdauungssystem von großer Bedeutung – und auch für die Jungerhaltung des Organismus.

Für etwa 32 Stück

Für den Mürbteig:
250 g fein gemahlener Weizen
1 Msp Natron
125 g kalte Butter
75 g Vollrohrzucker
1 EL Sahne
1 TL gemahlene Bourbon-Vanille

Fett für das Backblech

Für den Belag:
200 g ungeschälte Erdnüsse
250 g Vollrohrzucker
50 ml Wasser
250 ml Sahne
3 EL Ahornsirup
150 g gehackte Cashewnüsse

Für die Glasur:
Carobglasur (s. S. 172)

Tipp: Statt der Erdnüsse können Sie auch Mandeln oder andere Nüsse verwenden.

So wird's gemacht:

1) Alle Zutaten für den Mürbteig rasch zu einem geschmeidigen Teig verkneten und mindestens 30 Minuten kalt stellen. Teig zwischen zwei Silikonbackfolien oder Frischhaltefolien zu einem großen, dünnen Quadrat ausrollen und auf ein gefettetes Backblech legen. Den Teig mit einer Gabel mehrmals einstechen und im Ofen bei 190 °C (E)/175 °C (H) 10 – 12 Minuten backen.
2) Die Erdnüsse schälen, im Backofen rösten, abkühlen lassen und halbieren. Vollrohrzucker im Wasser auflösen und etwa 15 Minuten köcheln lassen. Nach und nach die Sahne beigeben und unter ständigem Rühren zu einer cremigen Masse einkochen (etwa 30 Minuten). Gegen Ende den Ahornsirup mit halbierten Erdnüssen und gehackten Cashewnüssen hinzufügen.
3) Erdnusscreme auf dem abgekühlten Teigboden verteilen. Mit einem scharfen Messer in riegelgroße Streifen schneiden. Die Riegel mit Carobglasur begießen, auf einem Kuchengitter abtropfen und fest werden lassen.

Plätzchen

Mandelspritzgebäck

Mandeln sind die Powernahrung für Nerven, Gehirn und Körper, unter anderem wegen ihres hohen Anteils an Vitalstoffen wie Vitamin A, B_1, B_2, Phosphor, Magnesium, Eisen und Calcium. Kein Wunder, dass die kleinen Kraftpakete bei Jung und Alt zu den beliebtesten Nüssen zählen.
Besonders dünn und gut wird dieses Gebäck mit der Kekspresse. Wer den Spritzbeutel verwendet, braucht etwas Kraft, um den Teig durch die Teigtülle zu drücken – daher eventuell etwas mehr Wasser verwenden.

Für 50 Stück mit dem Spritzbeutel
Für 80 Stück mit der Kekspresse

Für den Teig:

200 g fein gemahlener und ausgesiebter Dinkel
100 g Maisstärke
1 Msp Natron oder Pottasche
125 g Vollrohrzucker
1 TL gemahlene Bourbon-Vanille
100 g fein gemahlene Mandeln
200 g Butter (reine Pflanzenmargarine)
2 EL Wasser
4 – 5 Tropfen Bittermandelöl

Fett für das Backblech

Für die Glasur:

Carobglasur (s. S. 172)

So wird's gemacht:

1) Alle trockenen Zutaten mischen, die Butter (Pflanzenmargarine) in Flöckchen hacken und mit dem Wasser, dem Bittermandelöl und den trockenen Zutaten rasch zu einem geschmeidigen Teig kneten.
2) Den Teig in einen Spritzbeutel oder eine Kekspresse füllen und in Form von breiten Streifen, S-förmigen Kringeln oder anderen Formen auf ein gefettetes Backblech spritzen.
3) Gebäck im vorgeheizten Backofen bei 200 °C (E)/180 °C (H) 12 – 15 Minuten backen.

Tipp: Wird es abgekühlt halb in Carobglasur getaucht, sieht das Gebäck besonders schön aus.

Vanillekipferl

Vanille, eine Orchideenart aus den Tropen Südamerikas, zählt neben Safran und Kardamom zu den kostbarsten und teuersten Gewürzen. Echte Vanille enthält nicht nur Vanillin, sondern noch mindestens 35 weitere Bestandteile, die synthetisch nicht herstellbar sind. Vanille stärkt den Magen, fördert die Verdauung und regt die Nierenfunktion an. Wie wunderbar doch die Vielfalt von Mutter Natur ist. Echte Vanille erkennen Sie in einem Lebensmittel an den kleinen schwarzen Pünktchen (das herausgeschabte Mark der Vanilleschote), die allerdings nicht gelb färben, wie es uns die Nahrungsmittelindustrie mit ihren künstlichen Farbstoffen anerzogen hat.

Für etwa 50 Stück

100 g fein gemahlener Dinkel
100 g Maisstärke
120 g enthäutete und gemahlene Mandeln
150 g kalte Butter (reine Pflanzenmargarine)
70 g Vollrohrzucker oder Roh-Rohrzucker
2 EL Ahornsirup
1 TL gemahlene Bourbon-Vanille

So wird's gemacht:

1) Alle Zutaten zu einem geschmeidigen Mürbteig verarbeiten und mindestens 45 Minuten kalt stellen.
2) Die Hälfte des Teiges aus dem Kühlschrank nehmen und zu fingerdicken Rollen formen. In etwa 5 cm lange Stücke schneiden, die Enden etwas spitzer formen und die Stücke zu Kipferln (kleinen Hörnchen) biegen.
3) Kipferl auf ein mit Backpapier ausgelegtes Backblech legen und im vorgeheizten Backofen bei 190 °C (E)/ 175 °C (H) 12 – 15 Minuten backen. Danach sofort vom Blech nehmen.

Rahmkekse

Sahne, die Crème de la Crème der Milch, heißt in Süddeutschland Rahm. Mit ihren über 100 Inhaltsstoffen ist Milch nicht nur ein ideales Lebensmittel, sondern nach dem Ayurveda auch ein bedeutendes Heilmittel. Ob Jung oder Alt, krank oder gesund, Denker oder körperlich Arbeitender, Milch ist für jeden ein Garant der Gesundheit und des langen Lebens – vorausgesetzt, sie wurde weder homogenisiert noch ultrahocherhitzt und stammt aus artgerechter Haltung.

Rahmkekse sind luftig leicht und erinnern daher etwas an Blätterteig. Sie lassen sich beliebig variieren: gefüllt mit selbst gemachten Konfitüren oder Früchtemus aus pürierten Beeren und Honig. Vergessen Sie nicht, dass der Teig über Nacht im Kühlschrank ruhen sollte.

Für etwa 85 Stück

Für den Teig:

375 g fein gemahlener und ausgesiebter Dinkel
280 g kalte Butter
150 g saure Sahne
160 g Vollrohrzucker
½ TL gemahlene Bourbon-Vanille
eventuell einige Tropfen Orangenöl
(eventuell 1 Msp Natron)

Mehl für die Arbeitsfläche
Fett für das Backblech

Für die Füllung:

nach Belieben Früchtemus aus frischen Beeren und Trockenfrüchten, Hagebuttenkonfitüre, Orangenmarmelade oder (selbst gemachtes) Maronenmus

So wird's gemacht:

1) Alle Zutaten für den Teig rasch zu einem geschmeidigen Teig kneten und zugedeckt über Nacht (oder mindestens 8 Stunden) kalt stellen.
2) Den Teig auf einer leicht bemehlten Arbeitsfläche ausrollen und kleine Plätzchen ausstechen (z. B. Kränzchen). Plätzchen auf ein gefettetes Backblech legen.
3) Rahmkekse im vorgeheizten Ofen bei 190 °C (E)/175 °C (H) 10 – 12 Minuten backen. Danach die eine Hälfte der Kekse mit Füllung bestreichen und die andere Hälfte als Deckelchen daraufsetzen.

Haferflocken-Ingwer-Häufchen

Wer trotz wenig Zeit gesund und vollwertig backen will, liegt hier goldrichtig. Denn in der Tat ist Hafer eine wahre Goldgrube an wichtigen Nähr- und Heilstoffen. Von allen Getreiden besitzt er mit den höchsten Anteil an Mineralien und Vitaminen. Doch nicht nur das, er beeinflusst auch unsere Psyche positiv. Seine Nervenvitamine B_1 und B_6, aber auch seine psychotropen Botenstoffe machen gute Laune. Diese Erkenntnis ist nicht neu, heißt es doch im Volksmund »Dich sticht wohl der Hafer«.

Für 45 – 50 Stück

125 g Butter
(reine Pflanzenmargarine)
50 g kandierter Ingwer
120 g fein gemahlener Dinkel
200 g Haferflocken
120 g Vollrohrzucker
1½ TL Natron oder Pottasche
1 TL Zimt
4 EL Milch oder Apfelsaft

So wird's gemacht:

1) Butter (Pflanzenmargarine) in einem Topf schmelzen. Kandierten Ingwer sehr fein hacken (am besten mit dem elektrischen Hackmesser). Die trockenen Zutaten in einer Schüssel mischen. Butter, Milch und Ingwer hinzugeben und zu einem Teig kneten.
2) Den Teig 20 Minuten bei Zimmertemperatur stehen lassen.
3) Mit einem Teelöffel kleine Häufchen abstechen und auf ein mit Backpapier ausgelegtes Backblech geben. Im vorgeheizten Ofen bei 190 – 200 °C (E)/ 175 – 180 °C(H) 10 – 12 Minuten backen.

Orangen-Kokos-Kekse

»Wer hat die Kokosnuss geklaut ...« – nicht nur im Kinderlied ist die Kokosnuss von allen Nüssen die auffälligste und exotischste. Dabei schmeckt sie nicht nur gut und erfrischend, sondern ist auch noch gesund. Mit ihren vielen Mineralien und ihrem hohen Gehalt an den Vitaminen A, C und E und Vitaminen des B-Komplexes stärkt die Kokosnuss Magen, Darm, Nerven und Herz. Zudem ist sie leicht verdaulich, harntreibend und mild abführend. Roh gegessen, stärkt sie sogar das Zahnfleisch. Kein Wunder, dass sie so begehrt ist.

Für 45 – 50 Stück

Für den Mürbteig:

250 g fein gemahlener Dinkel
50 g Maisstärke
120 g Vollrohrzucker
125 g kalte Butter (reine Pflanzenmargarine)
eventuell 1 Msp Natron
100 g feine Kokosflocken
50 g fein gehacktes Orangeat
1 EL Orangenmarmelade
4 EL Orangensaft
abgeriebene Schale einer ungespritzten Orange

Fett für das Backblech

So wird's gemacht:

1) Alle Zutaten für den Teig rasch zu einem geschmeidigen Mürbteig verkneten, zu einer langen Rolle formen und in Frischhaltefolie eingewickelt 30 Minuten kalt stellen.
2) Die Rolle in dünne Scheiben schneiden und die Kekse auf ein gefettetes Backblech legen. Im Backofen bei 200 °C (E)/175 °C (H) 10 – 12 Minuten backen.

Tipp: Wer die Kekse hübsch verzieren möchte, holt sie nach 8 – 10 Minuten aus dem Ofen, bepinselt sie mit Orangenmarmelade, bestreut sie mit Kokosflocken und backt sie dann 2 – 3 weitere Minuten fertig.
Oder man bestreicht die Kekse nach dem Backen mit Orangenglasur (s. S. 174).

Orangenkekse mit Carobraspeln

Das Geheimnis dieser Kekse liegt in den Carobraspeln und der geriebenen Orangenschale. Sie verleihen den Keksen die ganz besondere Geschmacksnote. Wer auf seine Gesundheit achtet, sollte nur ungespritzte Orangen nehmen. Denn nur die ätherischen Öle ungespritzter Schalen wirken erfrischend und sogar keimtötend.

Für etwa 35 Stück

200 g fein gemahlener Dinkel
1 TL Natron oder Pottasche
125 g Vollrohrzucker
125 g kalte Butter (reine Pflanzenmargarine)
abgeriebene Schale einer unbehandelten Orange
4 EL Orangensaft
50 g geraspelte Carobschokolade

So wird's gemacht:

1) Alle Zutaten rasch zu einem glatten Teig kneten und mit einem Teelöffel kleine Häufchen abstechen.
2) Die Häufchen nicht zu dicht nebeneinander auf ein mit Backpapier ausgelegtes Backblech legen, da sie während des Backens etwas zerlaufen. Kekse im vorgeheizten Backofen bei 190 °C (E)/175 °C (H) 8 – 12 Minuten backen.

Schwarz-Weiß-Gebäck

Dieser Verwandlungskünstler in Schwarz-Weiß lässt sich in vielen Variationen backen, mal mit Spiral-Muster (wie unten angegeben), mal mit Schachbrett-Muster, mal mit schwarz-weißen Zöpfchen oder auch als runde, dunkle Taler mit weißem Rand.
Wie in vielen anderen Rezepten ist auch hier Dinkel das Getreide der Wahl. Betrachtet man seine Kombination von Vitaminen, Mineralien, Spurenelementen, Kohlenhydraten, Fetten und Ballaststoffen, so versteht man schnell, warum Hildegard von Bingen ihn »das Getreide für den Menschen« nannte. All dies macht ihn auch in der Medizin so wertvoll. Bei Magen-Darm-Beschwerden, Stoffwechselerkrankungen, Allergien, zur Stärkung und bei psychischen Erkrankungen hilft Dinkelkost als Basistherapie.

Für etwa 45 Stück

200 g fein gemahlener Dinkel
65 g Vollrohrzucker
2 EL Birnendicksaft oder Ahornsirup
125 g Butter
(reine Pflanzenmargarine)
1 – 2 EL Carobpulver
Fett für das Backblech

So wird's gemacht:

1) Vollkornmehl, Vollrohrzucker, Birnendicksaft und Butter (Pflanzenmargarine) zu einem Teig kneten. Ein Drittel des Teiges abnehmen und Carob darunterkneten. Hellen und dunklen Teig 10 Minuten kalt stellen.
2) Den dunklen und den hellen Teig jeweils zwischen Silikonbackfolien oder Frischhaltefolien zu einer rechteckigen Platte ausrollen. Die helle Platte mit kaltem Wasser bepinseln, die dunkle darauflegen, leicht andrücken und die überstehenden Ränder abschneiden.
3) Teig nun von einer Seite her aufrollen und dabei darauf achten, dass keine Zwischenräume entstehen. Die Rolle in Folie eingepackt 30 Minuten kalt stellen.
4) Rolle in dünne Scheiben schneiden, die Plätzchen auf ein gefettetes Backblech legen und im vorgeheizten Backofen bei 190 °C (E)/175 °C (H) 10 – 15 Minuten backen.

Cashewtaler

Cashewnüsse schmecken nicht nur gut, sondern können auch heilend wirken. Ayurveda-Ärzte setzen sie gerne bei Anämie und Magersucht ein, aber auch, um die Abwehrkraft des Organismus zu stärken. Nebenbei sind ihre B-Vitamine reinstes Gehirn- und Nervenfutter.

Für 90 – 100 Taler

Für den Teig:

350 g fein gemahlener Dinkel oder Weizen
½ TL Pottasche
200 g gesiebter Vollrohrzucker
60 g gemahlene Cashewnüsse
250 g Butter (reine Pflanzenmargarine)

Fett für das Backblech

Für die Verzierung:

etwa 100 Cashewnusshälften
eventuell etwas Sahne (Sojasahne)

So wird's gemacht:

1) Vollkornmehl mit Pottasche, gesiebtem Vollrohrzucker und gemahlenen Cashewnüssen mischen und rasch mit der Butter (Pflanzenmargarine) zu einem glatten Teig kneten. Eine Rolle formen und in Frischhaltefolie gewickelt mindestens 30 Minuten kalt stellen.
2) Dünne Scheiben von der Teigrolle abschneiden, auf ein gefettetes Backblech legen, jeden Taler mit einer Cashewnusshälfte dekorieren und eventuell mit etwas Sahne (Sojasahne) bepinseln.
3) Im vorgeheizten Ofen bei 200 °C (E)/ 180 °C (H) 10 – 12 Minuten backen.

Nürnberger Lebkuchen

»Das Land, in dem der Pfeffer wächst« – damit meinte man im Mittelalter Indien. Denn damals bezeichnete man alle fremden Gewürze schlicht und einfach als Pfeffer, und Indien war das Königreich der Gewürze. Aus dieser Zeit hat sich in manchen Gegenden noch der Name Pfefferkuchen für dieses traditionelle Weihnachtsgebäck erhalten. Zumindest von ihrer Wirkung her haben Gewürze wie Gewürznelken, Zimt, Muskat oder Kardamom eine Ähnlichkeit mit Pfeffer: Sie erwärmen den Körper. Kein Wunder, dass sie in der winterlichen Bäckerei so gerne verwendet werden, weil sie uns in der kalten Jahreszeit von innen einheizen.

Für 30 runde oder
15 rechteckige Lebkuchen

Für den Teig:

10 EL Wasser oder Milch
5 EL Sojamehl
200 g Vollrohrzucker
½ TL gemahlene Bourbon-Vanille
1 Msp Gewürznelken
1 Msp Kardamom
1 Msp Mazis
1 TL Zimt
250 g fein gemahlener Dinkel
1 TL Natron
etwa 4 EL Sahne oder Wasser
200 g gemahlene Mandeln
50 g grob gehackte Mandeln
100 g fein gehacktes Zitronat oder Orangeat

30 runde oder 15 rechteckige Vollkornoblaten

Für die Verzierung:

gehäutete Mandelhälften und Aprikosenkonfitüre (für Glanz) oder Glasur nach Wahl *(s. S. 172)*

So wird's gemacht:

1) Wasser oder Milch und Sojamehl mit dem Handrührgerät schaumig schlagen. Vollrohrzucker und Gewürze dazurieseln lassen.
2) Mehl mit Natron mischen und löffelweise im Wechsel mit der Sahne oder dem Wasser unterrühren. Mandeln und Zitronat unterheben. Die Teigmasse auf runde oder rechteckige Oblaten streichen (dazu das Messer immer wieder in kaltes Wasser tauchen) und die Oblaten auf ein Backblech setzen. Die Lebkuchen mit Mandelhälften verzieren (oder nach dem Backen mit Glasur nach Wahl bepinseln).
3) Im Ofen bei 180 – 200 °C (E)/160 – 175 °C (H) 25 – 30 Minuten backen.
4) Verzierte Lebkuchen (für Glanz) mit heißer Aprikosenkonfitüre bepinseln oder nicht verzierte Lebkuchen glasieren.

Tipp: Schön weich werden die Lebkuchen, wenn man sie zusammen mit einem Apfel mindestens eine Woche lang in einer Dose aufbewahrt. Rechtzeitig anfangen zu backen!

Knusprige Ingwerchips

Der Ayurveda kennt Ingwer sowohl als Gewürz als auch als Heilmittel. Denn die Natur hat dem Ingwer eine geballte Ladung an Bitterstoffen und ätherischen Ölen mitgegeben. Damit unterstützt Ingwer die Verdauung und hilft vor allem in der kalten Jahreszeit bei Halsschmerzen, Husten und Erkältung.

Für etwa 30 Stück

Für den Teig:

150 g fein gemahlener Dinkel
100 g gesiebter Vollrohrzucker
75 g Butter
(reine Pflanzenmargarine)
2 EL Ahornsirup
50 g fein gehackter, kandierter Ingwer

Für die Glasur:

Carobglasur (s. S. 172)

So wird's gemacht:

1) Alle Zutaten für den Teig in eine Schüssel geben und rasch zu einem Mürbteig kneten. Kleine Kugeln formen, auf ein mit Backpapier ausgelegtes Backblech legen und flach drücken (sie sollten sehr dünn sein).
2) Chips im vorgeheizten Backofen bei 190 – 200 °C (E)/175 – 180 °C (H) 5 – 6 Minuten backen.
3) Ingwerchips noch warm vom Blech nehmen, über die Stiele von Holzkochlöffeln legen, rund biegen und darauf auskühlen lassen, bis sie starr geworden sind. Dadurch erhalten sie ihre schön geschwungene Form.
4) Die Ingwerchips zur Hälfte in Carobglasur tauchen.

Mandelröschen

Mandelröschen erfreuen im doppelten Sinne die Augen. Sie sind nicht nur schön anzuschauen, sondern auch gut für Augen, Gehirn und Nerven. Nicht umsonst heißt es im Ayurveda, dass Mandeln Lebenskraft schenken. Ähnlich gesund ist das Rosenwasser der »Röschen«. Der Ayurveda verwendet es schon lange zur Stärkung von Herz, Augen, Zahnfleisch und Haut.
Falls Sie zu den glücklichen Besitzern von ungespritzten Rosenstöcken gehören, sollten Sie unbedingt einmal Ihre eigene Rosenkonfitüre kochen. Denn Rosenkonfitüre ist mehr als eine Versuchung wert.

Für etwa 55 Stück

Für den Teig:

250 g fein gemahlener Dinkel oder Weizen
75 g Roh-Rohrzucker oder Vollrohrzucker
200 g Butter (reine Pflanzenmargarine)
1 EL Sahne oder Rosenwasser
1 TL Rosenwasser

Mehl für die Arbeitsfläche

Für die Füllung und Verzierung:

eventuell etwas Sahne (Sojasahne)
40 g Mandelblättchen
100 g Johannisbeergelee oder Rosenkonfitüre

So wird's gemacht:

1) Alle Zutaten für den Teig rasch zu einem geschmeidigen Teig verkneten und 1 Stunde kalt stellen. Den Teig auf einer bemehlten Arbeitsfläche ausrollen und mit einem runden Ausstechförmchen Plätzchen ausstechen.
2) Die Hälfte der Plätzchen eventuell mit Sahne (Sojasahne) bepinseln und mit Mandelblättchen belegen. Mandelblättchen leicht andrücken und alle Kekse auf ein mit Backpapier ausgelegtes Backblech legen. Im vorgeheizten Backofen bei 190 °C (E)/ 175 °C (H)10 – 12 Minuten backen.
3) Die Plätzchen ohne Mandeln jeweils mit einem Klecks Füllung versehen und die Plätzchen mit Mandeln als Deckelchen daraufsetzen.

Dattel-Mandel-Kekse

Datteln sind die wahren Schatzkästchen der Wüste, sind sie doch äußerst reich an Calcium, Eisen, Kalium und B-Vitaminen. All diese Inhaltsstoffe machen Datteln nicht nur sehr nahrhaft und leicht verdaulich, sondern beruhigen auch »flatternde« Nerven und regen bei geistiger Arbeit positiv an.

Für etwa 70 Stück

Für den Teig:
200 g frische Datteln
100 g Mandeln
250 g gemahlener Dinkel
125 g kalte Butter (reine Pflanzenmargarine)
100 g gesiebter Vollrohrzucker
1 Msp Natron oder Pottasche
1 EL Joghurt oder Fruchtsaft
2 EL Zitronensaft

Fett für das Backblech

Für die Glasur:
Zimtglasur oder Zitronenglasur (s. S. 174)

So wird's gemacht:

1) Die Datteln waschen, entsteinen und fein hacken oder pürieren. Mandeln hacken und mit allen anderen Zutaten für den Teig zu einem glatten Teig kneten, zu einer viereckigen Rolle formen, in Frischhaltefolie wickeln und 30 Minuten kalt stellen.
2) Die Teigrolle in dünne Scheiben schneiden, auf ein gefettetes Backblech legen und im vorgeheizten Ofen bei 190 °C (E)/175 °C (H) 12 – 15 Minuten backen.
3) Nach Belieben mit Zimtglasur oder Zitronenglasur bestreichen.

Tipp: Probieren Sie auch 100 g fein gehackte grüne Kürbiskerne anstelle der Mandeln.

Walnuss-Nougat-Taler

Täglich einige Nüsse zu essen, ist gut für Herz und Gefäße. Das gilt auch für Walnüsse. In kleinen Mengen genossen, haben sie eine positive Wirkung, sowohl auf das Gehirn und Nervensystem als auch auf das allgemeine Wohlbefinden. Ihr hoher Anteil an Zink und Kalium stärkt die Leber, die Haare und den Herzmuskel. Ihre ungesättigten Fettsäuren haben einen günstigen Einfluss auf den Cholesterinspiegel und schützen damit vor Arteriosklerose.

Für 25 – 30 Stück

Für den Mürbteig:

200 g gemahlener Dinkel oder Weizen
1 Msp Natron oder Pottasche
100 g Butter
100 g gesiebter Vollrohrzucker
1 EL Birnendicksaft
70 g gemahlene Walnüsse
20 g gemahlene Haselnüsse
1 Msp Zimt
2 Tropfen Bittermandelöl

Fett für das Backblech

Für die Nougatfüllung:

100 g Haselnüsse
1 EL Carobpulver
2 EL Honig
1 – 2 EL Ahornsirup

Für die Verzierung:

etwa 30 ganze Haselnüsse

So wird's gemacht:

1) Alle Zutaten für den Teig rasch verkneten und 30 Minuten kalt stellen.
2) Die Haselnüsse auf einem Blech verteilen und im Ofen bei 200 °C rösten, bis die Häutchen gesprungen sind (etwa 10 Minuten).
3) Teig zwischen zwei Silikonbackfolien oder Frischhaltefolien dünn ausrollen, mit runden Förmchen (3 cm Durchmesser) ausstechen und auf ein mit Backpapier ausgelegtes Blech legen. Im vorgeheizten Ofen bei 190 – 200 °C (E)/175 – 180 °C (H) 10 –15 Minuten backen.
4) Häute der abgekühlten Haselnüsse zwischen den Händen abreiben, die Nüsse sehr fein mahlen und mit Carob, Honig und Ahornsirup zu Nougat verarbeiten.
5) Auf die Hälfte der Taler jeweils etwas Nougat geben und jeweils mit einem zweiten Taler bedecken. Die Doppeltaler zum Schluss mit einer kleinen Kugel Nougat verzieren und eine ganze (geröstete) Haselnuss daraufsetzen.

Amaretti – italienische Mandelmakronen

Wer Italien und seine Küche näher kennt, hat bestimmt schon Bekanntschaft mit Amaretti geschlossen. Diese knusprigen Makronen gelingen auch ohne Eier gut, wie dieses Rezept zeigt. Bei diesen Mandelmakronen übernimmt Sojamehl die Bindefunktion – das Ergebnis kann sich wirklich sehen und schmecken lassen. Probieren Sie es ruhig einmal selbst.

Für 45 – 50 Stück

300 g Mandeln
6 Bittermandeln
300 g fein gemahlener Vollrohrzucker oder Roh-Rohrzucker
1 TL gemahlene Bourbon-Vanille
3 EL Sojamehl
8 EL (120 ml) Milch oder Wasser
½ TL Pottasche
45 – 50 kleine Vollkornoblaten (Ø 44 mm)

So wird's gemacht:

1) Am besten am Vorabend Mandeln in kochend heißes Wasser geben und 2 Minuten ziehen lassen. Mit kaltem Wasser abschrecken, Mandelhäute abziehen und Mandeln auf einem Tuch ausgebreitet trocknen lassen.
2) Alle Mandeln fein mahlen, mit der Hälfte des Vollrohrzuckers und der Vanille mischen.
3) Sojamehl mit Milch oder Wasser und Pottasche in einen Rührbecher geben und mit dem Schneebesen des Handrührgerätes schaumig schlagen. Die andere Hälfte des Vollrohrzuckers nach und nach hineinrieseln lassen. Nun die Mandel-Zucker-Mischung unterrühren.
4) Da der Teig relativ klebrig ist, mit zwei kleinen Teelöffeln kleine Häufchen auf die Oblaten setzen und diese auf ein mit Backpapier ausgelegtes Blech legen. (Sie können die Makronen auch direkt auf das Backpapier setzen – ohne Oblaten.)
5) Makronen bei 175 °C (E)/155 °C (H) 20 – 25 Minuten backen. Danach die Makronen sofort vom Blech nehmen.

Spekulatiuskekse

Winterzeit ist Spekulatiuszeit – nicht zuletzt wegen der Ingredienzen dieses Gebäcks. Denn nach dem Ayurveda steigern Kardamom, Gewürznelken und Mazis das Feuerelement (Pitta). Das fördert die Verdauung, regt den Appetit an und ist schleimlösend. Spekulatius sind in der Tat die optimalen »Aufwärmer« für kalte Wintertage.
Original Spekulatiuskekse macht man seit alters mit Holzmodeln, die Sie in Haushaltsgeschäften erhalten. Doch es geht auch ohne Modeln. Mit beliebigen Ausstechformen oder einer Kekspresse lassen sich ebenfalls verschiedene schöne Formen zaubern.

Für 45 Plätzchen oder 30 Modeln

Für den Teig:

250 g fein gemahlener Dinkel
125 g kalte Butter
(reine Pflanzenmargarine)
1 Msp Natron oder Pottasche
125 g fein gemahlener Vollrohrzucker
200 g fein gemahlene Mandeln
1½ EL Rosenwasser
1 TL Zimt
¼ TL Kardamom
1 Msp Gewürznelken
1 Msp Mazis

Mehl für die Modeln

So wird's gemacht:

1) Alle Zutaten für den Teig in einer Schüssel mischen, rasch zu einem Mürbteig kneten und zugedeckt 2 – 3 Stunden kalt stellen, bis der Teig fest ist.
2) Holzmodeln leicht mit (weißem) Mehl bestäuben (dadurch lösen sich die Teigfiguren später besser heraus). Den kalten Teig in kleine Portionen teilen. Jeweils eine Portion ausrollen, während der restliche Teig kalt gestellt wird. Kleine Teigstücke in die Modeln drücken, überstehenden Teig abschneiden und die Figuren auf ein mit Backpapier ausgelegtes Blech stürzen.
3) Im vorgeheizten Ofen bei 180 °C (E)/ 165 °C (H) 10 – 15 Minuten backen und danach gleich auf einem Kuchengitter auskühlen lassen.

Biscotti di Prato – Mandelzwieback aus der Toskana

Knusprig, knackig und klein sind diese italienischen Mandelzwiebacke – ein herrliches Gebäck zu heißer Milch oder heißem Kräutertee. Es stimmt schon: Nüsse gehören zu den wertvollsten Geschenken, die uns Mutter Natur macht. Auch in der Natur- und Vollwertküche sind sie unentbehrlich. Mandeln bilden da keine Ausnahme, sie sind ebenfalls Energiespender par excellence. Ganz nebenbei liefern sie noch reichlich Vitamin A, B-Vitamine und Vitamin C sowie viele Mineralien wie Kalium, Calcium, Eisen, Phosphor und Schwefel.
In einer Dose aufbewahrt, halten sich die Biscotti lange frisch – vorausgesetzt, sie werden nicht von Naschkatzen entdeckt.

Für 50 – 60 Stück

Für den Teig:

3 EL Sojamehl
6 EL Wasser
2 EL gesiebtes Sojamehl
170 g Roh-Rohrzucker
150 g Mandeln
300 g fein gemahlener Dinkel
1 Msp Meersalz
1 TL Natron oder Pottasche
6 Tropfen Bittermandelöl

Mehl für die Arbeitsfläche

Zum Bestreichen:

etwas Sahne oder Wasser

So wird's gemacht:

1) Sojamehl und Wasser mit dem Handrührgerät cremig rühren, das gesiebte Sojamehl hineingeben und den Zucker nach und nach unter ständigem Rühren hineinrieseln lassen.
2) 100 g der Mandeln fein mahlen, 50 g grob hacken. Mehl mit Salz mischen und löffelweise unter die Sojamehl-Zucker-Mischung rühren. Unter den letzten Rest des Mehls das Natron mischen. Bittermandelöl und Mandeln dazugeben und alles gut mit dem Handrührgerät durchrühren. Die Masse ist jetzt sehr fest und klebrig.
3) Teigmasse auf die leicht bemehlte Arbeitsfläche geben und zu drei Rollen von je 30 cm Länge und 2,5 cm Durchmesser formen. Die Teigrollen in etwas Mehl rollen, sodass sie nicht mehr kleben.
4) Die Rollen auf ein mit Backpapier ausgelegtes Backblech legen, mit Sahne oder Wasser bestreichen und im Ofen bei 180 °C (E)/165 °C (H) 20 Minuten backen.
5) Die leicht abgekühlten, noch nicht fest gewordenen Rollen in 12 mm dicke Scheiben schneiden, die Scheiben mit genügend Abstand auf das Backblech legen und 5 weitere Minuten backen, bis die Schnittkanten trocken sind.

Tipp: Anstelle der Mandeln können Sie auch Haselnüsse verwenden. Und am besten schmecken die Biscotti, wenn sie – wie in Italien – in Getreidekaffee, Milch oder Kräutertee getaucht werden.

Sesamkekse

Das Krümelmonster aus der Sesamstraße hätte seine Freude an diesen Keksen. Sesam ist ein wichtiger Calciumlieferant: 40 g ungeschälter Sesam enthält durchschnittlich so viel Calcium wie ein halber Liter Milch. Auch der Ayurveda kennt die Heilwirkungen von Sesam: Sesam energetisiert Pitta sanft und wird als verjüngendes und stärkendes Tonikum für Vata-Konstitutionen empfohlen. Darüber hinaus wirkt sich sein hoher Lecithingehalt positiv bei nervösen Erschöpfungszuständen aus.

Für 75 knusprige Kekse

Für den Teig:

300 g fein gemahlener Dinkel
125 g Butter
175 g Vollrohrzucker
90 g ungeschälter Sesam
1 TL gemahlene Bourbon-Vanille
2 – 3 EL Joghurt

Fett für das Backblech

So wird's gemacht:

1) Alle Zutaten für den Teig rasch zu einem Mürbteig verkneten, zwei Rollen daraus formen und in Frischhaltefolie eingewickelt 30 Minuten kalt stellen.
2) Die Rollen in dünne Scheiben schneiden und diese auf ein gefettetes Backblech legen. Sie können den Teig auch ausrollen und Sterne ausstechen. Plätzchen im Ofen bei 200 °C (E)/ 180 °C (H) 10 – 12 Minuten backen.

Tipp: Als Variation können Sie noch 1 Msp Gewürznelken und 1 Msp Mazis beimengen.

Sonnenblumen-Nuss-Häufchen

Sonnenblumenkerne sind eine wahre Powernahrung für Organismus und Gehirn – gerade das Richtige für viele von uns. Ihr hoher Anteil an ungesättigten Fettsäuren, insbesondere Linolsäure, macht sie aber auch für unsere Blutgefäße sehr wertvoll. Bei diesem Rezept können Sie Ihre Kreativität spielen lassen: mal mit Nüssen, mal mit Rosinen oder Gewürzen, mal als Plätzchen ausgestochen oder zu Häufchen aufs Blech gesetzt. Sonnenblumen-Nuss-Häufchen sind ein schnelles Rezept für kreative Verwandlungskünstler.

Für etwa 55 Stück

75 g Haferflocken
100 ml Milch (Wasser oder Fruchtsaft)
100 g Haselnüsse
50 g Cashewnüsse
250 g fein gemahlener Dinkel
1 TL Natron oder Pottasche
125 g Vollrohrzucker
100 g Sonnenblumenkerne
150 g Butter (reine Pflanzenmargarine)
2 EL Zitronensaft
3 EL Ahornsirup oder Birnendicksaft
Fett für das Blech

Für die Verzierung:
ganze Haselnüsse, Sonnenblumenkerne oder halbierte Cashewnüsse

So wird's gemacht:

1) Haferflocken in Milch (Wasser oder Saft) einweichen. Die Nüsse mahlen, Haselnüsse anschließend rösten. Mehl, Natron, Vollrohrzucker, Nüsse und Sonnenblumenkerne in einer Schüssel mischen. (Falls Sie Pottasche verwenden, diese in der Flüssigkeit auflösen.) Die Butter (Pflanzenmargarine) mit den trockenen Zutaten verkrümeln. Dann Haferflocken, Zitronensaft und Ahornsirup dazugeben und alle Zutaten miteinander verkneten.
2) Mit den Fingern kleine Häufchen vom Teig »reißen« und auf ein gefettetes Backblech setzen. Mit Nüssen oder Sonnenblumenkernen verzieren.
3) Im vorgeheizten Ofen bei 190 °C (E)/ 175 °C (H) etwa 12 Minuten backen.

Lebkuchenteig zum Ausstechen

Lebkuchen als essbarer Weihnachtsschmuck, hier ist das Rezept: Mit Carobglasur, Mandelkernen, Walnüssen oder (Vollrohr-)Zuckerguss verziert, sehen sie nicht nur ansprechend aus, sondern schmecken auch gut. Im Gegensatz zu weißem Zucker enthält Vollrohrzucker noch viele Nährstoffe des Zuckerrohrs, wie Vitamin A und B-Vitamine sowie Calcium, Kalium, Schwefel, Eisen und Phosphor. Vollrohrzucker regt den Stoffwechsel an und stärkt Herz, Leber und den ganzen Körper.

Für 30 Lebkuchen

Für den Teig:
100 g Vollrohrzucker
100 g Butter (reine Pflanzenmargarine)
250 g Zuckerrübensirup oder Apfelkraut
500 g fein gemahlener Dinkel
1½ TL Natron
2 TL Lebkuchengewürz
2 TL Zimt
1 Msp Gewürznelken
1 Msp Kardamom
1 Msp Piment
2 EL Carobpulver
abgeriebene Schale einer unbehandelten Zitrone
abgeriebene Schale einer unbehandelten Orange
2 EL Rosenwasser
eventuell 2 EL Wasser oder Milch

Mehl für die Arbeitsfläche
Fett für das Backblech

Für die Glasur:
Aprikosenkonfitüre
Carob-Wasser-Glasur (s. S. 172)

So wird's gemacht:

1) Vollrohrzucker mit Butter (Pflanzenmargarine) und Sirup oder Apfelkraut erwärmen, bis sich der Zucker vollständig aufgelöst hat. Anschließend abkühlen lassen. Dinkelvollkornmehl mit Natron, Gewürzen, Carob, Zitronen- und Orangenschale mischen.
2) Nun die Zucker-Butter-(Pflanzenmargarine-)Mischung mit Rosenwasser verrühren und mit der Mehlmischung zu einem glatten, festen Teig verarbeiten (eventuell noch 1 – 2 EL Wasser oder Milch hinzufügen). Über Nacht stehen lassen.
3) Den Teig auf leicht bemehlter Fläche 7 – 8 mm dick ausrollen und beliebige Formen ausstechen. Lebkuchen auf ein gefettetes Backblech legen und bei 180 °C (E)/165 °C (H) 20 – 25 Minuten backen.
4) Die Lebkuchen mit heißer Aprikosenkonfitüre bepinseln, trocknen lassen und mit Carob-Wasser-Glasur bestreichen (eventuell mit Mandelblättchen verzieren). Oder eine Zuckerglasur aufspritzen und mit Nüssen verzieren.

Tipp: Bewahren Sie die Lebkuchen in einer Dose zusammen mit einem Apfel auf. Die Lebkuchen werden erst nach 1 – 2 Wochen weich und so richtig schmackhaft.

Glasuren für Kuchen und Gebäck

»Grundierung«: Bevor Sie eine der Glasuren auswählen, sollten Sie Ihr Gebäck mit heißer Aprikosenkonfitüre bestreichen. Das macht alles saftiger, hält das Gebäck länger frisch und lässt die Glasuren (besonders Carobglasuren) noch schöner glänzen. Die jeweilige Glasur sollte eine dickflüssige Konsistenz haben und schnell verarbeitet werden. Die Mengenangaben sind Richtlinien, manchmal wird noch etwas mehr Wasser oder Saft beziehungsweise Vollrohrzucker oder Carob benötigt, um die richtige Konsistenz zu erreichen.

Carob-Wasser-Glasur

50 g Vollrohrzucker
2 EL (20 g) Carobpulver
2 EL (20 ml) heißes Wasser
½ TL geschmolzenes Kokosfett oder Butterschmalz (Ghee)

Vollrohrzucker in der Kaffeemühle fein mahlen. Mit Carob und heißem Wasser verrühren. Kokosfett oder Butterschmalz schmelzen und in die Zucker-Carob-Mischung hineinträufeln lassen. Schnell unterrühren.
Diese Glasur braucht auf dem Gebäck etwas Zeit zum Trocknen!

Carobglasur

50 g Kokosfett
20 g Vollrohrzucker
20 g (2 EL) Carobpulver

Kokosfett schmelzen, Vollrohrzucker in der Kaffeemühle fein mahlen und mit Carob unter das Kokosfett rühren.
Diese Glasur wird auf Gebäck, das kurz in den Kühlschrank gestellt wird, schnell fest und trocken.

Schnelle Carobglasur

50 – 100 g geraspelte Carobschokolade
½ TL Kokosfett oder Butterschmalz (Ghee)
Aprikosenkonfitüre

Carobraspel und Kokosfett oder Butterschmalz in einem kleinen Topf im Wasserbad unter Rühren erwärmen, bis die Raspel geschmolzen sind.
Sofort auf das mit Aprikosenkonfitüre bestrichene Gebäck pinseln. Ohne Konfitüre sieht diese Glasur stumpf aus.

Variationen für Carobglasuren:

Carob-Zimt-Glasur

½ TL Zimt zu der gewählten Carobglasur hinzufügen.

Carob-Pfefferminz-Glasur

5 Tropfen Pfefferminzöl hinzufügen.

Carob-Rum-Glasur

5 Tropfen Rumaroma hinzufügen.

Carob-Orangen-Glasur

Abgeriebene Schale einer halben unbehandelten Orange hinzufügen.

Haselnussglasur

30 g Haselnüsse
50 g Vollrohrzucker
1 EL (10 g) Carobpulver
2 – 3 EL (20 – 30 ml) heißes Wasser
eventuell einige Tropfen Bittermandelöl oder Rumaroma

Haselnüsse rösten und sehr fein mahlen. Vollrohrzucker in einer Kaffeemühle fein mahlen. Nüsse, Zucker und Carob mischen und mit heißem Wasser verrühren.

Kirschglasur

1 – 2 EL Kirschsaft (oder Johannisbeersaft)
50 g fein gemahlener Vollrohrzucker

Heißen Saft mit Vollrohrzucker verrühren und das Gebäck damit bestreichen.

Zimtglasur oder Vanilleglasur

1 – 2 EL heißes Wasser
50 g fein gemahlener Vollrohrzucker
½ TL Zimt oder gemahlene Bourbon-Vanille

Heißes Wasser mit Vollrohrzucker, Zimt oder Vanille verrühren. Gebäck mit der Glasur bestreichen.

Mandarinenglasur, Orangenglasur oder Zitronenglasur

Saft einer Mandarine, Orange oder Zitrone
50 g fein gemahlener Vollrohrzucker

Saft erwärmen, Zucker hineinstreuen, verrühren und das Gebäck damit bestreichen.

Anhang: Kleine Warenkunde

Vegetarischer Ei-Ersatz

Auf Eier kann problemlos verzichtet werden, denn eifreie Bindemittel gibt es genug.

Im Reformhaus oder Naturkostladen gibt es einen speziellen **Ei-Ersatz** zum Backen. Beachten Sie die jeweilige Herstelleranleitung. Mit etwas Erfahrung und Experimentierlaune können Sie jedoch schon bald auf ihn verzichten. **Vorsicht:** Das Produkt »Dotter-frei« ist kein Ei-Ersatz. Lediglich der cholesterinhaltige Dotter wurde entfernt, das Eiweiß des Eies ist noch enthalten.

Sojamehl ist ein effektiver Ei-Ersatz. Es besitzt einen leicht nussartigen Geschmack und eignet sich hervorragend zum Backen und Binden von Saucen, Suppen und Eintöpfen.
1 EL Sojamehl + 2 EL Wasser (oder Milch) = Ersatz für ein Ei.
Speziell für Rührteig und zum »Überkrusten« (z. B. Kuchen mit Nussgratin) ist Sojamehl eine wunderbare Alternative. Sojamehl aus dem Naturkostladen und Reformhaus ist gentechnikfrei.

Bei **Pfannkuchenteig** kann man auf Ei völlig verzichten. Man rührt das Mehl mit (halb/halb) Milch und kohlensäurehaltigem Mineralwasser an und lässt den Teig vor dem Ausbacken kurze Zeit ruhen (s. S. 138).

Selbst **Rührkuchen** lassen sich ohne Eier herstellen: Die Eimenge wird einfach durch Sahne, Milch oder ein Halb-Milch-Halb-Wasser-Gemisch und ein Triebmittel, wie selbst gemachtes Backpulver, ersetzt. Noch besser gelingt Rührkuchen jedoch mit Sojamehl als Ei-Ersatz (s. o.).

Bei **Mürbteigen** benötigt man ebenfalls kein Ei. Nehmen Sie einfach anstelle von einem Ei 1 EL kaltes Wasser oder Mineralwasser (für knusprigen Mürbteig) oder 1 EL Joghurt oder Sahne.

Hefeteig, Strudelteig und **Blätterteig** sind ohnehin die klassischen Teige ohne Ei. Sollten Sie in anderen Backrezepten auf Zubereitungen dieser Teigarten mit Ei stoßen, können Sie die Eier in diesen Fällen problemlos ohne jeden Ersatz weglassen.

Bei Tortenböden aus **Biskuitteig** werden die Eier durch Wasser und etwas mehr Triebmittel (s. S. 183) ersetzt.

Zum **Bestreichen von Backwaren** vor dem Backen können Sie anstelle von Eigelb einfach Wasser, Milch oder Sahne verwenden.

Frischkäse, selbst gemacht (Panir)

Zur Herstellung von herkömmlichem Hart-, Weich-, Frischkäse und Quark wird häufig tierisches Lab erwendet. Als vegetarische Alternative bietet sich Panir und als vegane Alternative Tofu oder Süßlupinenquark an. Panir heißt der Frischkäse, der schon seit Jahrtausenden in Indien hergestellt wird. Er hat einen angenehmen Geschmack, ist reich an Proteinen und sehr vielseitig verwendbar. Diese Art Käse zu machen, ist die einfachste, schnellste und von allen Herstellungsarten die ergiebigste. Und nicht nur das, Panir ist auch der bekömmlichste Käse überhaupt.

Verwendung

Panir macht sich gut für Gemüse- und Reisgerichte, als herzhafter Brotaufstrich mit Gewürzen oder Kräutern, als Füllung für Aufläufe, Pfannkuchen, Lasagne, Canelloni, Brote oder auf Pizza. Auch als Grundlage für Käsekuchen, Tortenfüllungen, cremige Dips, Salate, Süßigkeiten (wie Sandesh, eine indische Süßigkeit) oder für pikante Snacks (wie Pakoras, Gemüsespieße im Teigmantel) passt er hervorragend. Ihrer Kreativität sind keine Grenzen gesetzt. Sie können Panir zerkrümelt über Salat streuen, zum Überbacken verwenden, frittieren, anbraten, roh essen, marinieren, pürieren, in Würfel oder Scheiben schneiden oder in Olivenöl einlegen.

Milchsorte

Für Panir nimmt man frische, im Idealfall unbehandelte Kuhmilch. Frische, Qualität und Fettgehalt der Milch beeinflussen das Ergebnis wesentlich.
Je naturbelassener die Milch ist, desto besser wird der Käse, d. h., Rohmilch oder Vorzugsmilch direkt vom Bauern oder aus dem Naturkostladen oder Reformhaus liefern die besten Resultate. (Frischkäse aus Milch mit niedrigem Fettgehalt wird krümelig und hart. Aus H-Milch gelingt er nicht.)

Wie viel Frischkäse erhalte ich aus der Milch?
1 l Milch ergibt 150 g Panir (10 Minuten gepresst: 115 g).
2 l Milch ergeben 285 g Panir (10 Minuten gepresst: 250 g).
(Zum Vergleich: 1 l Milch ergibt 40 – 70 g Hartkäse oder 100 – 130 g Weichkäse.)

Wie viel Zitronensaft brauche ich?

Milch	frischer Zitronensaft	
1 l	2 EL	(30 ml)
1½ l	3 EL	(45 ml)
2 l	4 EL	(60 ml)
2½ l	5 EL	(75 ml)
4 l	8 EL	(120 ml)

Benötigte Utensilien

Ein (Edelstahl-)Topf mit schwerem Boden, ein Sieb und ein Baumwoll- oder Käsetuch (Baumwollwindel aus der Babyabteilung).

So wird's gemacht:

1) Den sauberen Topf mit kaltem Wasser ausspülen (damit die Milch nicht anbrennt!) und die Milch darin zum Kochen bringen. In der Zwischenzeit den Saft einer Zitrone auspressen (benötigte Menge s. Tabelle).
2) Wenn die Milch zu steigen beginnt, den Zitronensaft nach und nach hineingießen und mit einem Holzlöffel umrühren. Jetzt trennen sich die weißen, kleinen Käsestückchen von der gelbgrün schimmernden Molke. Ist die Molke noch nicht klar, noch einmal leicht aufkochen lassen und – falls nötig – noch ein paar Tropfen Zitronensaft hineinträufeln.

3) Käsetuch über das Sieb legen und Sieb in eine Schüssel stellen, um die wertvolle Molke aufzufangen. Nun den Topfinhalt durch das Sieb gießen.
4) Anschließend Panir mit dem Käsetuch kurz unter fließendes, kaltes Wasser halten, Käsetuch an den vier Ecken zusammenknoten, aufhängen und etwas hängen lassen, bis keine Molke mehr abtropft (= **weicher Panir,** z. B. für Pistazien-Marzipan-Torte, s. S. 104), oder das Käsetuch in das Sieb legen und mit einem schweren Gewicht (Stein oder gefüllter Topf) 10 – 15 Minuten pressen (= **fester Panir,** z. B. für Gemüsespieße im Teigmantel).

Verschiedene Gerinnungsmittel
Zitronensaft verleiht dem Käse einen leicht säuerlichen Geschmack.

Joghurt wird von manchen Köchen als Gerinnungsmittel bevorzugt, weil der Käse dann voll und weich wird. Bevor Sie den Joghurt in die kochende Milch geben, lösen Sie ihn in etwas warmer Milch. Für 1 l Milch benötigt man 8 – 9 EL Joghurt.

Saure Molke ist ebenfalls ein gutes Gerinnungsmittel. Man kann sie einen Tag nach ihrer Gewinnung zur Käseherstellung verwenden. Lässt man die Molke 2 Tage stehen, wird sie sauer und deswegen noch wirksamer. Man kann auch die Molke von abgehängtem Joghurt (Joghurtquark) für diesen Zweck verwenden. Für 1 l Milch benötigen Sie mindestens 300 ml saure Molke.

Zitronensäure (Citrat): Synthetisch hergestellte Zitronensäure sollte nicht verwendet werden, da sie störend in den Stoffwechsel des Menschen eingreift. Sie kann nicht nur die Knochen- und Blutbildung beeinträchtigen, sondern auch die Aufnahme von Giftstoffen fördern.

Noch ein paar praktische Tipps:
Achten Sie darauf, dass die **Milch nicht anbrennt,** dies verdirbt den guten Geschmack des Panir.

Verwenden Sie nicht unnötig viel **Gerinnungsmittel.** Sobald sich die Käsestückchen von der gelbgrünlichen Molke trennen, ist es genug. Der Panir neigt sonst zu säuerlichem Geschmack.

Die bei der Käseherstellung anfallende **Molke** sollte nicht fortgeschüttet werden. Sie lässt sich vielseitig weiterverwenden, z. B. für Suppen, Brotteige, Joghurt-Mix-Getränke und sogar als Spülmittel und Badezusatz.

Joghurtquark, selbst gemacht

Nicht nur in der indischen Küche ist der frische Joghurtquark beliebt. Auch in der syrischen und griechischen Küche kennt und schätzt man ihn. Und im Westen wird Joghurtquark zunehmend zum Geheimtipp für Genießer. Auch Vegetarier haben den selbst gemachten Joghurtquark entdeckt, der neben selbst gemachtem Quark eine labfreie Alternative für konventionellen Quark ist, der häufig tierisches Lab enthält.

So wird's gemacht:
Einfacher geht es fast nicht: Hängen Sie Joghurt in einem Käsetuch auf, bis keine Molke mehr heraustritt (1,5 l Joghurt benötigen 5 – 8 Stunden und ergeben etwa 750 g Joghurtquark).

Verwendung
Den fertigen Joghurtquark können Sie nun für das jeweilige Rezept als Quarkersatz (z. B. für Käsekuchen, Quark-Öl-Teig, Teigfüllungen) verwenden oder zu einem leckeren indischen Dessert (Shrikhand) weiterverarbeiten: Für Shrikhand den Joghurtquark mit einem Süßungsmittel (s. S. 181) und einer pürierten Fruchtart (Erdbeeren, Mango, Himbeeren oder andere) oder mit Safran oder Carobpulver vermischen. Wer es reichhaltig mag, kann noch geschlagene Sahne unter den Joghurtquark heben. Wenn Sie Joghurtquark lieber pikant aufs Brot mögen, dann würzen Sie ihn mit frischen Kräutern oder Gewürzen.

Süßlupinenquark

Lebensmittel aus den Samen der Süßlupine, zum Beispiel Süßlupinenquark, bieten ähnlich wie Sojaprodukte reichlich pflanzliches Eiweiß. Für alle, die keine Sojaprodukte verwenden möchten, können Süßlupinenprodukte sojafreie Alternativen sein. Botanisch sind Lupine und Sojabohne enge Verwandte. Beide zählen zu den Leguminosen. Der reine Süßlupinenquark hat eine ähnliche Konsistenz wie Tofu, sieht ähnlich wie dieser aus und wird verpackt ähnlich wie Tofu angeboten.

Herstellung
Die Herstellung von Süßlupinenquark ist einfach. Hierfür werden die Süßlupinensamen gemahlen und mit Wasser versetzt. Die Masse wird gekocht, damit das Eiweiß gerinnt. Das Eiweiß wird abgeschöpft und gepresst – und fertig ist ein eierstichartiger »Lupinen-Tofu«.

Verwendung
Süßlupinenquark macht sich gut mit Gewürzen als Brotaufstrich, in Suppen und Gemüsegerichten, aber auch für Füllungen, z. B. von Torten. Er kann anstelle von Käse, Quark und Tofu verwendet werden. In der Pfanne angebraten und gewürzt mit Kurkuma, Asafoetida und Black Salt (Steinsalz), schmeckt und sieht er aus wie Rührei.

Quark, selbst gemacht

Herkömmlicher Quark wird vom Käser in der Molkerei oder Käserei aus Magermilch hergestellt. Nachdem die Magermilch mehrere Stunden mit Milchsäurebakterien (Säureweckern) gesäuert wurde, wird ihr zur Gerinnung häufig tierisches Lab zugesetzt. (Da dieses Lab aus dem Magen geschlachteter Kälber gewonnen wird, verwenden Vegetarier keinen Quark mit tierischem Lab. Sie greifen auf Quark mit pflanzlichem oder mit mikrobiellem Lab, das mithilfe von Mikroorganismen im Labor produziert wird, zurück.) Durch das Rühren der festen Milchgallerte scheidet sich Molke ab, die durch Zentrifugieren abgetrennt wird. Die verschiedenen Fettstufen des Speisequarks werden durch Mischung des Magerquarks mit einer entsprechenden Menge Sahne hergestellt.

Welches Lab?
Der Großteil des angebotenen Quarks und Käses wird mit tierischem Lab hergestellt. Da Lab nicht deklariert werden muss, fragen Sie am besten direkt bei der betreffenden Molkerei nach.

Gesunder Quarkersatz
Wer Quark ersetzen will, kann selbst gemachten Joghurtquark (s. S.178) verwenden. Als rein pflanzliche Alternativen bieten sich cremig weicher oder pürierter Tofu oder Süßlupinenquark (s. S. 179) an.

So wird's gemacht:
Es gibt zwei Methoden, Quark selbst herzustellen. Beide sind sehr einfach.

Erste Methode:
Quark aus Sauermilch
(4 l Magermilch ergeben etwa 500 g Quark):

1) **Herstellung von Sauermilch:** Die traditionelle Methode zur Herstellung von Sauermilch haben wir in einem alten Kochbuch von Großmutter gefunden: Rohe Milch (Vorzugsmilch) entrahmen, um Magermilch zu bekommen. Die abgeschöpfte Sahne (Rahm) kühl aufbewahren. Die Magermilch in flache Schüsseln gießen, mit einem sauberen Tuch abdecken und an einem warmen (aber nicht sonnigen) Ort der Selbstsäuerung überlassen (2 – 3 Tage). Die Sauermilch ist fertig, wenn sie in der ganzen Masse gallertartig fest geworden ist. Nicht völlig gesäuerte Milch ist unbekömmlich, ebenso zu alte Sauermilch, die aufgrund von Schimmelbildung bitter schmeckt.

Tipp: Damit die Säuerung der Milch schneller vor sich geht und in der Zwischenzeit keine anderen Bakterien den Geschmack des Quarks verändern, können Sie 3 EL Buttermilch oder Dickmilch verwenden (Molkereien nehmen sogenannte Säurewecker).

2) **Herstellung von Quark aus Sauermilch:** Die Sauermilch handwarm (37 °C) erwärmen, aber nicht kochen, damit sich die Molke absetzt. Wird die Sauermilch zu stark erwärmt, wird der Quark hart, bröselig und trocken. (Sichere Methode: Sie können die angesäuerte Milch auch in den zuvor auf 50 °C angewärmten und wieder abgeschalteten Ofen stellen und 30 Minuten darin stehen lassen, damit sich die Molke absetzt.) Anschließend die Masse in ein mit einem Käsetuch ausgelegtes Sieb schöpfen und etwa 2 Stunden abtropfen lassen. Die zur Herstellung der Sauermilch abgeschöpfte, gekühlte Sahne unter den fertigen Quark geben.

Zweite Methode:
Quark aus Frischmilch
oder aus pasteurisierter Milch
(1 l Milch ergibt 200 – 300 g Quark):

1) Wenn Sie keine Rohmilch oder Vorzugsmilch, sondern nur pasteurisierte Milch zur Hand haben oder den Vorgang zur Säuerung beschleunigen wollen, impfen Sie die Milch mit 3 EL Buttermilch oder Dickmilch. Mit einem Tuch abgedeckt, ist sie bei Zimmertemperatur (20 – 22 °C) nach 18 – 24 Stunden gesäuert.

2) Dann die dicke Sauermilch auf 35 °C erwärmen und 30 Minuten bei dieser Temperatur halten (oder im abgeschalteten Ofen wie oben beschrieben). Dabei trennt sich die Molke vom Milcheiweiß. Die Quarkmasse vorsichtig in ein Käsetuch schöpfen und 2 Stunden abtropfen lassen.

Süßungsmittel

Raffinierter Weißzucker ist nicht gesund. Wer dennoch nicht auf Süßes verzichten will, findet zahlreiche gesunde und ebenso süße Alternativen. Gehen Sie Schritt für Schritt zu alternativen Süßungsmitteln über. Sie werden merken, wie abgestumpfte Geschmacksnerven wieder so sensibel werden, dass auch frisches Obst, wie Birnen oder Bananen, zufriedenstellend süß schmeckt. Doch vergessen Sie auch bei alternativen Süßungsmitteln nicht: Zu viel tut selten gut.

Jaggery und Gur

Jaggery ist der heruntergekochte Saft des Zuckerrohrs. Gur besteht aus dem eingekochten Saft verschiedener Palmenarten, wie Dattelpalme und Kokospalme. Trotz ihrer zahlreichen wertvollen Inhaltsstoffe sind Jaggery und Gur bei uns noch schwierig zu bekommen, erhältlich sind sie zum Beispiel im Asialaden oder Gewürzversand (s. S. 189).
Küchentipp: Um Jaggery, der in festen oder pastenartigen Blöcken erhältlich ist, beim Backen und Kochen schneller zur Hand zu haben, gehen Sie folgendermaßen vor: Lösen Sie Jaggery bei schwacher Hitze zunächst in einem Topf mit etwas Wasser auf (etwa 100 ml Wasser für 450 g). Einige Minuten köcheln lassen und dann durch ein feines Sieb abseihen. Er hat nun die Konsistenz von sehr flüssigem Honig.
So können Sie ihn jederzeit zum Backen verwenden. Nach dem Abkühlen dickt Jaggery noch etwas ein (wenn Sie genug Wasser dazugegeben haben, bleibt er wie flüssiger Honig). In einem Schraubglas kühl aufbewahren und bald verbrauchen.

Honig

Honig ist von Bienen gesammelter Blütennektar. Um seine wertvollen Inhaltsstoffe und Heilstoffe nicht zu zerstören, sollte Honig nach dem Ayurveda nie erhitzt werden (also auch nicht zum Backen verwendet werden). Aus diesem Grund verwenden wir Honig nur für manche Konfekte, die nicht erhitzt werden (z. B. für Honigmarzipan).

Trockenfrüchte

Trockenfrüchte, wie Rosinen, Datteln, Feigen, sind ebenfalls sehr gesunde Alternativen zum Süßen, vor allem in Backrezepten, Konfekt, Obstsalaten oder zum Knabbern.

Vollrohrzucker

Eine wertvolle Süßungsalternative ist auch Vollrohrzucker, der aus dem ausgepressten Saft des Zuckerrohres besteht. Der Saft wird gefiltert und eingekocht. Beim Abkühlen bilden sich Zuckerkristalle, die anschließend getrocknet und gemahlen werden. Man erhält Vollrohrzucker im Naturkostladen, in Fachgeschäften für Fairen Handel oder im Reformhaus. Es gibt ihn dort aus fairem Handel und kontrolliert biologischem Anbau.

Palmzucker

In Fachgeschäften für Fairen Handel (Weltläden) gibt es unraffinierten Vollpalmzucker, der aus dem Saft verschiedener Palmblüten gewonnen wird. Palmzucker ist als feinkörniges Granulat erhältlich.

Roh-Rohrzucker

Auch Roh-Rohrzucker ist eine gute Alternative zum raffinierten Weißzucker. Er wird ähnlich wie Vollrohrzucker aus Zuckerrohr hergestellt: Der ausgepresste Saft wird mit Starterkristallen geimpft, nach dem Auskristallisieren werden die Kristalle und die Melasse in Zentrifugen getrennt und die Kristalle anschließend gewaschen. Roh-Rohrzucker ist zum Beispiel im Naturkostladen erhältlich.
Achtung: Roh-Rohrzucker wird manchmal mit »Rohrzucker« verwechselt. »Rohrzucker« ist die Bezeichnung für weißen Raffinadezucker aus Zuckerrohr.

Birnendicksaft und Apfeldicksaft / Apfelkraut

Dicksäfte werden aus dem frisch gepressten Saft von Äpfeln oder Birnen durch mehrstündiges Einkochen gewonnen, meist im Verhältnis 1:7 bis 1:30.
Für Apfelkraut wird die Maische gedünsteter und zerkleinerter Äpfel gepresst und die Flüssigkeit im Vakuum bei niedrigen Temperaturen eingedickt. Durch den Herstellungsprozess gehen zwar die meisten Vitamine verloren, doch macht der hohe Mineralstoffgehalt diese Dicksäfte und Apfelkraut zu guten Süßungsalternativen, wenn sie sparsam verwendet werden. Das Gleiche gilt auch für Ahornsirup.

Ahornsirup

Ahornsirup ist der heruntergekochte Saft der Zucker-Ahornbäume Kanadas und der nördlichen USA. Der Saft wird im Verhältnis 1:40 eingedickt. Anders als bei Honig schadet es nach dem Ayurveda nicht, Ahornsirup zu erhitzen und zum Backen zu verwenden.

Zuckerrübensirup

Zuckerrübensirup ist der heruntergekochte Saft der Zuckerrübe, der noch viele Vitamine und Mineralstoffe der Rübe enthält. Der Ayurveda schätzt Zucker aus Zuckerrohr höher ein als Zucker aus Zuckerrüben. Aus diesem Grund verwenden wir Zuckerrübensirup äußerst selten.

Melasse

Melasse ist ein Nebenprodukt der Zuckerproduktion. Der dunkelbraune, zähflüssige, nicht auskristallisierte Rückstand enthält zwar noch einige Mineralstoffe (vor allem Eisen) und andere Spurenelemente. Nach dem Ayurveda bringt Melasse jedoch alle drei Doshas durcheinander und ist schwer verdaulich. Deshalb verwenden wir sie nicht.

Malzextrakt

Malzextrakt ist ein sirupartiger Extrakt, der aus Gerste, Mais oder Reis gewonnen wird. Das Getreide wird einige Tage gekeimt, dann gedarrt, geschrotet und mit Wasser vermischt zur Maische angesetzt. Durch Fermentation zersetzt sich die Maische und es entsteht eine süße, dickliche Flüssigkeit, die gefiltert und gegebenenfalls unter Vakuum weiter zur sirupartigen Masse eingedickt wird. Wir verwenden in unseren Rezepten keine Malzextrakte.

Vollzucker

Vollzucker ist keine Alternative zum weißen Raffinadezucker. Wie bei »braunem Zucker« ähnelt seine Herstellung der des weißen Zuckers, wobei der letzte Bearbeitungsschritt (das Bleichen) entfällt. Deshalb verwenden wir ihn nicht (s. auch S. 24).

Triebmittel

Triebmittel sollen die Teige von Backwaren lockern. Dies geschieht, indem sich durch das Triebmittel während des Backvorgangs im Teig viele kleine Gasbläschen entwickeln. Einige Triebmittel sind als natürlich zu bezeichnen, andere sollte man sparsam oder gar nicht verwenden. Doch nicht für alle Backwaren braucht man Triebmittel. Es gibt viele Zubereitungen ganz ohne Triebmittel, z. B. Knäckebrot, Mineralwasserbrötchen, Essener Brot, Mürbteig, Blätterteig, Strudelteig, Chapatis und weitere.

Mineralwasser

Bei der Zubereitung von Pfannkuchenteigen, Waffeln, Fladenbrot, Knäckebrot oder Mineralwasserbrötchen kann man gut gekühltes kohlensäurehaltiges Mineralwasser als Triebmittel verwenden (frisch geöffnete Flasche). Die Kohlensäure wird bei der Wärmeentwicklung im Ofen frei und treibt den Teig etwas.

Einrühren von Luft

Auch das mechanische Einschlagen oder Einrühren von Luft bewirkt eine Teiglockerung. Jedoch ist dies nur bei flüssig weichen Teigen (Waffelteig, Rührteig, Biskuitteig) möglich. Dies ist der Grund, warum man die Butter schaumig schlägt.

Natron (Natriumhydrogencarbonat, doppelt kohlensaures Natron oder Natriumbicarbonat)

Natron ist das Triebmittel, das in herkömmlichem, in selbst gemachtem und in Weinstein-Backpulver enthalten ist. Allein und ohne andere Hilfsstoffe eignet sich Natron nur zum Backen von Flachgebäck (Waffeln, Kekse). Natron spaltet zwar schon für sich allein beim Erhitzen gasförmiges Kohlendioxid ab, in hohen Gebäcken (Kuchen) bleibt es jedoch als alkalischer Rückstand mit einem laugigen Geschmack zurück. Deshalb wird Backpulver eine Säure beziehungsweise sauer reagierende Verbindung zugesetzt, um diesen Nachteil zu vermeiden. (Die konventionelle Backmittelindustrie verwendet dafür saure Phosphate.) Bei selbst gemachtem Backpulver können Sie als sauer reagierende Substanz anstelle von Ascorbinsäure auch **frischen Zitronensaft** verwenden. (Für 500 g Mehl benötigen Sie etwa 5 g Natron und 2 – 3 EL frischen Zitronensaft.)

Pottasche (Kaliumcarbonat)

Pottasche ist ein basisches Salz, das teigtreibend wirkt. Es eignet sich auch zum Backen, vor allem von Flach- und Kleingebäck wie Keksen oder Lebkuchen. (Für 500 g Mehl benötigen Sie 5 g Pottasche – vorher in etwas Flüssigkeit auflösen.)

Sauerteig

Sauerteig (bestehend aus Roggenmehl und Wasser) ist das älteste Brottriebmittel. Man nimmt ihn speziell zum Backen von Roggenbroten und Mischbroten. Natursauerteig können Sie leicht selbst herstellen oder im Naturkostladen oder Reformhaus kaufen.

Industrieller Fertigsauer wird heute in den meisten Bäckereien verwendet. Beim Fertigsauer benötigt der Teig statt der klassischen 15 Stunden Sauerteigführung häufig nur noch 30 Minuten.

Hefe

Hefepilze sind Kleinstlebewesen und werden im Labor auf zuckerhaltigen Rohstoffen (Melasse) gezüchtet. Empfindliche Menschen reagieren auf Hefe mit Blähungen und anderen Vata-Störungen. Wer nach dem Verzehr von Hefegebäck unter Beschwerden leidet, sollte die Hefemengen beim Backen möglichst reduzieren und Hefebrot vor dem Verzehr toasten oder besser noch auf Sauerteigbrot umsteigen. Eine sehr bekömmliche Brotart sind auch indische Fladenbrote (Chapati), da sie immer frisch und ohne Triebmittel zubereitet werden.

Weinstein-Backpulver

Weinstein-Backpulver ist ebenfalls eine phosphatfreie Alternative zu herkömmlichem Backpulver. Als Säuerungsmittel enthält es Weinstein (Kaliumhydrogentatrat), der sich bei der Weinherstellung in den Fässern ablagert. Es gibt Menschen, die Nahrungsmittel und Zutaten meiden, die aus Alkohol bestehen oder mit ihm in Kontakt kamen. Aus diesem Grund ziehen wir in diesem Buch selbst gemachtes Backpulver dem Weinstein-Backpulver vor. Weinstein-Backpulver besteht aus Natriumhydrogencarbonat (Triebmittel), Weinstein (organisches Säuerungsmittel) und Maisstärke (Trennmittel).

Backpulver (herkömmliches)

Die Säuerungsmittel in herkömmlichem Backpulver sind gesundheitsbedenkliche anorganische saure Phosphate. Sie sind für den menschlichen Körper unlöslich und schwer abbaubar – ähnlich wie andere anorganische Phosphate (z. B. in Waschpulver) in der Natur schwer abbaubar sind.
Ein Teil der Phosphate wird über die Nieren ausgeschieden, der Rest jedoch lagert sich möglicherweise im Zwischenzellgewebe ab (Muskelgewebe, Fettgewebe, Blutgefäße). Diese Phosphate können zudem den Calcium-Phosphat-Haushalt des Körpers stören, was sich in Konzentrationsstörungen und im Hyperaktivitätssyndrom äußern kann. Außerdem können saure Phosphate die Allergiebereitschaft des Körpers erhöhen und seine Abwehrkraft schwächen.
Die verschiedenen Phosphatsalze werden als Stabilisatoren und Emulgatoren in verschiedenen Industrie-Erzeugnissen und Fertigprodukten wie Backpulver, Fischstäbchen, Cola- und Kakao-Fertiggetränken und vor allem Wurstwaren und Schmelzkäse verwendet. Herkömmliches Backpulver besteht aus Natriumhydrogencarbonat (Triebmittel), sauren Phosphaten (Säuerungsmittel) und modifizierter Stärke (Trennmittel).

Tipp: Vermeiden Sie herkömmliches Backpulver, Fertignahrung und Speisen, die Phosphate enthalten! Stellen Sie am besten Ihr eigenes Backpulver zusammen.

Backpulver (selbst gemachtes)

Backpulver lässt sich auch ganz leicht selbst machen. Es hat nur den kleinen Nachteil, dass es länger aufbewahrt Klümpchen bildet. Es lässt sich aber schnell frisch herstellen. Statt gesundheitsbedenklicher anorganischer Phosphate enthält es als Säuerungsmittel reines Vitamin-C-Pulver (Ascorbinsäure). Vitamin C erfüllt dabei nur den Zweck, den Laugengeschmack des Triebmittels Natron zu neutralisieren, seine Vitaminwirkung geht bei den hohen Backtemperaturen verloren. Weitere Zutaten sind Natriumhydrogencarbonat (Triebmittel) und Wildpfeilwurzmehl oder Maisstärke (Trennmittel). Diese Zutaten sind im Naturkostladen, Supermarkt oder in der Apotheke erhältlich (s. S. 40).

Hirschhornsalz

Hirschhornsalz ist eine Ammoniumverbindung mit salzartigem Charakter, die auch zum Backen (vor allem von Weihnachtsgebäck) verwendet wird. Hirschhornsalz fällt durch seinen starken Ammoniakgeruch auf. Bei Hitzeeinwirkung zerfällt es in Kohlendioxid, Wasser und stechend riechendes Ammoniakgas. Die Bestandteile verflüchtigen sich beim Backen weitgehend. Hirschhornsalz eignet sich nur für Flachgebäcke (Kekse, flache Lebkuchen, Amerikaner), da dicke Backwaren mit hoher Krumenfeuchtigkeit das entstehende Ammoniakgas zurückhalten. Sie weisen dadurch, besonders im frischen Zustand, einen scharfen Geruch und Geschmack auf. (Für 500 g Mehl benötigen Sie 5 g Hirschhornsalz – vorher in etwas Flüssigkeit auflösen.)

Ei

Der Zusatz von Ei in herkömmlichen Backwaren dient auch der Teiglockerung und als Triebmittel. Es gibt viele Möglichkeiten, Eier als Triebmittel auf gesunde Weise zu ersetzen (s. Ei-Ersatz S. 176).

Backferment

Backferment ist ein Backmittel und Triebmittel auf Grundlage von Honig und Getreide, das von Hugo Erbe entwickelt wurde. Da in Backferment erhitzter Honig enthalten ist, verwenden wir es nicht.

Literatur

Bhishagratna, Kunjalal:
Sushruta Samhita Vol. 1 – 3;
Chaukhambha Sanskrit Series

Dasa, Adiraja:
Vedische Kochkunst;
The Bhaktivedanta Book Trust

Dash, Bhagavan:
Materia Medica of Ayurveda – Madanapala's Nighantu;
B. Jain Publishers

Dash, Bhagavan u. Kashyap Lalitesh:
Materia Medica of Ayurveda – Todarananda Ayurveda Saukhyam Nr. 1; Concept Publishing Company

Devi, Yamuna: **Lord Krishna's Cuisine, The Art of Indian Vegetarian Cooking;** Bala Books, Angus & Robertson Publishers

Johari, Harish: **Dhanwantari;**
Rupa & Co

Johari, Harish: **Grundlagen der ayurwedischen Kochkunst;**
Windpferd Verlag

Lad, Vasant: **Das große Ayurveda-Heilbuch;** Windpferd Verlag

Lad, Dr. Vasant u. Frawley, Dr. David:
Die Ayurveda-Pflanzen-Heilkunde;
Windpferd Verlag

Morningstar, Amadea u. Desai, Urmila:
The Ayurvedic Cookbook;
Motilal Banarsidass Publishers

Müller-Jani, Petra u. Skibbe, Joachim:
Ayurveda – Die Kunst des Kochens;
pala-verlag

Müller-Jani, Petra u. Skibbe, Joachim:
Ayurveda-Handbuch für Frauen;
pala-verlag

Müller-Jani, Petra u. Skibbe, Joachim:
Backen nach Ayurveda – Brot, Brötchen & Pikantes; pala-verlag

Pahlow, Mannfried:
Das große Buch der Heilpflanzen;
Gräfe und Unzer

Ranade, Subash: **Ayurveda – Wesen und Methodik;** Karl F. Haug Verlag

Sharma, Priyavrat: **Caraka-Samhita Vol. 1 – 4;** Chaukhambha Orientalia

Skibbe, Petra u. Skibbe, Joachim:
Ayurveda – Feiern und Genießen;
pala-verlag

Svoboda, Dr. Robert E.: **Prakruti – Your Ayurvedic Constitution;**
Motilal Banarsidass Publishers

Willfort, Richard: **Gesundheit durch Heilkräuter;** Rudolf Trauner Verlag

Bezugsquellen

Govinda Natur GmbH
Joseph-Monier-Straße 12
67433 Neustadt an der Weinstraße
www.govinda-natur.de

Sat Nam Europe
Siemensstraße 40
64850 Schaafheim-Mosbach
www.satnam.de

SEVA Akademie für Ayurveda
Josef-Beiser-Straße 16
81737 München
www.ayurveda-seva.de

Amla Natur Vertriebs GmbH
Butterberg 3
21279 Drestedt
www.amla.com

Govinda Veda-Kultur GmbH
Dorfgasse 43
4900 Langenthal
Schweiz
www.govindas.ch

Govinda
Lindengasse 2 a
1070 Wien
Österreich
www.govinda.at

Zubehör zur Käseherstellung

Bunte Kuh Käsereibedarf
Hinterdorfstraße 18
36154 Hosenfeld-Hainzell
www.kaesereibedarf.de

Käsereiberatung und Service F. Jürgensen OHG
Huskoppel 5
21376 Salzhausen
www.shop-kaesereibedarf.de

Phosphatfreies Bio-Backpulver und andere Backzutaten in ökologischer Qualität

Biovegan GmbH
Biovegan-Allee 1
56579 Bonefeld
www.biovegan.de

amorebio GmbH & Co. KG
Altes Forsthaus
76698 Ubstadt-Weiher
www.amorebio.de

Die Autorin

Petra Müller-Jani, Jahrgang 1965. Physiotherapeutin, Heilpraktikerin, Yogalehrerin.

Als Petra Müller-Jani vor einigen Jahrzehnten erstmals mit dem Ayurveda und Yoga in Berührung kam, überzeugte sie das ganzheitliche Gesundheitsverständnis dieser Traditionen nachhaltig. Seither widmet sie sich der praxisnahen Anwendung ayurvedischer Prinzipien, insbesondere in den Bereichen Ernährung und Lebensstil, angepasst an westliche Lebensbedingungen.

Der Leitsatz »Du bist, was du isst« verdeutlicht für sie die zentrale Rolle der Ernährung für körperliches und seelisches Wohlbefinden. Im Ayurveda beginnt Gesundheitsvorsorge in der Küche: Die bewusste Auswahl und Kombination von Lebensmitteln, Gewürzen und Heilkräutern bildet die Grundlage für eine konstitutionsgerechte und ausgewogene Ernährung.

Ergänzend zu ihrer Ausbildung als Physiotherapeutin und Heilpraktikerin absolvierte Petra Studien in Ayurveda und vedischer Philosophie in Indien (Jiva Institute of Vaishnava Studies, Vrindavan), ein Yoga-Teacher-Training (Yoga Vidya Gurukula in Nashik, Indien) sowie eine Ausbildung in südindischen Kalari-Massagen der Kalari-Heilkunde bei Markus Ludwig (midgard-kalari.de).

Seit 2013 lebt und arbeitet Petra in den Vereinigten Staaten, wo sie Ayurveda-Massagen, Ernährungsberatung sowie Koch- und Yogakurse anbietet.

Der Autor

Joachim Skibbe, Jahrgang 1958, arbeitet in seiner Naturheilpraxis mit einem ganzheitlichen Ansatz, der Körper, Geist und Seele als Einheit versteht. Im Mittelpunkt seiner Arbeit steht die individuelle Konstitution des Menschen.

Nach intensiver Beschäftigung mit klassischer Homöopathie, Bachblütentherapie, Fußreflexzonenmassage und Shiatsu fand er vor 40 Jahren zum Ayurveda. Besonders faszinierte ihn die Verbindung von Heilkunde und typgerechter Ernährung.

Er studierte Ayurveda-Medizin, Ayurveda-Ernährung und Ayurveda-Lebenskunde sowie altindische Philosophie und Kultur, teilweise während längerer Aufenthalte in Indien.

Joachim Skibbe lebt mit seiner Familie in der Nähe von Mainz, wo er auch praktiziert. Neben seiner Praxistätigkeit hält er Vorträge und gibt Seminare und Workshops.

Weitere Informationen:

www.naturheilpraxis-skibbe.de

Im pala-verlag sind von Petra Müller-Jani und Joachim Skibbe neben diesem Buch folgende Titel erschienen:

- **Ayurveda – Die Kunst des Kochens**
- **Ayurveda-Handbuch für Frauen**
- **Backen nach Ayurveda – Brot, Brötchen & Pikantes**
- **Ayurveda – Feiern und Genießen**
- **Toscana vegetariana**
- **Köstliche Kürbis-Küche**

Rezeptindex alphabetisch

Amaretti ... 166
Ananas-Orangen-Torte ... 106
Apfelauflauf, englisch ... 62
Apfelkuchen mit Sonnenblumenkernen .. 47
Apfelkuchen, schnell ... 76
Apfelpfannkuchen ... 138
Apfelstrudel ... 126
Apple Crumble ... 62
Apple Pie ... 121
Aprikosen-Rhabarber-Kuchen ... 93
Aprikosentörtchen ... 142
Ayurvedischer Gewürzkuchen ... 78

Backpulver, selbst gemacht ... 40
Bananen-Buttercreme ... 101
Bananenkuchen ... 68
Bananen-Nuss-Samosas ... 146
Bananen-Nuss-Torte ... 108
Beeren-Biskuitkuchen ... 114
Besan Laddu ... 150
Bienenstich ... 89
Birnen-Nuss-Kuchen ... 54
Biscotti di Prato ... 168
Biskuitteig, Grundrezept ... 97
Bittermandel-Buttercreme ... 101
Blätterteig, klassisch, Grundrezept ... 130
Blätterteig, schnell, Grundrezept ... 129
Blätterteig-Erdbeer-Torte ... 133
Blätterteig-Tarte-Tatin ... 132
Buttercreme, leicht, Grundrezept ... 101
Buttercreme, reine, Grundrezept ... 102
Butter-Rosinen-Kuchen ... 91

Carob-Biskuitteig, Grundrezept ... 98
Carob-Buttercreme ... 101
Carobglasur ... 172
Carobglasur, schnell ... 173
Carob-Orangen-Glasur ... 173
Carob-Orangen-Kekse ... 158
Carob-Pfefferminz-Glasur ... 173
Carob-Rum-Glasur ... 173
Carob-Sahne-Kuchen ... 66
Carob-Wasser-Glasur ... 172
Carob-Zimt-Glasur ... 173
Cashewtaler ... 160

Dattel-Kürbis-Konfekt ... 148
Dattel-Mandel-Kekse ... 164

Energiebällchen ... 151
Erdbeer-Blätterteig-Torte ... 133
Erdbeercremetorte ... 110
Erdbeerkuchen mit Honigmarzipan ... 48
Erdbeer-Sahne-Rolle ... 111
Erdnussriegel ... 152

Florentiner ... 139
Frischkäse, selbst gemacht ... 176
Früchtebrot ... 80
Früchtebrot, Nürnberger Art ... 86

Gewürzkuchen, ayurvedisch ... 78
Gewürz-Pflaumen-Kuchen ... 67
Göttertraum-Kuchen ... 55

Haferflocken-Ingwer-Häufchen ... 156
Halbblätterteig, Grundrezept ... 128
Haselnussglasur ... 174
Himbeer-Joghurt-Käse-Kuchen ... 51
Holunderblütenkrapfen ... 145
Honigmarzipan ... 49

Indische Schokolade ... 150
Ingwerchips ... 162
Ingwer-Haferflocken-Häufchen ... 156

Joghurtcremetorte ... 109
Joghurthörnchen ... 140
Joghurthörnchen, Carob-Nuss- ... 141
Joghurthörnchen, Mango-Bananen- 141

Joghurt-Käse-Kuchen mit Himbeeren...... 51
Joghurtquark-Blätterteig, Grundrezept.. 117
Joghurtquark-Butterteig, Grundrezept .. 116
Joghurtquark-Öl-Teig, Grundrezept 118
Joghurtquark-Öl-Tortenboden, Grundrezept 100
Joghurtquark, selbst gemacht 178
Johannisbeer-Kokos-Kuchen 122

Karottenkuchen 72
Käsekuchen mit Kirschen 52
Kastanien-Creme-Kuchen 58
Kirschglasur 174
Kirsch-Käse-Kuchen 52
Kirschtorte, Schwarzwälder Art 103
Knusper-Nuss-Kuchen 56
Kokos-Johannisbeer-Kuchen 122
Kokos-Orangen-Kekse 157
Kokos-Sahne-Trüffel 149
Kürbis-Dattel-Konfekt 148
Kürbistörtchen 61

Lebkuchen, Nürnberger Art 161
Lebkuchenteig 171
Linzer Torte 60

Mandarinenglasur 174
Mandel-Dattel-Kekse 164
Mandelmakronen, italienisch 166
Mandelröschen 163
Mandel-Rosinen-Zopf 90
Mandelspritzgebäck 153
Mandel-Streusel-Kuchen mit Quarkcreme 88
Mandelzwieback aus der Toskana 168
Marmorkuchen 65
Marzipan-Nougat-Kranz 120
Marzipan-Pistazien-Torte 104
Mohn-Pfirsich-Kranz 119
Mohnstrudel 125
Mohn-Walnuss-Rolle 84
Mürbteig, Grundrezept 45
Mürbteigtortenboden, Grundrezept 99

Nougat-Laddus 150
Nougat-Marzipan-Kranz 120
Nougat-Walnuss-Taler 165
Nürnberger Früchtebrote 86
Nürnberger Lebkuchen 161
Nuss-Bananen-Samosas 146
Nuss-Bananen-Torte 108
Nuss-Birnen-Kuchen 54
Nuss-Biskuitteig, Grundrezept 99
Nuss-Buttercreme 101
Nussecken 135
Nusskuchen 56
Nusskuchen 71
Nusskuchen, schnell 70
Nuss-Orangen-Schnecken 137
Nuss-Sonnenblumen-Häufchen 170
Nusszopf 82

Obstkuchen mit Rahmteig 57
Obst-Samosas 147
Obsttorte, versunken 77
Orangen-Ananas-Torte 106
Orangen-Buttercreme 101
Orangen-Carob-Glasur 173
Orangenglasur 174
Orangenkekse mit Carobraspeln 158
Orangen-Kokos-Kekse 157
Orangen-Nuss-Schnecken 137

Pfannkuchen ohne Ei, Grundrezept 138
Pfefferminz-Carob-Glasur 173
Pfirsich-Mohn-Kranz 119
Pflaumen-Gewürz-Kuchen 67
Pistazien-Marzipan-Torte 104
Puddingkuchen 53

Quarkcreme-Streusel-Kuchen 88
Quark, selbst gemacht 179

Rahmkekse 155
Rhabarber-Aprikosen-Kuchen mit Nussgratin 93
Rosinen-Butter-Kuchen 91

Rosinen-Mandel-Zopf 90
Rosinenschnecken 136
Rüeblikuchen 72
Rum-Carob-Glasur 173

Sachertorte 69
Sahne-Carob-Kuchen 66
Sahne-Erdbeer-Rolle 111
Sahne-Kokos-Trüffel 149
Samosas mit Obst 147
Sauerkirschkuchen
mit Sahneguss 94
Schwarzwälder Kirschtorte 103
Schwarz-Weiß-Gebäck 159
Sesamkekse 169
Sesamwaffeln 143
Shrikandtorte 109
Sonnenblumen-Nuss-Häufchen 170
Spekulatiuskekse 167
Streusel-Zwetschgen-Kuchen 50
Strudelteig, Grundrezept 124

Teeblätter 134
Tofu-Göttertraumkuchen 55
Tofu-Öl-Tortenboden, Grundrezept 100

Vanilleglasur 174
Vanillekipferl 154
Versunkene Obsttorte 77

Waffeln, einfach 144
Walnusscremetörtchen 74
Walnuss-Mohn-Rolle 84
Walnuss-Nougat-Taler 165

Yamuna-Wellen 112

Zimt-Carob-Glasur 173
Zimtglasur 174
Zitronen-Buttercreme 101
Zitronenglasur 174
Zwetschgenkuchen mit Streuseln 50
Zwieback 92

Rezepte nach Kategorien

Grundrezepte für Teige
Biskuitteig mit Carob 98
Biskuitteig mit Nuss 99
Biskuitteig 97
Blätterteig, klassisch 130
Blätterteig, schnell 129
Halbblätterteig 128
Joghurtquark-Blätterteig 117
Joghurtquark-Butterteig 116
Joghurtquark-Öl-Teig 118
Mürbteig 45
Strudelteig 124
Tortenboden Joghurtquark-Öl-Teig 100
Tortenboden Mürbteig 99
Tortenboden Tofu-Öl-Teig 100

Sonstige Grundrezepte
Backpulver 40
Frischkäse (Panir) 176
Honigmarzipan 49
Joghurtquark 178
Quark 179

Rezepte für Buttercreme
Bananen-Buttercreme 101
Bittermandel-Buttercreme 101
Buttercreme, leichte, Grundrezept 101
Buttercreme, reine, Grundrezept 102
Carob-Buttercreme 101
Nuss-Buttercreme 101
Orangen-Buttercreme 101
Orangen-Buttercreme 101
Zitronen-Buttercreme 101

Rezepte für Glasuren
Carobglasur 172
Carob-Orangen-Glasur 173
Carob-Pfefferminz-Glasur 173
Carob-Rum-Glasur 173
Carob-Wasser-Glasur 172
Carob-Zimt-Glasur 173
Haselnussglasur 174
Kirschglasur 174
Mandarinenglasur 174
Orangenglasur 174
Schnelle Carobglasur 173
Vanilleglasur 174
Zimtglasur 174
Zitronenglasur 174

Mürbteig
Apfelkuchen mit Sonnenblumenkernen .. 47
Apple Crumble (Apfelauflauf) 62
Birnen-Nuss-Kuchen 54
Erdbeerkuchen mit Honigmarzipan 48
Göttertraum-Kuchen 55
Joghurt-Käse-Kuchen mit Himbeeren 51
Käsekuchen mit Kirschen 52
Kastanien-Creme-Kuchen 58
Knusper-Nuss-Kuchen 56
Kürbistörtchen 61
Linzer Torte 60
Obstkuchen mit Rahmteig 57
Puddingkuchen 53
Zwetschgenkuchen mit Streuseln 50

Rührteig
Ayurvedischer Gewürzkuchen 78
Bananenkuchen 68
Früchtebrot 80
Kleine Walnusscremetörtchen 74
Marmorkuchen 65
Nusskuchen 71
Pflaumen-Gewürz-Kuchen 67
Rüeblikuchen (Karottenkuchen) 72
Sachertorte 69
Sahne-Carob-Kuchen 66
Schneller Apfelkuchen 76
Schneller Nusskuchen 70
Versunkene Obsttorte 77

Hefeteig
Bienenstich 89
Mandel-Streusel-Kuchen mit Quarkcreme 88
Nürnberger Früchtebrote 86
Rhabarber-Aprikosen-Kuchen mit Nussgratin 93
Rosinen-Butter-Kuchen vom Blech 91
Rosinen-Mandel-Zopf 90
Sauerkirschkuchen mit Sahneguss 94
Walnuss-Mohn-Rolle 84
Zickzack-Nuss-Zopf 82
Zwieback 92

Biskuittorten
Ananas-Orangen-Torte 106
Bananen-Nuss-Torte 108
Beeren-Biskuitkuchen 114
Erdbeercremetorte 110
Erdbeer-Sahne-Rolle 111
Joghurtcremetorte (Shrikandtorte) 109
Pistazien-Marzipan-Torte 104
Schwarzwälder Kirschtorte 103
Yamuna-Wellen 112

Joghurtquark-Teige
Apple Pie 121
Johannisbeer-Kokos-Kuchen 122
Marzipan-Nougat-Kranz 120
Pfirsich-Mohn-Kranz 119

Strudelteig
Apfelstrudel 126
Mohnstrudel 125

Blätterteig
Blätterteig-Tarte-Tatin 132
Erdbeer-Blätterteig-Torte 133
Teeblätter 134

Kleingebäck und andere (Sch)leckereien
Apfelpfannkuchen 138
Aprikosentörtchen 142
Bananen-Nuss-Samosas 146
Einfache Waffeln 144
Energiebällchen 151
Erdnussriegel 152
Florentiner 139
Holunderblütenkrapfen 145
Indische Schokolade (Besan Laddu) 150
Kokos-Sahne-Trüffel 149
Kürbis-Dattel-Konfekt 148
Nougat-Laddus 150
Nussecken 135
Obst-Samosas 147
Orangen-Nuss-Schnecken 137
Pfannkuchen ohne Ei (Grundrezept) 138
Rosinenschnecken 136
Sesamwaffeln 143
Zarte Joghurthörnchen 140

Plätzchen
Amaretti (Mandelmakronen) 166
Biscotti di Prato (Mandelzwieback) 168
Cashewtaler 160
Dattel-Mandel-Kekse 164
Haferflocken-Ingwer-Häufchen 156
Knusprige Ingwerchips 162
Lebkuchenteig zum Ausstechen 171
Mandelröschen 163
Mandelspritzgebäck 153
Nürnberger Lebkuchen 161
Orangenkekse mit Carobraspeln 158
Orangen-Kokos-Kekse 157
Rahmkekse 155
Schwarz-Weiß-Gebäck 159
Sesamkekse 169
Sonnenblumen-Nuss-Häufchen 170
Spekulatiuskekse 167
Vanillekipferl 154
Walnuss-Nougat-Taler 165

Backen und Genießen mit Ayurveda

In ihrem zweiten Backbuch zeigen die Autoren Petra Müller-Jani und Joachim Skibbe, wie lecker und abwechslungsreich auch pikante Backwaren, Brote und Brötchen nach ayurvedischen Prinzipien sind. Auch wer sich tierisch-eiweißfrei ernährt, findet in diesem Buch eine Vielzahl veganer Rezepte zum Genießen.
Abgerundet wird das Buch durch einen umfassenden Naturkostführer mit zahlreichen Hinweisen zum Einkauf und wertvollen Ayurveda-Ernährungstipps.

Petra Müller-Jani und Joachim Skibbe:
Backen nach Ayurveda –
Brot, Brötchen & Pikantes
ISBN: 978-3-89566-323-9

Vegetarisch genießen

Petra Müller-Jani und Joachim Skibbe:
Köstliche Kürbis-Küche
ISBN: 978-3-89566-319-2

Karin Walz:
Das Mohnbuch
ISBN: 978-3-89566-318-5

Wolfgang Hertling:
Kochen mit Hirse
ISBN: 978-3-89566-260-7

Petra Skibbe und Joachim Skibbe:
Toscana vegetariana
ISBN: 978-3-89566-278-2

Bibliografische Information der Deutschen Nationalbibliothek
Die Deutsche Nationalbibliothek verzeichnet diese Publikation
in der Deutschen Nationalbibliografie;
detaillierte bibliografische Angaben sind im Internet unter
http://dnb.d-nb.de abrufbar.

ISBN: 978-3-89566-324-6

www.pala-verlag.de
7. Auflage 2026
pala-verlag als Imprint der ökobuch Verlag GmbH
Königstraße 43, 26180 Rastede

Lektorat: Bettina Snowdon, Angelika Eckstein
Textillustrationen: Regina Heinelt
Titelillustration: Margret Schneevoigt
Tipp-Kastenzeichnungen: Sabine Hoff

Gedruckt auf
100% Recyclingpapier